快速成为名师的三个原则——
丰满却克制的设计内容
巧妙而多变的课堂技巧
不喧宾夺主的辅助手段

从教师蜕变成名师

刘文勇 ◎ 著

机械工业出版社
CHINA MACHINE PRESS

本书致力于通过完整且系统的讲解，实实在在地提高"一线教师的授课能力"。完全适用于教师线下课程以及线上课程的教学应用环境，分别从上课应该上什么、上课应该怎么上，以及上课可以用什么三个方面着手，深入探讨一线教学内容设计及技巧使用，并通过具体的教学案例展开细致甚至逐句的分析，将作者多年的教学经验及对授课模式的专门研究全面且系统地呈现给读者。除此之外，本书还包含针对每个模块内容而设置的具体的落地练习，读者可以按图索骥，步步为营，取得看得见的进步。

本书适用于从事英语教学的教学工作者，也适用于课堂教学研究。

图书在版编目（CIP）数据

33天，从教师蜕变成名师／刘文勇著．—北京：机械工业出版社，2018.10（2021.1重印）
ISBN 978－7－111－61221－6

Ⅰ．①3… Ⅱ．①刘… Ⅲ．①英语-课堂教学-教学研究 Ⅳ．①H319.3

中国版本图书馆CIP数据核字（2018）第245608号

机械工业出版社（北京市百万庄大街22号　邮政编码100037）
策划编辑：孙铁军　　　　责任编辑：苏筛琴　王庆龙
版式设计：张文贵　　　　责任印制：孙　炜
保定市中画美凯印刷有限公司印刷
2021年1月第1版·第2次印刷
169mm×239mm·21.5印张·1插页·357千字
标准书号：ISBN 978－7－111－61221－6
定价：49.80元

电话服务　　　　　　　　网络服务
客服电话：010－88361066　机 工 官 网：www.cmpbook.com
　　　　　010－88379833　机 工 官 博：weibo.com/cmp1952
　　　　　010－68326294　金 书 网：www.golden-book.com
封底无防伪标均为盗版　　机工教育服务网：www.cmpedu.com

给三疯

推荐序

　　文勇的这本新书，关心的是教育行业中最重要的事情：教师们的自我提升。名师成长的路线或许很难重复，但那些日复一日的打磨、思考、归纳与修正的经验，相信能够给大家提供指引与共鸣。马克·吐温说"历史很难重复，但却押韵"，我想教师成长的路也是如此。

——新东方教育科技集团董事长　俞敏洪

　　很少看见文勇老师的书名那么鸡血，《33天，从教师蜕变成名师》，标题非常吸引人！我的第一反应是：那几天可以从小白成为教师？还有，我能成为教师吗？我能蜕变成为名师吗？然后就鸡血满满地开始看。

　　一直特别佩服文勇的是他的博学，不仅引经据典，连电影、漫画什么的都用上，生动幽默，深入浅出，不用说教，却说出了很多大道理。我特别喜欢这本书，除了里面有很多干货文勇老师无私地拿出来分享了，更重要的是看见文勇那颗希望每一个老师进步的教育心，希望通过更多更好的老师去帮助更多学生的初心，特别让我感动。我为有一个这么好的同事骄傲，也为我们业界有一个这么认真无私的教育工作者庆幸！

——启德教育集团首席执行官　黄娴

　　文勇副教授不但自己愿意花费大量的时间和精力来思考和关注教学中的诸多细节，还愿意将自己的思考和实践进行归纳与总结，并与大家一起分享，实属难得。而这些授课的经验是超出学科限制的，受众面较广。我愿意将这本书推荐给刚刚走上讲台的青年教师们！

——中央财经大学国际经济与贸易学院教授　唐宜红

　　中国的教育行业正在面临巨大的升级，而教师这个古老的职业也需要不断精进才能应对这层出不穷的挑战。文勇的新书，为广大一线教师的自我认知和自我规划指出了一条不错的实现路径。

——跟谁学创始人、董事长兼CEO　陈向东与其说这是一本指导教师如何上课的操作指南，不如说这是一部留学考培行业老师优秀职业素养的养成宝典。

——国际教育教师能力标准委员会（BCSTIE）秘书长、
全国留学英语教师学术联盟理事长　**徐清之**

文勇博士以科学家的严谨思维、文学家的流畅笔墨、段子手的幽默睿智，细致地描述了成为优秀教师的诸多方面。我将这本书推荐给青年教师。

——国家青年千人、浙江大学研究员、博士生导师　**钟文兴**

不得不赞叹文勇的勤奋，转眼间，又一部专著要面世了。而这一本，我多希望他在20年前出版，让当时刚刚开始从事教学工作的我，能有一本深入浅出、满满干货的教学指南。

有幸在出版前就拿到几十页样章。依旧是幽默的风格、清晰的逻辑，如行云流水。文勇真是一位慷慨的作者：把对教学的感悟和经验精华完全展示在读者面前，并切中教学过程中每一个痛点和难点。文勇真是一位体贴"学生"的老师：不仅在每一重要的教学方法要点之后，给出了教学活动设计或反思练习，每一个练习还给出了"参考答案"案例。如此友好而直接的帮助，真是让人意外惊喜，击节赞叹。当然，对于曾经作为文勇读者或学生的教师们，大抵对他的这种细致风格，已经习惯了吧！

借一句经常被引用的话（by William A. Ward）"普通老师讲述，好老师释疑，非凡老师行道示范，伟大老师激发灵感"，来感谢文勇：你的示范，将激发多少英语教师的灵感！将帮助多少学子打开世界的大门！善莫大焉！

——ETS官方托福顾问、Propell托福教师研讨会讲师　**朱翀**

文勇老师一直是语培行业的先驱和领军人物，他的学者风范和科学思维在本书中体现得淋漓尽致，无论是线性思维方式还是结构化授课都给行业内不成体系的教学现状建立了明确的标准，《33天，从教师蜕变成名师》必将成为语培行业的圣经，开辟一个科学治学、逻辑授课的新时代。

——云莘英语创始人　**李达**

文勇老师是圈内非常勤奋的一位老师，从业以来一直笔耕不辍，所著的各出国留学考试类参考书籍长期霸占着畅销榜。这次的新作是他把"魔爪"从指导学生学习的领域转移到指导教师提高业务水平方面的极有意义的尝试，也非常具有创新和实用性。

众所周知，教师培训难，一是教学中通法较为抽象，在缺乏大数量案例的经验积累前提下不容易实施知识迁移与推广。二是不同学科教学特点差异较大，不容易形成通法。三是对师训，尤其是短期培训行业的师训，进行的科学性、操作性研究在国内还属于很初级的阶段。大部分机构的所谓师训，实质上还停留在批课、磨课等依赖非系统形式的低效随机层次。文勇老师的新作，实际上是他在教师业务水平提高方面一个系统性的尝试，通过对教学高频情景的有效切分，以提供情景的具体解决方案建议，去扎实地解决教师的实际问题，同时又形成了一定的系统性和对解决问题的开放性，并融合了参与尝试的大量基层教师的智慧与经验。这使得本书成为一本理论性和操作性都有较高价值的创新作品，相信对培训行业教师提高业务水平大有帮助。

——中国著名出国考试培训领域权威、从事出国考试培训16年、新东方广州分校初创时期元老、优能项目开创者并曾任分校校长 **黄卓明**

经验和天分并不是成为好老师的必要条件，科学的训练、投入更多时间观察学习，才能带来自我成长。《33天，从教师蜕变成名师》是所有想要获得自我提升的老师的必备读物。

——启德考培产品中心北美项目负责人 **陈佳东**

平日聊天时，文勇老师经常能用简短但准确的语言表达一个大家说不清楚的观点。这本书便又是一例。

——清华大学 **姚班 董沛**

文勇的减肥壮举不大容易复制，但是他的教学经历相当值得参考。在出国考培领域，我只看文勇。

——最敢说真话的自媒体 **"我叫MKT"**

文勇老师是一个非常能折腾的斜杠学者，是国内留学领域少有的高学历大咖，多年来一直笔耕不辍，从早期被考生视为备考圭臬的黄金阅读，到后期一系列的备考教材，成为广大考生留学路上的良师益友。这本《33 天，从教师蜕变成名师》是他多年一线教学的心血结晶，把留学教学领域的教学方法阐述得极为清晰，填补了留学语培行业教师系统培训理论的空白，成为留学行业老师的必备参考用书。

——青岛大学 SAT 中心主任　**高志龙**

教学是一项要求多能力结合的工作。成为合格的教学工作者需要长期打磨进而达成意识和实践层面的提升。文勇老师在本书中不仅仅展示了教学的理论和实践方法，更深入浅出地阐明成为一个优秀教师的高效路径，以及如何让你的课程变得有效 + 有趣的独家秘笈。

新老师可以从中学习到提升教学能力的不二法门；有经验的老师从中可获得共鸣和启发；教学管理者，可以整理出教学管理的核心要素和理念！满满干货！

——启德考培教学总监　**陈思请**

文勇是我相识近十年的老友。在绝大多数留学语培行业里的其他从业者还在做着 PPT 教研的时候，文勇就已经把以 TOEFL 为代表的考试培训的知识点图谱整理完毕，并制作完成了知识点相配合的原创习题。不可谓不是留学语培行业里的一股清流。《33 天，从教师蜕变成名师》不仅仅是文勇 10 多年来的教学经历的总结，更是文勇从学生的老师到老师的老师的一次华丽的蜕变。真心希望这本文勇呕心沥血完成的《33 天，从教师蜕变成名师》可以帮助到更多的老师完善自己的教学，并最终可以服务好更多学生。

——卓出教育联合创始人　**刘翟**

This is a fantastic teaching manual. It provides a well-organized curriculum that is both grounded in educational theory and easy to digest. Insightful and comprehensive, the information is structured in a way that speaks directly to educators in the Chinese context, and the format of the book makes it practical as both a reference book and a workbook. This is a great resource for individual teachers, as well as for training programs at educational institutions aiming to raise the overall level of a varied teaching team.

——EIC Training Director **Johnny Yang**

谦谦君子，文如其人。

深入浅出，旁征博引。

经验与思考同行，用心和理性并存。

不管您是什么阶段的教育工作者，定能从此书中解除疑惑，获得启发，找到灵感。

——启德考培产品中心英联邦项目负责人 **邱洁玉**

前言 Preface

01 教学是一门艺术

原始人中擅长沟通的人成了巫师，别人负责打猎，而他负责吃饱喝足、与神说话聊天①；诸葛亮舌战东吴群儒，比 20 万士兵厉害，自然封侯拜相得意扬扬。显然，交流就是生产力，"善于表达"是一种值得被每一个人细细打磨的工作技巧。更何况我们是老师。

Education is more an art than a science.

—Walter Phelps Hall

虽然我们常常会说："教育不是科学，而是艺术。"但我们并不因此放弃追寻成为优秀教师的可能规律。常有人认为，一个良好的课堂是"欢声笑语的课堂"②。但这个结论怕是过度地强调了幽默的重要性，令绝大部分新教师们望而生畏。诚然，幽默是有效课堂中的一环，但并不是最重要的，更不是全部。将幽默视作对课堂的一大要求不合宜，并不是因为幽默对课堂无意义，而在于幽默的能力大抵源于天赋，难以被模仿或复用。幽默的人做老师自然就幽默，我们却很难要求一个并不爱开玩笑的新教师幽默起来。真正值得被强调的，也能够被下功夫去准备的，是如下这三个方面：1) 丰满而克制的设计内容；2) 灵活且多变的课堂技巧；3) 有效却不喧宾夺主的辅助手段。这也就是我在这本图书里准备与大家探讨的三个话题。

---

① 当然了，讲得不好的巫师只能被其他原始人吃掉。
② 国内的巨型培训机构"新东方"居然还因此遭受了许多无端指责。

02 上课需要考虑的要素很多

我写过好多好多本书了：37 本考培图书，3 本学术专著。看上去很多，可相比于上课，还是写书容易些[①]。因为书本有天然的结构框架：重要的东西可以加粗，也可以罗列一个目录，让读者瞬间提纲挈领地了解作者所要表达的内容。更关键的是，学生读书是一个主动适应的过程，作者只顾表达清楚便是，读者自然会根据自身的水平来调整最佳的阅读速度。好理解的部分读者会读得快些，而难的部分，自然会减慢阅读速度。

可是上课则大不相同。

尽管我已经在一线教了十几年书了，却依旧在每一次上课时都如履薄冰。因为即便有了板书（或幻灯片等其他教辅工具）的协助，在绝大多数情况下学生们听课的过程还是一个线性的过程：如果把听课抽象成为很多信息钻入学生脑子里面的过程，那么对于学生来说，他们所收到的若干信息，在形式上并不会自然带有主次、结构、关系、框架的概念。老师们要尝试通过很多办法，譬如语音语调变化，结构化内容设计，或是配套、伏笔、印证等方法来促使这个线性的过程变成有序框架。具体我们该如何做到这一点呢？让我卖个关子，以上所提及的若干关键词，我都留着与你在书中讨论"结构化"的章节时来分享。

对了，当我在讨论影响课堂的若干要素时，我尽可能脱离了具体的科目。尽管不时用托福、雅思、GRE 等科目举例，但这些要素同样适合于其他科目的教学。

03 上课的现场感很重要

社会变化很快，我从 2015 年开始转型写代码，因为我相信计算机（当时还不流行 AI 的概念）将会改变一切。如果这一切是真的[②]，那老师上课中有什么东西是很难被替代的？我想上课所营造的"现场感"应该是一个重要的方面。

什么是现场感？让我举一个例子：我是一个 NBA 球迷，每天沉迷于 NBA 的

[①] 此处有明显的谦虚成分，哈哈哈哈，因为写书其实也有许许多多需要注意的要素，找机会一定与大家分享这些小窍门。

[②] 至少从热火朝天的资本市场对教育品类计算机技术的投资浪潮之中，我们能够清晰地感受到"计算机力量将给教育模式带来巨变"的可能性。

转播视频之中。后来有一次真的有机会坐在球场里，感受到球员出场时的喷火器热浪糊在脸上，看到一群两米多、三百斤的大汉在四百平方米的场地上横冲直撞，听到天崩地裂的欢呼呐喊，震得我耳膜发疼、心脏发慌，我才感觉到自己进入了一个新的娱乐项目。最重要的是，之后即便是看视频直播，我也更加感同身受了。

作为老师，我们亦是如此，追求现场感，想让知识真正地融入学生自己的知识体系中，也只有这样，学生才会对知识真正意义上地感同身受。即便是离开了课堂也忘不掉才好。如何做到这一点，除了天赋之外，有若干值得尝试的准备工作，在本书第二章的末尾处我们将讨论到。

04 练习对学生来说很重要，对老师也一样

当本书就要付梓的时候，编辑老师说"尽管内容精彩且扎实，但感觉还缺点儿具体的落地指引"。我当然能意识到，这句评论的前半部分是为我保全面子（我仍享受得很），后半部分才是人家真正想说的。我心里有些嘀咕：书都快要出版了，才提这种问题，而且不是已经设计了练习题了吗？直接做就好了啊，这难道还不够清晰吗？难道还得有个参考答案？这样愤愤不平的想法，一直在我心中萦绕。

直到 2018 年 1 月的线下教师研修班课上，我突然起意，让班上的每一位老师同仁来挑选或者被分配练习题，排好序，然后到了自己所属日期的那一天就在微信中进行分享。而我自己，则承诺陪每一位同仁一起写作业。每天写一个参考答案，供大家参考的同时，也供大家伙儿批评。

我从来都拥有冒冒失失的人生：在当众做出这个承诺之前，我压根儿一篇作业的参考答案都没有准备好。但这不重要，反正大话已经说出去了。一次作业无非两三千个字而已，坚持二十二天，中间不停息，就好了。

于是我开始了。

其实一天写两三千个字并不是一件不可能做到的事情：大概是一个小时多一点点的工作量。我坚持了二十二天，一共写了十万字（含文本）。早上起床之后写一个初稿，晚上睡觉之前修订一下，然后发到群里供大家伙儿参考。早上喝咖啡，晚上喝红牛，实在不行就做俯卧撑，有奇效。然后，我写完了。

这就是大家所看到的：这本书每一个小节的末尾处，都有一个关于本节内容的思考题，以及我对这个思考题所做的参考答案。尽管这个参考答案我自己

也未必完全满意，但大家至少可以做个参考，最好大家自己也试着动动手，真的把书里所讨论的诸多要素给融会贯通且归纳吸收。真正让这本书能够帮助你们少走一些我自己曾经走过的弯路。

05 感谢

让我感谢一下我的团队：我们之间从来不是从属关系，而是维持了一种奇妙的共生关系。你们保护、培育甚至纵容了我脆弱的创造力：保护我远离诸多风暴，培育我生长出一种难以言表的自信力量，纵容我进行各种诡异的尝试。这种力是"我"的，更是"我们"的财富。如果这源源不断的创造力是一种有效的商业竞争资源，那么这种资源将由保护这种创造力的人所共同拥有。

感谢这么多期研修班的每一位同仁，我无偿地享受了你们的诸多反馈，更感谢你们的陪伴。

06 最后的话

在漫长的教师生涯中，我曾无数次地想要放弃这个低薪的职业，但却总会被奇妙的成就感鼓舞。阿瑟·克拉克（Arthur C. Clarke）[①]曾说过：

任何足够先进的科技，都与魔法无异。
Any sufficiently advanced technology is indistinguishable from magic.

若是沿用这个说法，教师作为传递知识的职业，就是那传递魔法口诀给新人的大法师。这个人设简直太刺激了，听得鸡皮疙瘩都要起来了，如何能舍得放弃啊。

我猜想你们也如此吧。那么，让我们一起来修炼更厉害的魔法吧。

文勇
2018 年夏

[①] 英国科幻小说家。其科幻作品多以科学为依据，小说里的许多预测都已成现实。尤其是他的卫星通信的描写，与实际发展惊人地一致，地球同步卫星轨道因此命名为"克拉克轨道"。

目录 Contents

推荐序

前言

■ 第一章　上课应该上什么？
丰满却克制的设计内容 / 001

第一节　总论 / 003

Day 1	1	别怕上课内容重复：为了更好地改进 / 004
Day 2	2	别想什么都能教完：努力克制地表达 / 015
Day 3	3	不同教学目标分层：知识知晓或熟练 / 028
Day 4	4	分级教学引申探讨：颗粒化知识分割 / 036

第二节　构造 / 043

Day 5	1	建立稳定的学生预期：授课内容的结构化 / 044
Day 6	2	授课内容的前后联系：埋下伏笔的内容对应 / 061
Day 7	3	课堂内容的使用路径：如何使教学建议可行 / 070
Day 8	4	学生最感兴趣的内容：创造有效的学习技巧 / 083
Day 9	5	考试的经验主义"巫术"：识别并归纳后的"诡计" / 092
Day 10	6	体系化的记录与穷举：老师辛勤工作的理想 / 110
Day 11	7	练习的构造及其目标：为什么逼迫学生练习 / 116

第三节　阐述 / 124

Day 12	1	数据罗列：最强壮的说服工具 / 125
Day 13	2	类比：说服中的思维跳跃与并线 / 133
Day 14	3	举例：如何选择最有效的课堂案例？ / 141
Day 15	4	共同价值观：说服中的秘密武器 / 150

第四节　扩充 / 156

Day 16	1	题型之间的扩充 / 157
Day 17	2	科目之间的扩充 / 170
Day 18	3	学科之间的扩充 / 193

■ **第二章　上课应该怎么上？**
　　　　　巧妙而多变的课堂技巧／203

　　　　　第一节　准备工作：教学中的自我反思／205

Day 19　　1　自我主动反思：录音／206

Day 20　　2　学生帮助反思：反馈／212

Day 21　　3　同事帮助反思：批课／220

Day 22　　第二节　如何使同样的教学观点变得更具吸引力？／234

　　　　　第三节　如何建立最大说服效果的权威感？／241

Day 23　　1　自述权威或是他述权威／243

Day 24　　2　使用最新信息制造权威感／250

Day 25　　3　使用历史信息制造权威感／257

　　　　　第四节　如何在课堂中让学生感到亲切？／265

Day 26　　1　使用自身经历："学生是曾经的我。"／266

Day 27　　2　揣摩学生心思："如果我是学生呢？"／271

Day 28　　第五节　通过互动保持亲切：无可替代的现场感／279

Day 29　　第六节　如何使学生受到两种激励？／285

Day 30　　第七节　如何在课堂中适当展现幽默？／294

■ **第三章　上课可以用什么？**
　　　　　不喧宾夺主的辅助手段／301

Day 31　　第一节　如何控制自己的声音来帮助学生理解教学内容？／303

Day 32　　第二节　如何选择更适合自己的课堂展现工具？／307

Day 33　　第三节　最新的计算机系统到底能带给老师怎样的改变？／318

第一章
上课应该上什么?
丰满却克制的设计内容

第一节　总论

我们在第一章的目标是讨论作为老师，我们所要教授的课堂内容应该如何才能被设计出来；期待即便是对设计内容胸有成竹的老教师，也能够通过本章内容来了解如何增补、打磨乃至修订课堂内容。课堂内容重要却难以讨论：每个老师的授课科目不同，习惯不同，面对的学生也不相同。让我们先从"总论"开始说起。看上去"总论"的内容并不涉及具体的内容构造技巧，却都是十分有益的操作路径。让我们一起来开始探讨吧:）

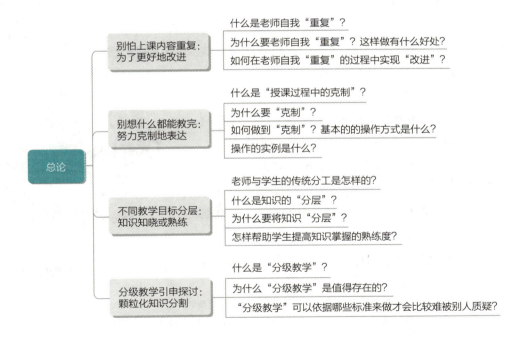

Day 1

1　别怕上课内容重复：为了更好地改进

> The definition of insanity is doing the same thing over and over again and expecting a different result.
>
> —Albert Einstein[①]

在本节中，我们将会讨论"如何通过授课过程中反复多遍地进行同一个内容的讲授，更好地改进，并因此提高综合授课水平"。

> 我们将在本节中尝试回答如下问题：
> 1）什么是老师自我"重复"？
> 2）为什么要老师自我"重复"？这样做有什么好处？
> 3）如何在老师自我"重复"的过程中实现"改进"？

在开始正式讨论老师自我"重复"之前，我想给大家举一个咱们国内著名喜剧团体"开心麻花"的案例。尽管未必每一个人都喜欢，但开心麻花的若干电影的确都取得了不小的成功。大家普遍认为，它们能够成功的原因在于这些剧本在搬上大银幕之前，已经"以话剧的形式"演出过很多场了，每一个有效的"包袱"[②]都已经被现场的观众反复多遍地确认并加强过，每一个不响的包袱也都已经被确认并抛弃了。也因此很多人都预言[③]，开心麻花很难再以现在这样一年一部的高频率推出爆

电影《夏洛特烦恼》海报

---

① 阿尔伯特·爱因斯坦（1879—1955），犹太裔理论物理学家。
② 所谓"包袱"是在喜剧中引入发笑的情节或语言。相声的表演过程中常常用"抖包袱"来表达"引发观众发笑的情节"。
③ 这一预言看上去并不成功，电影《西虹市首富》依旧取得了巨大的成功。但是这个剧本其实是翻拍自1985年版电影《布鲁斯特的百万横财》。

款了，不是因为他们不够认真，而是因为之后的剧本很难再经历剧场的反复打磨。事实上，我在这里描述这个奇怪的小例子，正是因为我们对上课的内容进行不断改进的过程也遵循着同样的道理。

　　回到正题。今天我们要讲的老师自我"重复"，就是指"在教学过程中，对于同一个教学内容反复讲授"。年轻的老师往往对此十分反感，认为自己的重复毫无意义。随着人类社会高度专业化的分工，教师这个岗位——无论我们是否愿意承认——都在逐步变成巨大社会机器中琐碎的一环。为了能够满足尽可能多的学生受到教育的需求，人类社会不得不将教育产品工业化。想想咱们的祖师爷孔老夫子，以前带学生，是"六艺"都教。乃教之六艺：一曰五礼，二曰六乐，三曰五射，四曰五御，五曰六书，六曰九数。而现在，更多的情况是老师只教授某个年龄段的某个学科的知识了。事实上，高度专业化的分工在市场程度化越高的领域表现得越明显。譬如，一般来说，在公立学校里面，英语这一整个学科只由一个老师来教授，而在更为昂贵的私立学校中，则一般会将口语和听力科目交由一名老师，至于语法、写作、阅读等科目，则交给另外一名老师教授；在市场化程度最高的出国考试培训领域，一位学生一般会遇到六位完全不同的老师——阅读、口语、写作、听力、语法、词汇。这样的划分，既是高度分工的结果，更是大量高质量教育产品需求迫使的结果。

　　以上的这一切，都难免会改变作为老师的我们的行为模式。由于高度专业化分工，我们不得不长期大量且反复讲授相同的知识。尽管我们（至少在口头上这样说）会根据学生情况的不同而因材施教，但是大比例枯燥而无味的"重复"终究是不可避免的。然而从另一个角度来想，不断反复地上同一门课在令人心烦的同时，却一定是内容精进的前提，熟能生巧说的就是这个道理。为了自己能够更大程度地享受"重复"带来的好处，一个重要的操作经验是在重复

Day 1

的过程中把所有要讲的内容写成尽可能详细的提纲，甚至是逐字稿，并且保持一定频率的更新，把自己认为讲得比上次好的方法和感觉记录下来。

我知道这听上去就不是一个有效率的建议，但事实上，写逐字稿的过程就是细致的自我改进的过程。而保持一定频率的更新，更是能够将自己的进步有形化。"让自己感觉到自己的进步"与"自己真的进步"一样重要。

我很愿意给出这个建议是因为我自己就是一个逐字稿狂人，并且从中获益良多：从一开始的公开演讲时的紧张课堂到熟练的课堂，到受到不少学生喜爱的课堂，再到一本书籍的作者。我不但已经出版了若干本以我自己的逐字稿为基础的图书，甚至这本与老师自我职业发展相关的图书，也是我的培训逐字稿。我2007年进入新东方后，做了几年兼职老师，随后承担的职责便是集团培训师；后来自己创业，自然是事无巨细，新教师们的培训自然也必须是自己手把手来；再后来到大公司，也做了不少与产品相关的事情，进班听课或是与老师教研都是肯定要做的事情。尽管每次教研的科目不同，但大方向终究没有什么变化，所以我的笔记中积累了很多值得与老师们分享的概念，加上大学读了个英文专业，难免有点爱掉书袋子。一开始的时候，内容自然是松松垮垮，毫无逻辑。但是内容越积攒越多，慢慢地能够形成逻辑，变成框架，在 Xmind① 中制作了一张丑陋但有效的脑图，并且不断地去粗取精，理顺逻辑，就变成了大家手中的这本图书了。

我出版的部分考培图书合集

---

① 一款非常实用的商业思维导图软件。

我出版过的 3 本学术专著

值得一提的是,当我们有了自己课堂的逐字稿之后(或者是详细的授课提纲之后),我们"抓取灵感"的能力将会大幅提高。作为一个老师,我们时不时会灵光一现地突然觉得自己的某段讲述内容非常好(哈哈,如果你们长期授课的话,一定知道我在说什么)。而如果我们有逐字稿,就有了一个能够将这些突如其来的灵感巩固下来的机会。否则,我们在第二次讲解同一个知识点时,未必能够保证自己讲得比第一次更好。如果做不到这一点,这种重复自然是毫无意义的。

小结

通过本节的分享,我们了解了重复的定义和好处,探讨了通过"重复"提升自己授课内容的方法,把课堂上反复讲解的授课内容写成逐字稿,记录下偶尔发现的闪光点,并慢慢将松松垮垮的内容变得更有逻辑,在以后的授课中再重复出来。其实,我们往往认为老教师更有价值,并不是因为他们的水平更高,而是熟练的同时降低了犯错误的概率,而我们应该永远记得的是,课堂恰好是个容错率极低的地方啊。

落地练习

亲爱的老师,你能找一个自己最喜欢讲的知识点,完成一份逐字稿吗?对了,请注意下面这几点:

(1)最好选择一个简明的知识点,讲解长度不超过 30min 为宜;刚刚开始干活,如果工作量太大,可能会把自己给吓退了;

(2)不要担心自己啰啰唆唆,请将所有自己想说的话都一股脑儿地敲下来;千万记得逐字稿是口头语,而不是书面语,与其在乎语言是否精致,不如关注文字产量是不是足够高;

(3)如果实在不愿意敲字,可以考虑使用讯飞输入法的语音识别输入;如果中英文夹杂,甚至可以考虑寻找淘宝听写卖家的帮助——也没什么不好意思的,花钱买时间嘛。你敢相信吗?如果你有自己的课堂录音,那么只需 2000 元钱,就能得到一整本自己授课的逐字稿草稿了。

(4)这个练习的内容是之后要讲的很多具体的方式或技巧的根基,我们需要一个自己的课堂切片来应用于本书后文中所提及的若干改进方案。所以这段逐字稿之间的空隙要足够的大,方便后来我们学习了更多的内容之后回头来修改。嗯,"落地练习"的意思就是希望咱们将每一节中讨论的话题都能落到实处。

Day 1

参考范例

（如下内容是我第一次讲解写作课时，为了防止紧张而为自己准备的逐字稿，特别地粗糙，但是很有现场感。）

简单地说明一下：

（1）这是一个写作课堂中关于基础文章逻辑构架原则的讲解[①]；

（2）逐字稿中的 ME 是指在之前已经上过的八节课中讨论过的（mutually exclusive），CE 则是指（collectively exhausted），这是前面的课堂中强调的两个写作原则；

（3）为了保持原样，这个逐字稿中有好多小差错我都不修改了，让大家看个笑话吧，权当展现当年备课过程中的现场感；

（4）偷偷地说一声，大家会看到我在逐字稿中，做了好多"虚假的交流"；如果你也和我一样不是一个那么擅长随机应变的老师，那么提前设计一些交流的环节是有必要的。其他的一些我写在逐字稿中的小心思，大家可以看看我在内容中间加的评述部分。

（逐字稿开始）

> 同学们，你们还记得最开始我们提了个什么写作原则么？要简洁吧，要互相的独立吧，是不是？而如果没有做到 ME，是不是就是没有做到简洁？没有做到相互的独立？那你们以后在写观点的时候，观点和观点之间要不要相互独立？要。能不能相互包括？能不能一大一小，大的包括小的？不能。

由于我在讲课的时候特别贪图自己讲得爽快，不愿意带着学生进行 recap[②]，所以在写逐字稿的过程中，我总会提醒自己，不要自以为是地认为学生能够记住所有自己曾经讲过的话。另外，大家也看到我做了若干"虚假的交流"，这对于提高学生的课堂参与感与精神集中的程度很有好处。这一点，我们在后面关

[①] 上下文背景，大家可以翻阅《文勇的新托福写作手稿（第二版）》一书中的第 47 页。

[②] 重述一遍重要的知识点。

Day 1

于现场感的章节还会提及。

> 好，这个时候大家再想一下，平时写文章的时候你有没有觉得你写的第一个主体段和第二个主体段之间论证的主题句好像没怎么分开？感觉自己一直在说车轱辘话？感觉证明的事情叠在了一起吧？是不是感觉第二段越写越觉得与第一段的观点很类似？如果有这种感觉就说明了什么？说明你没有做到 ME。
>
> 而同学们，继续往下走，所谓的 CE 是指在这个层次上要穷尽不遗漏，你必须把这个层次上所包括的所有话题都讨论完。什么意思呢？当我们在跟别人讨论问题的时候，或者当我们跟别人吵架的时候，我们最喜欢用的一句话，就是"我承认你说的有道理但是你没有讨论到那个呀！那那个呢？那这个呢？"换句话说，你发现我们在吵架的时候最喜欢说的一句话，是强调对手没有把该想的事情想全。这说明对方观点尽管看似自成体系，但是没有把该包含的方面包含全。反过来说，这也正是我们在论证问题时最容易出现的漏洞，这个漏洞一旦出现就会给别人留下无限的攻击空间。我们在写作文的时候自然也应该注意到这一点。

如果上课时随心而起，老师们会很容易忘记描述"知识点因何重要/知识点能够解决学生什么样的困境"。我刚刚开始做老师的时候，总是花费大量的时间去讲解"知识点是什么"，而且内心骄傲地认为，有且只有这些内容才是真正的干货。但事实上，让学生清晰地了解"知识为何重要"与让学生知道"知识点是什么"，其实是同等重要的。也正是因为我自己早期时常会犯下这样的错误，所以每次在用逐字稿备课的时候，我都会额外"强迫"自己写上这个部分，促使自己养成真正良好的授课习惯。对了，各位同仁，在以后的内容中我们会一次一次地强调这个观点：良好的授课习惯不是依靠"习惯成自然"，而必须有赖于"刻意练习"，才可以累积。教书十年并不可怕，可怕的是教书十年却没有什么进步。

Day 1

　　我把这两个小原则放在你们面前，当然是希望你们有深刻的理解，也许你们现在不会有什么感触，所以我决定给你们举个例子，讲义上第 21 页这个小例子……

Ⅰ. Introduction

Ⅱ. Negative effect one is addiction, not habit
　　A. first fact related to addiction
　　B. second fact related to addiction

Ⅲ. Negative effect two is long-term health consequences
　　A. lung diseases
　　B. heart diseases

Ⅳ. Negative effect three is the cost to taxpayers
　　A. how much
　　B. why is this bad

Ⅴ. Conclusion

　　亲爱的小朋友们，你们是否发现这个例子是一个小提纲呀，讲的是什么？应该是 smoking 抽烟。你们先瞄一眼这个小提纲，然后你告诉我这个提纲写的怎么样。

　　这个提纲说什么？说第一段是一个 introduction 嘛，介绍性的东西。第二段说一下 smoking 它的缺点是会上瘾而不是习惯，后面会写两个关于上瘾的事实。第三个自然段也就第二个观点段，说什么？说第二个大的缺点是它会有长期的身体危害吧，描述了两个具体的小缺点。第四个自然段就是第三个大点，是什么？就是缺点三是它会导致花费大量纳税人的钱，然后具体说一说花费有多少呀，为什么呀。最后给了个总结。

　　同学们，其实呀一个考生在短时间内他能列出这样一个提纲已经很不容易了，感觉上内容也挺丰富的，但是当你们已经听老刘用这么强烈的感情去跟你们说 MECE 的时候，你们就应该觉得这个提纲写得一塌糊涂。

　　为什么我会觉得这个提纲不太好？因为我觉得它分得不够开，就是在我们作为读者读过这个提纲之后，感觉得到第一点和第二点是分开的"两个独立的分论点"吗？似乎没有。我能确定第一点和第二点这两个分论点已经把该讲的问题都讲完了吗？似乎也是没有。第三点和前面两点之间什么关系呢？很模糊，很难总结。

同学们，如果是我写这个文章会怎么写呢？我们真的可以在使用完全一致的内容的情况下，解决以上所提及的这些问题吗？我写这个文章内容并不比原文厉害，组织上会这么想，第一点因为吸烟会对人的身体造成危害，第二点吸烟会对人的精神造成危害，第三点我想说除了会对个人造成危害，它也会对集体造成危害，讲完了。

Ⅰ. Introduction

Ⅱ. Negative effect one is individual physical problem
  A. lung diseases
  B. heart diseases

Ⅲ. Negative effect two is individual mental problem
  A. addiction
  B. mental decline

Ⅳ. Negative effect three is causing damage to the society: the cost to taxpayers

Ⅴ. Conclusion

同学们，你们有没有发现其实我讲的具体文章内容和刚刚我们看过的第一个范本是一模一样的，但是你听完我说以后，你至少会觉得好像我在写这个文章的时候，自己所建立的角度之中该提及的论述角度都提及了，是不是？我分了一个层次，让身体和精神形成一个对应，最后一段开头部分我又切了一下吧：除以上会对个体造成的危害，它还会对其他人造成危害。

大家看，我讲的话题跟一开始的例子一模一样，但是你们显然会觉

Day 1

得我讲的内容即使未必更好至少会更难辩驳。我把我所要讨论问题的角度做了 MECE，因为我自己构建了一个角度，我构建了什么？先是身体和精神，又构建了一个角度叫做个体与集体，我把我该构建的角度里面的内容全都做到了 CE 吧，是不是？而且你仔细一想，你要分身体和精神，还能再分出什么？分不出了，个体和集体已经分完之后就没什么好分了吧。所以即便别人会对我的文章有什么不满，他也没法讲"你还没有讨论到某个方面"吧，是不是？因为我已经把我自己所构建的角度下的内容穷尽完了。而这个时候你们应该可以第一次比较清楚地体会到分类与下定义的重要性。

分类与下定义是方法，ME 与 CE 是指导思想，而可以说分类与下定义很好地帮助我们达成 MECE 这个美好的目标。在你们在以往的写作过程中，我相信所有的老师或多或少都跟你们强调过下定义是重要的，跟你们强调过分类是重要的，你们有没有想过为什么？同学们，因为当一个话题出现的时候，既然它是一个 topic，是一个话题，这意味着它可以引申的话题是无穷尽的，对于同一个话题我可以写出 100 篇完全不一样角度的文章，而你在对一个 topic 做一个文章就必须在最开头的时候告诉别人我会在哪个范围内怎样的角度下讨论一个怎样的话题，这是你的目标，所以分类与下定义是重要的。

因此，我甚至会要求我以前的学生把 MECE 这几个字直接刻在心里面，实在不行就刻在小桌板上面，或者直接写在书上面，每次写文章都反复多遍地提醒自己我是不是在点和点之间做到了 ME 和 CE。

……

（逐字稿结束）

我想各位老师一定会觉得"讲得不怎么样嘛"。但至少，以上这些内容，作为我当时备课时第一次准备的逐字稿，为我之后的写作授课的提高打下了一个地基。后面章节中所提及的若干授课的过程中应该注意到的小心思，都是建立在这个地基基础上的呢！

我想你的第一次逐字稿一定会比我的写得好:）不要犹豫了，快快开始吧！

Day 2

2　别想什么都能教完：努力克制地表达

Self-control is the strongest instinct.

——Bernard Shaw[①]

在本节中，我们将会讨论老师在构造授课内容时为什么要做到克制，以及做到克制的基本原则和有效方法，并因此帮助学生达到高效且精力集中地汲取知识的效果。

 我们将在本节中尝试回答如下问题：
1）什么是"授课过程中的克制"？
2）为什么要"克制"？
3）如何做到"克制"？基本的操作方式是什么？
4）操作的实例是什么？

所谓"授课过程中的克制"，是指在讲课的过程中，老师要努力尝试不传递和表达那些"自己擅长但不适合在当堂课上讲解"的知识点。克制住自己想要表达的欲望，对于提高课堂的准确性，有无法比拟的重要性。

我们时常会遇到这样的老师：

"同学们大家好，我们今天来讲解一下细节题……（学生的第一个关注点，今天讲解的题型——细节题）……让我们一起来看一下如下这个题目。大家看到这个段落中有几个单词很有意思，里面包含很多重要的词根词缀

---

① 萧伯纳（1856—1950），爱尔兰剧作家。

Day 2

> 的信息……（学生的关注点偏移，开始学习单词，以及特定单词的用法，还有这些单词相关的词根词缀信息）……用于解题的是这样一个句子，我们一起来学习一下这个句子中所包含的语法点……（学生的关注点第二次偏移，开始学习句子以及相关的语法）"

无论我们是否承认，这其实是很多老师上课的时候习惯的讲法——炫耀式讲法，有一种抑制不住的冲动想告诉学生自己都知道什么："单词你不认识我认识；句子你不懂我懂；结构你不熟悉我熟悉啊；因为你不知道，所以我都要教授给你。"如果这种想法不抑制住，很有可能整个课堂就是没有焦点的失败。"好为人师"是人的天性——只是作为老师，我们的天性暴露得更明显一些而已，恨不得把所有自己知道的知识都告诉学生——这也是优秀师德下的重大缺点，而这样做就会导致：课堂杂乱无章，缺乏节奏感；学生在学习的时候缺乏重心，知识汲取效率低下。

让我们反思一下，在这个讲解过程中学生有没有觉得自己学到了东西？当然有的。因为老师一直在说，学生一直在记。笔记越记越厚，学生自然觉得心里沉甸甸的。可是这时的课堂一旦停下来，问学生今天学到了什么，让学生做一个简单的 recap，就会发现学生不看笔记复述不出来，更不用期待能够影响他考试那天的具体解题行为了。我们都知道这种情况并不一定说明这个老师上课不认真，而往往是因为他讲了太多东西，以至于学生抓不住重点。授课重点太多就意味着没有重点，主线太杂则意味着没有主线。

其实，一旦学生没有办法课后复述出这节课的细致内容时，我们就要及时反思了。除去一部分原因可能是这个孩子态度不认真，真正的原因可能是我们讲课的主题本身就是不明确的。作为老师，我们要在乎的，不应该是我们讲了多少，而应该是学生到底吸收了多少；不应该是老师上课讲得爽不爽，而应该是学生在做题或是考试的时候的行为会多大程度上被课程所改变；我们的目标并不是让学生产生从课堂中学习到了很多东西的错觉，而应该是追求真实、可检验、扎实的学习效果。想要做到这一点的前提，就是我们能够清晰地描述出课堂目标、非常明确地把每个课堂截面的目标在上课前就标注出来。而克制、有选择表达的基本操作方式就是要将课堂变成一个个目的明确的切片。让我们停下来做一个反思：为什么你眼前的这本小册子的每一个小节都有一句话的概述？每节开头都会尝试罗列本节之中需要回答的问题？每一节的结尾处都有一句话来回顾与总结？这种结构尽管有时候显得啰啰唆唆，但是这就是为了追求目标明确的课堂切片的体现啊！

"克制的课堂"的另一个重要体现，是应该用尽可能少的素材讲尽可能多的知识点。毫不克制的老师的课堂中必定会存在大量陌生素材，因此学生在上课时把大量的时间都花在了熟悉素材上而不是学习新知识上。我们在上课的时候最应该注意到的是一种抽离感，也就是清醒地意识到，自己所讲解的素材在考试当天并不太可能会出现，自己真正应该关心的是一种由眼前的素材引发的知识。从一段素材的熟悉过程中能够"抽离"出尽可能多的知识，才是一个优秀的课堂应该有的样子。尝试不同的时间点用同一个素材来讲不同的知识点，更是一件事半功倍的事儿。

在真实的课堂中，我们该如何做到这一点呢？在这儿，我与大家分享一个我自己的课堂案例切片及其思考：我在给学生讲"出题机构对生词的三种态度——罗列、角标与定义"时通常会以下面这段节选为例进行解析①。教学时希望学生能够了解一个小知识点：在标准化的考试中，出题机构其实并不要求学生了解每一个单词（尤其是特定的学科专有名词）。这个时候，学生有必要了解出题机构对待这一类特殊的难词而给出的"三种出现形式"，这三种形式事实上代表了出题机构对于特定专有名词在特定环境下的具体要求。而了解这三种不同程度的要求，并且能够在考试中做到这三种层面的要求则是必需的。

PASSAGE EXCERPT: "It should be obvious that cetaceans—whales, porpoises, and dolphins—are mammals. They breathe through lungs, not though gills, and give birth to live young. Their streamlined bodies, the absence of hind legs, and the presence of **fluke**① and **blowhole**② cannot disguise their affinities with land dwelling mammals. However, unlike the cases of sea otters and **pinnipeds** (seals, sea lions, and walruses, whose limbs are functional both on land and at sea), it is not easy to envision what the first whales looked like. Extinct but already fully marine cetaceans are known from the fossil record.

① 上下文背景，大家可以翻阅《文勇的新托福阅读手稿（第5版）》一书中的第491页。

How was the gap between a walking mammal and a swimming whale bridged? Missing until recently were fossils clearly intermediate, or transitional, between land mammals and cetaceans."

① *Fluke: the two parts that constitute the large triangular tail of a whale*
② *Blowhole: a hole in the top of the head used for breathing*

OG Practice Set 1: The Origins of Cetaceans

罗列是出题机构对待生词最简单的态度。当文章中出现一个无关紧要的专有名词时，出题机构实际上并不打算让大家了解这个单词的具体含义，考生只需要知道这个专有名词大概属于哪个类别即可。在这种情况下，出题机构时常在这些专有名词的后面罗列与该单词属同一类别的其他名词。在本案例中，第一个较难的专有名词是 cetaceans，后文就有对属于该类名词的生物罗列 "whales, porpoises, and dolphins"，即便后两个单词不认识（porpoises 蓝鲸；dolphins 海豚），也应该知道 whales 是"鲸鱼"的意思。所以 cetaceans 是鲸类的总称，具体是什么含义并无必要知道。第二个较难的专有名词是 pinnipeds（鳍足类动物），不认识也属于正常的情况，但文中给出了相关罗列 "seals, sea lions, and walruses"，即便不认识 seals（海豹）和 walruses（海象），但至少知道 sealions 是"海狮"，所以理解到 pinnipeds 是海狮的总称即可。

当然，还有第 2 种情况，那就是出题机构会给出脚注解释较生僻的单词。在考试的时候，考生会看到这些单词是蓝体字，如果不认识，可以点击查看该单词的脚注，推断出大意。同样在这段素材中，我们也能见到这种情形，生僻词为 fluke 和 blowhole，由这句话之前的 bodies（身体）和 legs（腿）可以推测 fluke 和 blowhole 与身体组成相关，再查看脚注，fluke 是组成鲸鱼三角形尾巴的两部分，而 blowhole 是鲸鱼头顶用于呼吸的气孔。在脚注中，一般情况下是没有太难理解的单词的，因为出题机构担心考生不认识这个单词导致影响对题目的解答，所以其重要性相较于第一种情况更甚些。

再来看看第 3 种情况，利用文章内容进行解释，针对文章里的某个生僻词直接给出定义。定义的方法有很多，be 动词、定语从句、对比/比较、同位语是几种典型的方法（在《文勇的新托福阅读手稿》一书中有所提及）。很庆幸，我们依旧可以在这段素材中找到案例。第一个生僻词为 cetaceans（鲸类动物），后面的定义"are mammals"（是哺乳动物）属于 be 动词下定义，可以知道 cetaceans 的大致类别，具体种类可以根据后面罗列的单词做进一步推断。第二个生僻词为 pinnipeds（鳍足类动物），后面的定义"whose limbs are functional both on land and at sea"（四肢是水陆两栖）属于定语从句下定义，同样可以大致判断出 pinnipeds 的种类为水陆两栖动物，具体种类也还是根据后面罗列的单词做进一步推断。

以上的这种做法既节省了学生熟悉素材的时间，又节省了我们备课时的压力。因此我们在构造内容的时候一定要有选择性，并不是所有的例题都值得讲。"一鱼多吃"才是我们追求的最优讲课方式。我猜你也听说过，我们愿意这样评价有经验与没有经验的老师之间的差异："有经验的老师，只从一个题目里面都能讲出好多东西来；没有经验的老师，会安排学生们花不少时间来做题，之后学生们却不知道自己学到了什么。"

另一个明显的教学情景是写作中的翻译训练，也是强调同一个素材的使用。在训练时，我常常要求学生针对同一段文章（中英文对照）翻译很多遍，而不是每次翻译一篇新文章。有同学会说，不是每天翻一篇新文章才会有进步吗？事实并非如此，我们的目标是练习语言，而不是熟悉素材本身，如果每天都翻译一篇新文章，学生练的时候，就会花费大量时间在熟悉素材内容上面。而当他反复翻译同一篇文章时，第一天熟悉中文，翻译一遍，之后对应正确的英文翻译做修改；第二天再翻译这篇文章，他就不需要花时间熟悉素材了；第三天还翻译同一篇，他已经对素材内容非常熟悉了，满脑子只会想一件事情：在参考范文里这句话是怎么表达的？第四天再翻译时，他就会忘记自己最初的、习惯的翻译版本，自然而然地替换成了范文内容。甚至有不少同学还会嗔怪自己的老师，在对同一篇文章进行第三次、第四次翻译训练时，满脑子都是正确的参考范文中的表达，自己都快要不记得自己原来的译法是什么了。而我们作为老师，要的就是这个效果。关于语言训练，我们要抓住的就是学生用更优秀的

Day 2

语言替换原有的语言的过程。尽管在这个过程中，学生并没有觉得自己学习了很多段素材，但是训练对于学生语言能力的影响反而才是最大的。对于素材的使用与知识点的学习，有一个常见的类比是"练毛笔字"：我们会选择"购买很多本字帖，每天都练习一本新字帖"还是"将一本字帖练习到极致"？显然应该是后者，直到有一天，我们在没有对着字帖的时候，也觉得自己一横一竖受到自己所练习的字帖的影响。这就是"素材的使用只是途径，知识点的学习才是终极目标"的体现。

小结

在本节中，我们学习了克制、有选择地表达，对于一个老师来说，明确了解"自己在特定时间段传授的知识点是什么，并且所有的教学动作都是为了给学生留下中心明确的深刻印象"这一点分外重要。我们应该摒弃"看到什么讲什么；想起什么讲什么"的做法。更进一步的，学会运用尽可能少的素材来描述知识点是一件事半功倍的事。只有这样，才能使我们所有的练习注意力都落在习得知识上面。这是非常重要的教学内容构造逻辑，所有课堂训练都应该基于这样的逻辑构建。

落地练习

　　亲爱的老师，你是否可以从自己所教授的学科中，找出一个素材，尝试从不同的角度来讲解或是分析呢？就像是饭馆里面的"一鱼多吃"一样。

　　说明一下：我为了文字表达的方便，在后面的"参考范例"中选择一段阅读课程讲解，实际上如果你是一个听力老师，使用同一段音频来讲解（1）辨音，（2）句法，（3）结构或是（4）题型，都是没有问题的。而做这个练习，就是想让大家深切地感知到自己能够从同一个素材中给学生发掘出无穷的学习内容，而不断发掘的过程也就是教学研究中的乐趣所在啊！

　　让我再重复一遍我的核心观点：我们的目标，不是从给学生讲解很多套素材的过程中获得自我满足，而是为了让学生通过更少的素材习得到（而不是学习）更多的知识。记得我们的关键词吗？抽离感。

Day 2

> 参考范例

（如下内容是我在讲解阅读课程时，对同一段内容的不同角度讲解，更多的背景及关联内容，可以参考《文勇的新托福阅读手稿》中相应的章节。）

（sample 开始）

待讲解素材：

> PASSAGE EXCERPT: "One of the most puzzling aspects of the paintings is their location. Other rock paintings, for example, those of Bushmen in South Africa —are either located near cave entrances or completely in the open. ■ Cave paintings in France and Spain, however, are in recesses and caverns far removed from original cave entrances. ■ This means that artists were forced to work in cramped spaces and without sources of natural light. ■ It also implies that whoever made them did not want them to be easily found. ■ Since cave dwellers normally lived close to entrances, there must have been some reason why so many generations of Lascaux cave dwellers hid their art."
>
> ——Online Test: Lascaux Cave Paintings

本素材第一次讲解：核对类题型中的指代现象[①]

> What can be inferred from this paragraph about cave painters in France and Spain?
> A. They also painted rocks outside caves.
> B. They did not live close to the cave entrances.
> C. They developed their own sources of light to use while painting.
> D. Their painting practices did not last for many years.

---

① 上下文背景，大家可以翻阅《文勇的新托福阅读手稿（第5版）》一书中的第63页。

Day 2

通过这个题目，我们可以牢牢地记住，在"核对类题型中的指代现象"这一知识点中，应该要做到的是"若选项中有代词，先还原代词后阅读选项"这一点要求。下面咱们一起来分析这个题目：

同学们，尽管这个题目的答案是 C 选项，但我想和大家一起来先分析一下 B 选项。因为 B 选项跟文中所表达的意思实在是太接近了。B 选项是 "They did not live close to the cave entrances"（他们并不住在洞穴入口的附近）；再看一下文章中第 3 句话的末尾处，发现有个 "far removed from original cave entrances"（离洞穴入口很远）。大家比较一下这两种说法：一种是"离洞穴入口很远"，另一种是"并不在洞穴入口附近"，它们的意思确实很相似。但为什么答案不是 B 选项呢？关键在于这个题目的几个选项中，"they" 到底是指谁？我们应该想起来题目中的知识点固定的要求："若选项中有代词，先还原代词，后阅读选项"。选项代词应该指的是题干中相对应的部分，所以这个选项中的 "they" 指的就是 "cave painters" 这类人。而文章里面第 3 句话讲的是 "cave paintings"（岩画）。一个是 "cave painters"，一个是 "cave paintings"，二者讨论的对象根本就不一致，所以怎么可能选择用第 3 行的句子来解题呢？也就是说，无论如何我们都不该选择 B 选项。

这就是所谓的"若选项中有代词，先还原代词后阅读选项"。这个小知识、小提醒，大家都记下来了吗？

本素材第二次讲解：句子插入题[①]

> Look at the four squares [■] that indicate where the following sentence can be added to the passage.

---

① 上下文背景，大家可以翻阅《文勇的新托福阅读手稿（第五版）》一书中的第 303 页。

This made it easy for the artists to paint and display them for the rest of the cave dwellers.

Where would the sentence best fit?

这个题目显然应该使用我们刚刚学习过的小知识点"句子插入题中的 this 等代词帮助解题"。这段素材我们之前曾经在另外一个知识点中遇到过，在这里就不给大家更多的时间去审题了。但这个"this"显然不好做，因为此处代词不再是作为限定词来充当定语了。它直接说：

This made it easy for some artists to paint and display them for the rest of the cave dwellers.

这使得那些艺术家绘画以及将他们的画展示给其他的洞穴居住者变得更加容易。

这种题目怎么做？只能先把"this"后面的这个句子读懂，然后再回去找这个概念。可以这样想，"this"代表了一种现象，能够导致后文的结果。所以我们应该去每一个方块的前面找原因，也就是去看哪一个方块前的内容可以导致"展现画作变得容易"。

原句应该被理解为"这使那些艺术家绘画以及展现他们的画变得容易"。第一个方块前面的部分是不是有个"located near the cave entrances"（位于山洞入口处），"or completely in the open"（或者完全在露天场所）。根据这个动作我们是不是应该选择 A 选项？因为只有第一个方块前面的内容能够作为一个现象，使画作制作和展现出来变得容易。

为了防止大家在学习本章内容时出现对于"代词"这一语法现象认识得不够清楚的情况，我需要给出这样一个总结性的论述：事实上，代词的种类很多，但在托福考试中的句子插入题中重点考查的是指示代词，如 this, that, these, those, such, either 以及 same 等。

对了，以后大家在复习这个题目时，可要记得同时复习关于这个题目的两个知识点哦，一石二鸟！

本素材第三次讲解：推理题①

What can be inferred from this paragraph about cave painters in France and Spain?
A. They also painted rocks outside caves.
B. They did not live close to the cave entrances.
C. They developed their own sources of light to use while painting.
D. Their painting practices did not last for many years.

这个题目我们之前做过，但我们现在再把它回顾一下。这里有两个知识点：第一个是代词还原的知识点，第二个是使用代词来解答句子插入题的知识点。选项中的这个"they"指的是谁？看到题干的问法，那么"they"指的应该是"cave painters"，所以这个题目答案无论如何都不选B。无论如何都不可能用文章里面的第3句话来解答，因为第3句讲的是"cave paintings"而不是"cave painters"。这个概念我们曾经提及过，这里就不再多说了。我想大家也应该对这个素材很熟悉了，不用更多的时间来审题，我就直接讲关于这个素材的第三个知识点吧。

我们对这个题目的推理其实是根据文章里面的第4句话得以实现的，即：

This means that artists were forced to work in cramped spaces and without sources of natural light.

这意味着这些艺术家被迫在狭小而没有自然光源的地方工作。

解题的关键点就在于这里句子的末尾处出现了"without sources of natural light"（没有自然光线），其中这个"natural"十分重要，因为它意味着应该会有一个与"natural light"相对应的概念出现，也就是"artificial light"，即C选项表述的内容："They developed their own sources

---

① 上下文背景，大家可以翻阅《文勇的新托福阅读手稿（第5版）》一书中的第106页。

of light to use while painting."

如果还是不能理解正确选项是怎么推理出来的,大家可以先来看几个小例子。

例1 问题:你喜欢花儿吗?
——(如果答案是)我不喜欢"人造"的花儿。
——则暗含的意思是:我喜欢"鲜花"。

例2 问题:你喜欢汽车吗?
——(如果答案是)我不喜欢"低档次"的车。
——则暗含的意思是:我喜欢"高档次"的车。

例3 问题:你能在没有光的地方工作吗?
——(如果答案是)我能够在没有"自然光"的地方工作
——则暗含的意思是:我可以借助"人造光"来工作

相信各位能体会出我的用意,既然强调了"自然光",那么肯定就会有"人造光"与之相对应,也就是C选项了,即他们研究出了自己的光源来供画画时使用。

各位同学,讲到这里,我们针对这段素材的第三个知识点算是讲完了。

我想,大家从今天开始,在复习的时候再看到这段素材,应该能够做到一鱼多吃,同时想起三个知识点:

(1) 细节题中的"遇到代词先还原后解题";
(2) 句子插入题中的"使用代词来指代前面提及过的内容";
(3) 推理题中的代词后常常引发的"分类取非",要记得一石三鸟哦!

3 不同教学目标分层：知识知晓或熟练

> We cannot solve our problems with the same level of thinking that created them.
>
> —Albert Einstein

在本节中，我们将会在讨论学生与老师的课堂分工的基础上，分析"具体科目中的知识分层概念"。事实上，我们对于不同知识点之间的要求是迥异的。作为一个老师，不简单地强调自己所说的全部知识点都是同等重要的，是提高学生学习效率的基本起点。

 我们在本节中尝试回答如下问题：
1) 老师与学生的传统分工是怎样的？
2) 什么是知识的"分层"？
3) 为什么要将知识"分层"？
4) 怎样帮助学生提高知识掌握的熟练度？

在传统的课堂中，老师与学生的分工在于：老师负责传递知识，学生熟练掌握知识，正如下图中所展示的这样。老师帮助学生完成的是获取知识的过程，属于从未知到已知的范畴；学生完成的是熟练使用的过程，属于从已知到熟练的范畴，这也就是下图中实线所表达的含义。但现代的课堂展现出来的却并非"完全"如此，聪明的学生会把老师的部分（获取、传递知识）一起完成，比如毫不避讳地说，越是在好的大学中，学生自学的比例就越大——尽管这样的大学中老师"质量"相对越好；懒惰的学生连自己的部分（把知识变熟练）都需要老师的帮助，这也就是下图中虚线所表达的内容。

基于以下的这张图，我们很有必要至少从两个维度——纵轴（知识的获取难度）与横轴（知识的熟练度训练）——来明确知识点的多层多级处理的必要性：

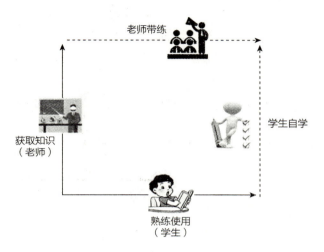

老师与学生的分工图

（1）知识点的难度/学生接受的难度：这是课堂阐述的重心之一。老师的作用就在于此，通过老师的帮助，学生能够更快地理解较难的知识点。另外，还有一个老师的重要功能，即区分"不同知识的不同要求"，因为并不是每一个难点都需要深刻掌握，而对知识点进行区分则是课堂效率的基石。

让我们重新回到刚刚的这张图（如下图），由于知识点之间互不相同，对于知识点掌握程度的要求也不同，老师对于授课过程中所涉及的知识就会有不同程度的侧重。大到科目，小到某个课堂即将讲解的一个琐碎的知识点，都需要提前明确授课的目标和要求——一般来说，我们认为对于听力和阅读这样知识点繁多但是熟练度要求相对低的科目，就需要老师知识讲授的过程多一些，尽可能带领学生见到尽可能全的知识点；对于口语和写作这样的主观科目，要求学生的参与度更高，老师有义务带着学生在课上或者课下多应用，熟练度很重要。值得注意的是，阅读、听力与口语、写作之间的这个区分方法极度粗糙，只有对某个学科内的具体知识具体分析，才能了解不同知识对于广度与深度的要求的不同之处。但无论如何，对知识进行分层，是帮助学生更好地理解知识的第一步。

Day 3

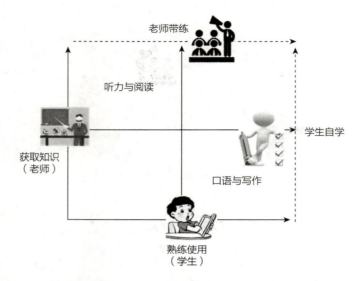

我们千万不能向学生传递这样的信息——课堂上所描述的每一个信息都特别重要。如果每一个信息都特别重要，那也就意味着每一个信息都不够重要。对于知识点的分层，意味着老师能够意识到自己将要阐述的若干知识并不是同等重要的，也不是在任何层面上都将同样应用的。所以，老师在上课的时候对精力的划分也绝对不是均匀的。如果我们教授的知识没有经过分层处理，那么可能会迫使学生接受没有针对性的高密度知识群，导致汲取知识效率低，成绩难以得到提升。

"我们跟学生之间的分工关系到底是什么？""在处理眼前的知识时，更多的应该是传授知识，还是带着学生练习熟练度要求不高的知识？"不对这些问题具备清醒的认识，课堂就会成为一个错位甚至割裂的课堂。我见过很多老师出现过这样的状况：写作老师上课时不停地罗列知识点、列举优秀的长难句，而学生却有这样的感受"老师讲的句子太棒了，太好看了。可跟我有什么关系呢？我用得上吗？我应该在什么情况下使用呢？应该替换我自己最擅长的哪种句型结构呢？"

再举一个例子：在不同的科目里，同样是讲虚拟语气，授课要求是不一样的。在阅读考试中，虚拟语气是一个特别的考点，考点范围窄但是句子难度高，因此在阅读中讲解的时候，语法结构不能不提，要让学生能读懂；可是讲口语或写作中使用的虚拟语气时，句式可以不那么难，但要掰开了、揉碎了分析："虚拟语气是没有发生的事情，大家在使用的时候，可以故意将一件已经发生的事情以否定的形式描述为虚拟语气的样子。这样就能确保虚拟语气这种语言现象在考试中得以展现。"我们甚至要专门为学生设计可供使用的场景：

> 将"爱迪生发明灯泡"，改成"如果爱迪生当年没有发明灯泡的话，那么世界将会一片黑暗"，这句话就是在运用虚拟语气讲一件没有发生的事情。这也就意味着在同学们自己写的作文中，所有的例子都可以改成虚拟语气。好了，各位同学，请大家现在都拿出自己写过的作文，找出自己曾经写过的任意一个例子，按照刚刚我们所进行的虚拟语气改造练习的过程，做一个随堂练习吧。我们一定要确保"用虚拟语气来举例"这个知识点在考试的当天能够用得上才行。

（2）<u>知识点的要求/学生的熟练度</u>：这是老师不可推卸的责任。老师除了传递知识之外，还应该思考一些方法，促使学生能够顺利运用某些知识，使其达到考试中的要求。

越是成熟的老师，就越能够意识到这个事实：知识掌握的熟练程度与学生的成绩好坏是直接挂钩的。打个比方，学生考试的时候遇到一个背过的单词会出现"明明记得背过，明明记得在哪本书中背过，明明记得背诵的那天天气如何……但除了这个单词的意思不记得了之外，别的内容都记得"的情况（哈哈哈，不开玩笑地说，这种情况还真的很常见！），而后他会把责任推脱给"注意力不集中"，或者将责任推卸成"早上没有吃饱饭"或者"早上吃得太饱了"。其实，语言类的考试根本不存在注意力不集中，原因<u>只是不够熟练</u>。老师现在的工作有很大一部分就是促使学生把特定的知识变得熟练起来。一个学生，即便是不学习任何新知识，只要能跟随老师提高现有知识掌握的熟练度，也会有巨大的提高。考试的时候，不认识的单词也就算了，但凡认识的单词都是见到就认识，但凡能读懂的句子都是一次性读懂，感受当然是大不相同的了。

那么我们该如何帮助学生提高知识掌握的熟练度呢？我的一个操作上的意见是要求学生每天晨读和晚述。学生每天晨读半个小时：内容是让学生大声朗

第一节 总论 031

Day 3

诵：(1) 阅读中读不懂或者需要读两遍才能读懂的句子；(2) 听力中听不懂或者需要听两遍才能听懂的句子；(3) 口语中需要支支吾吾思考很久才能说出来的好句子；(4) 写作中需要反复修改才能确保无误的句子。并且注意，一定是大声朗读，从第一个词读到最后一个词，读到顺口为止。他在读第一遍的时候，心理活动可能是"这个作者有病吧，为什么要这样来写句子？"；读到第 10 遍时，他心里会感觉很微妙，觉得"这样写好像也不错"；读到第 20 遍时，他会觉得"这句话写得真好，真舒服，就应该这么写"。达到这种程度后，就可以接着读下一句话了。早上朗读，晚上还要复述。在睡觉之前，要求学生向老师或助教复述一遍，可以通过发微信语音或者对着墙壁说一遍，复述今天学到的、看到的新的句子或者新的知识点，温故而知新。这种强迫输出复述的过程，能显著提高知识掌握的熟练度。

其实，这一系列的熟练度训练，也能够帮助学生打开科目与科目之间的隔阂，譬如考前进行一段时间的晨读训练会大幅度地提高写作水平。大家可能会问"这个过程明明在用阅读文章进行练习，为什么会大幅度提高写作水平？"这是因为每一个同学写作都会偏好不同的句型，反过来说，如果我们希望写出一篇能受到官方喜好的包含语法及句法多样性的文章，不同的同学的作文中都会缺乏不同的句型。个体之间的差异是如此之大，以至于很难通过老师课堂上泛泛的讲解来进行有针对性的补充。而最了解学生的写作句型缺陷的当然就是学生自己。那些被收集起来的，阅读中读不懂或者需要读两遍才能读懂的句子就是写作中学生不愿意写的句子。换句话说，在这种句子上发力，学生写作的多样性会有显著的提高。

小结

在本节中我们主要学习了通过两个维度——知识点的难度/学生接受的难度、知识点的要求/学生的熟练度——来明确知识点的授课范围。了解了传递知识的技巧：由于知识点之间互不相同，对于知识点掌握程度的要求也不同，因此我们在构造内容的时候要注意将知识进行分层，并学习了能够帮助学生提高知识掌握的熟练度的若干方法。

亲爱的老师们，你们能否找出自己所教授的知识中的一个案例进行分析：（1）同一个科目下的不同知识点的要求不同；（2）同一个知识点在不同科目下要求不同。

参考范例

各位同仁,虚拟语气是我在上课的时候特别热衷讲解的知识,但是我在不同科目的授课过程中讲授这个知识点时会强调完全不同的要素。(具体如下表格)

阅读	• TPO 7 *Ancient Rome and Greece* "Had the Greeks held novelty in such disdain as we," asked Horace in his Epistle, "what work of ancient date would now exist?" • 重点讲句型结构,确保学生能够识别虚拟语气,读懂句子。
听力	• TPO 40 Lecture 3 OK. Good carbon burning. Well, we all have a personal stake in this because carbon is the basis of life. We wouldn't be here if we ourselves weren't burning carbon. • 重点讲解虚拟语气可以在听力中表达的语言暗示及文章态度。
口语	• TPO 4 Task 2 答案节选 If you chose to learn online, you would not meet up with your friends in the library after class to talk about ideas or would not visit your professors and talk about course materials during office hours. • 重点讲解如何将虚拟语气视作自己的一种固定的论述方法,并且进行大量训练促使学生能进行下意识的表达。
写作	• 2006.08.12 答案节选 If we were to refuse their friendship and hold fast the more distant, hometown high school friends, we would not have a current support group to help us study and enjoy our time and would be lonely and probably not to do well in our studies. • 重点讲解如何改写自己在作文中已经写好的一个例子,确保每次写作文都至少能使用一次虚拟语气。

虚拟语气在四个课程中的不同要求[①]

如果是你,你会如何处理呢?

---

① 如上的这部分内容便是我在正式课堂中讲解虚拟语气时会重点讲解的不同层面的知识点。

Day 4

4 分级教学引申探讨：颗粒化知识分割

> I never teach my pupils. I only attempt to provide the conditions in which they can learn.
>
> —Albert Einstein

在本节中，我们将会讨论分级教学的背景，给出理论上最优的依据标准来建立有效的分级方式，使学生的学习效果最大化。大家可以将本部分内容视作引申的思考或非实践操作的指南。

 我们将在本节中尝试回答如下问题：
1) 什么是"分级教学"？
2) 为什么"分级教学"是值得存在的？
3) "分级教学"可以依据哪些标准来做才会比较难被别人质疑？

所谓"分级教学"，就是通过提供与学生的知识背景、意愿、能力、兴趣、天赋以及学习情况相契合的教学方法，以使每个学生的学习效果最大化。其实也就是根据学生的不同水平和能力，呈现不同的教学内容，这是所有老师的美好梦想。咱们的祖师爷孔老夫子因材施教的故事可能最为著名：

> 子路问："闻斯行诸？"子曰："有父兄在，如之何闻斯行之？"冉有问："闻斯行诸？"子曰："闻斯行之。"公西华曰："由也问闻斯行诸，子曰'有父兄在'。求也问闻斯行诸，子曰'闻斯行之'。赤也惑，敢问。"子曰："求也退，故进之；由也兼人，故退之。"
>
> （《论语·先进》之二十二）
>
> 意思是：
>
> 子路问（孔子）："听到（信息后）就应该开始行动起来吗？"孔子回答说："你还有自己的父亲与兄长，怎么能（不考虑他们的想法/不征求他们的意见）就开始行动起来呢？"冉有问（孔子）："听到（信息

后）就应该开始行动起来吗？"孔子回答说："是的，就应该听到信息后就开始行动起来。"公西华说："子路和冉有问的是同一个问题，为什么会有两个截然相反的答案呢？"孔子回答说："冉求（冉有）总是退缩，所以我鼓励他（勇敢地行动）；仲由（子路）勇猛过人，所以我要约束他（鲁莽的行为）。"

回到我们所熟悉的现代教育培训领域中来：也正因为分级是一件大家普遍接受的有意义的事儿，所以在提供教育类产品的时候，产品分级或者分层就成了常态，而且市面上所存在的方式也是"八仙过海，各显神通"。比如说用原有分数或目标分数分级，以雅思课程为例，譬如"冲刺6分班""冲刺7分班"等；另一种是用特别笼统的能力来分级，譬如"入门班""基础班""强化班"等；还有一种是用备考的时间分级，譬如"长期班""冲刺班""考前点题班"等。当然，也有混合式分级，就是把好多标准捏在一起来分级，比如"5.5分—基础—长期班"等。

一个值得思考的问题是，为什么培训行业常常需要把班型进行分级后再售卖课程产品呢？原因有很多，其一是出于最朴素的销售目的，按照分级来设置产品，对于不了解产品（教育产品比较特殊，消费者事实上很难在购买教育产品前正确了解并判断产品的服务质量）的客户来说，可以向客户展示课程内容是有的放矢的、因材施教的。

其二，对于老师来说，分级首先是最简单的将已有课件复用的方式。比如，老师可以将一套课件内容按照三种水平（水平弱一点的、水平一般的、水平强一点的）拆分为三套课件，再根据学生学习能力的不同程度选择相对应的课件授课。事实上，分级能为老师省去很多麻烦，我们只需要根据销售判定（或者是学生的自我判定）的学生水平选择相应的内容授课，不需要分析客户或是学生的具体情况。换句话说，也就是老师将一部分"因材施教"的工作交给了课程销售或是学生自身。（必须强调一下，其实这种层次划分倒也未必是不准确的。）

其三，对于学生来说，归入特定群体后会产生归属感。比如说，一个学习

Day 4

成绩较差的学生，把他放到"基础班"，他会敢于向老师发问一些水平较弱的问题，若把他放到"强化班"或"冲刺班"，他可能会因为自卑不敢问问题了，这当然是一个重要的因素。现代有越来越多的教育学家们都在强调"学生的归属感"对于学习效果的重要作用。

那么这些分级方式是不是真的可以为我们的学生提供有意义的服务呢？我想这其中的缺点与上文所讨论的优点同样明显。因为无论哪种分级方式，可能都会出现分级的标准与实际的学生能力无法准确对应的现象。让我先逐一地分析上文所提及的集中典型模式：

（1）用原有或目标分数分级。其问题在于：取得同一个分数的学生，问题千差万别——即使取得完全一样的分数也很可能对应着不一样的能力矩阵。我想各位老师应该也和我一样遇到过大量分数相同但情况千奇百怪的学生。

（2）用笼统的能力分级。其问题在于：不同的人对能力标准的理解大不相同，无法形成一个统一的标准。总有同学会在不该谦虚的时候谦虚，不该自满的时候自满。事实上，当学生对老师说自己的水平还"凑合"时，老师是根本无法判断其掌握知识的程度的。

（3）按照备考的时间分级。其问题在于：不同水平的学生备考时间不同，我们也无法准确地判断不同学生所需的备考时间。其实，努力程度及天赋都会在很大程度上影响备考时间。

（4）混合式分级我就不多说了，问题更多。

我说了这么多，其实就是想证明，以上这么多分级教学方法本质上都是在尝试因材施教。这是值得鼓励的，可是单一维度的标签无法准确描述复杂的学生个体。从这个角度上来说，最简单粗暴的对应方式就是尝试使用"颗粒度尽可能小和数量尽可能多"的标签来划分教学内容，以此来区分不同的教学对象。

从本质上来说，分级教学无非就是把教学群体切成几段，但无论你怎样切都会有人说你切得不对。那怎样可以使每个人都尽可能满意呢？只有把教学内容和教学对象都切分到极细，才是最优解（先不论其可行性以及背后的工作量）。这也是老师们应该穷尽心思来进行教研的地方，最近市面上流行的切片化课堂的理论背景也源自于此。

很值得思考的一个要素在于：无论是托福还是雅思，或是 GRE、GMAT、SAT、ACT，这些教学产品最优、最大、最明显的特点就是标准化，即每次考试的难度都尽可能保持一致。尽管我们经常听到学生说这次考试更难、下次考试更容易。但作为老师，我们知道学生的主观评论是值得怀疑的。因为在不同的时间参加考试的不同的学生，有可能在同一日期申请同一所学校，所以不同考试日期考出来的分数要有可比性才行。换句话说，每次考试的考点应该要尽可能地一致。同时，考试中还会充满各种固定的套路和方法，并非是出题机构故意要我们教授学生套路和方法，而是因为它要尽可能保证难度一致，因此不得不采用与以前一模一样的问法和展现方式（甚至出以前方式相同的题目）来考新的考生。这就意味着，既然难度一致、套路一致、方法一致，又有现成大量的题目，我们就可以选择用穷举法进行教学教研——在教学内容上追求尽可能小的知识颗粒，并罗列出来。这是一个看似宏大，实际上科学的积累动作。在本书的附录中，我将我自己所教授的一个托福科目中所有的知识点进行了罗列。无非是不断列举、常年更新而已。

再来说说教学对象。我们也希望对不同的教学对象产生不同的教学效果，那么就应该根据对学生的测评及反馈来调整教学内容（也包括作业）。所以每个学生在上课之前要先进行测试，如果可能，应该把测评过程贯穿在整个教学过程中。我通常会利用特制的教学反馈表[①]来收集学生动态反馈的信息，根据这些信息了解学生对本节课内容掌握的程度，再对下节课要讲的内容和作业做一些动态调整。

小结

通过对本节的学习，我们了解到分级教学的本质就是因材施教，因此把教学内容和教学对象细化到极致才能真正地使学生受益。本节的内容是一个引申的讨论，目的是引发大家的思考。事实上任何人也无法想出一个真正完美的分类解决方案，但是理解清楚这一点能确保我们的教研注意力花在正确的方向上。

---

① 在第二章第一节第二小点中会展开，这里就不赘述了。

第一节 总论 039

亲爱的老师,你能将自己所教授的课程内容以脑图的形式总结出来吗?Xmind 是一个不错的软件,或者简单直接地在纸上罗列出来就可以。

Day 4

> 参考范例

请参考托福全知识点脑图。

获取方式：关注公众号"文勇图书馆（wenyonglibrary）"，回复关键词"33天"后即可获取。

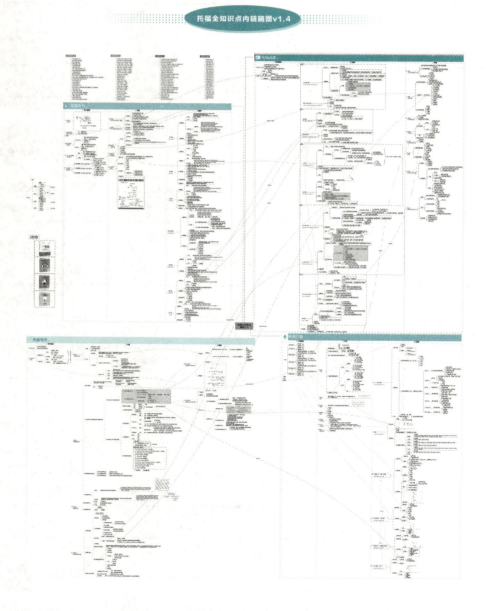

第二节　构造

本节将讨论课堂中的"构造"这个话题。有效的课堂构造过程是由几个必不可少的因素组成的：（1）用结构化的内容使学生对课堂有一种稳定的预期；（2）设置适当的伏笔来让学生觉得课堂是提前精心组织过的；（3）提出可行的学习方法，保证学生能够照做；（4）传授给学生解题技巧以应对相似的出题模式；（5）适当运用"诡计"来提高做题效率；（6）记录突发奇想的灵感，罗列并穷举一门课的所有知识点；（7）布置足够多的有效练习，磨炼学到的知识。

构造
- 建立稳定的学生预期：授课内容的结构化
  - 什么是"结构化授课"？
  - "结构化授课"有什么好处？
  - 如何做到"结构化授课"？
  - 操作的实例是什么？
- 授课内容的前后联系：埋下伏笔的内容对应
  - 什么是"伏笔"？
  - 授课中为什么要设置"伏笔"？
  - 如何设置恰当的"伏笔"？
  - 我们是否保证了"伏笔"最终能在授课内容上获得对应？
- 课堂内容的使用路径：如何使教学建议可行
  - 课堂中的"可行"指的是什么？
  - "可行"的方法需要满足什么条件？
  - 给学生的建议越宽泛越好吗？
  - 高效率和高操作性能同时达到吗？如果不能，应该根据哪些情况来分析后进行取舍？
- 学生最感兴趣的内容：创造有效的学习技巧
  - 标准化考试中的"解题技巧"是怎么来的？
  - 学生在面对能力类考试时，需不需要"解题技巧"？
  - 作为一个老师，我们应该如何构造有效的"解题技巧"？
- 考试的经验主义"巫术"：识别并归纳后的"诡计"
  - "诡计"是什么？
  - 学习中可不可以运用"诡计"解题？
  - 作为老师，我们应该如何尽可能遴选更优的"诡计"？
  - 如何在因材施教的过程中，为眼前的学生选择、搭配并讲解更合适于他/她的"诡计"？
- 体系化的记录与穷举：老师辛勤工作的理想
  - 教学中的"记录"指的是什么？
  - 老师为什么需要对教学内容做"记录"？
  - 为什么"记录"的本质是"罗列"？
  - 为什么"罗列"的目标是"穷举"？
  - 年轻老师在"记录并穷举"之前应该做什么？
- 练习的构造及其目标：为什么逼迫学生练习
  - 什么是"练习"？
  - 给学生布置"练习"是为了达到什么目标？
  - 如何设计可能会让学生犯错的细节？

Day 5

1　建立稳定的学生预期：授课内容的结构化

High achievement always takes place in the framework of high expectation.

—Charles Kettering[①]

在本节中，我们将会讨论"如何通过主动将授课内容结构化的方式，来建立学生听课的稳定预期"，并因此使学生高效地吸收老师所传递的知识。

> 我们将在本节中尝试回答如下问题：
> 1）什么是"结构化授课"？
> 2）"结构化授课"有什么好处？
> 3）如何做到"结构化授课"？
> 4）操作的实例是什么？

"结构化授课"是指在授课的过程中，采取一种稳定的方式来展开课堂——每一节课（甚至每一个知识点）的传递结构都尽可能一致。这样做的好处是显而易见的：学生们很容易对课堂产生一种稳定的预期，而这种对课堂的稳定预期，能够使学生将精力更少地花费在适应授课模式上，而更多地集中在汲取课堂知识上。有趣的是，教育学家们常用"学生和老师处在同一个频道上，发生了共振"的比喻来描述这种理想状态。

更进一步地，思考结构化授课的观念，有利于我们从一个全新的角度来理解若干两可的话题。

譬如，老师们时常探讨的话题一：

> "在课堂上处理习题时，我们究竟应该'先易后难'还是'先难后易'？"

"先易后难"的理由是明显的，这遵循了循序渐进的基本理念，能够有利于

[①] 查尔斯·凯特灵（1876—1958），美国发明家、工程师、商人。

学生从更容易被接受的简单知识开始,再逐步接受较难的知识。但事实上,"先难后易"也并非一无是处,很多老师都愿意在某个知识点开始时,教授一个相对更难的例题,以此来说服学生相信,眼前的知识点值得被教授,而学生的注意力是现代课堂中最重要的资源。简单地说,难题往往更容易突出老师所讲述的解题方法及技巧的重要性。所以我们可以这样说:"先易后难"还是"先难后易"并没有明确的答案,这取决于老师准备给学生呈现怎样的课堂。

又譬如,老师们时常探讨的话题二:

> "我们在处理知识点的时候,应该'先讲理论后讲案例'还是正好相反?"

这显然也是一个"各有优劣"的话题。先描述理论/观点/技巧,再做一两道题目来验证老师刚刚所描述内容的正确性,这样的讲解过程当然十分顺利。但若是先把案例抛出来(甚至是故意设计让学生在课堂上面对未曾面对过的陌生知识,而导致做错题目),再从中引发课堂中想要传递的理论/观点/技巧,则能让学生的注意力更为集中,对于知识的理解(尤其在思考特定知识对于学生自身的帮助时)和反思也会更为深刻。

显然,以上的两个话题,老师们都会时不时在教研的过程中讨论到,也并无绝对正确的答案可言。但是,在一个特定的授课周期内,一旦选定模式,我们就应该将讲解的结构固定下来,让学生能够对你的授课产生稳定的预期,因而也形成从该课堂获取知识的稳定模式。若是一会儿"由难到易",一会儿又改成"由易到难",则会让学生陷入对知识接受的混乱低效状态。

令人吃惊的是,"课堂的结构化"比想象中的还要重要——因为我们有必要使用结构化的授课来对抗整个线性课程的输入过程。

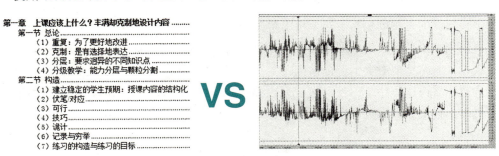

"结构化"对抗"线性"

Day 5

所以请允许我从理论上多说几句。在传递信息这件事情上,上课与书籍相比,在结构性上有明显的优劣之分。书籍有天然的结构——目录或框架图,重点下划线,相比于一级标题,二级标题就要缩进一点等。所以,学生在阅读图书时,不管内容难度如何,终究结构感明显。换句话说,在阅读书籍的过程中,读者能够非常清楚地了解当前的知识点属于结构中的哪个部分、哪一章、哪一节,这一点对于学生的能力并没有额外的需求。一个学习能力特别弱,甚至在上课的过程中时不时还会走神的学生,在读书时,即便理解能力不高,也依旧可以瞬间了解所学知识所处的结构。毕竟在阅读书本的过程中,就算走神了,也能够在回过神儿来的那一刻从书本的天然结构中了解知识框架。

4和7这3个段落。这是ETS构造题目的方法。换句话说:

如果在做题的时候,发现下面选项中有一项跟文中已读的内容正好是取非的话,可以直接选择该项。甚至不必再去核对a、b和d。这就是所谓的"取非式选择"。

这是ETS的想法。这个诡计的确就一直都没有被破过,而且很多时候就是这么出题的。可能会有很多同学要问:

"文勇,ETS说一个东西不能同时具备两个完全相反的特质,是这样吗?有些人就是双重性格,比如说我啊。"

各位,我们讲的是什么?托福阅读。托福阅读这样出,我们就这样做,这并不意味着你就必须接受它。事实上,现实生活中的确有很多事情都具备两个完全相反的特质。但通过总结可知,托福阅读中不会出现这种情况,所以我们就用这个诡计来帮助解题。

格式丰富的图书[①]

上课的过程则全然不同。相比而言,口授课程所传递的信息大抵是线性的。我们用嘴说话,学生们则用耳朵听。信息就像一根线一样,没有波浪,不分主次,没有结构地对学生进行输入。尽管我们非常期待学生在课堂上一直保持全神贯注,但这显然是一种奢求。无论多么认真的学生,都会不时地出现精神不集中的现象。如果授课内容不是足够结构化的,学生们很容易"一走神,就不

---

① 上下文背景,大家可以翻阅《文勇的新托福阅读手稿(第5版)》一书中的第73页。

知道老师讲到哪里了"——我们甚至不能一味责备学生，谁能保证时时刻刻聚精会神呢？

为了使"线性"的信息输入过程尽可能地结构化，老师们采取了若干朴素的方法，譬如语调忽高忽低、声音忽重忽轻（有经验的老师，甚至可以做到讲述某一个层次内容的时候使用某一个特殊的音调，如"讲理论时的语音语调"与"讲例子时的语音语调"迥异）；又譬如我们发放课堂讲义和素材；又譬如我们使用课堂PPT（讲解过程中，用PPT向学生展示内容的结构框架）等方式来帮助克服线性的输入。但是，以上所描述的都属于通过授课技巧来促使结构更加明显。另外一个更底层的方式，则是保证授课内容是结构化的。

以上是理论化的枯燥分析过程，为了把话题讲得更加务实一些，我们以"对于例题/范文的讲解"为例，来讨论授课内容结构化的落地问题。当我们的任务是为学生们讲解某一个具体的题目时，尽管方法和技巧百家争鸣，但我猜测如下的三个方面都是老师会提及的内容，而我的建议是对自己所讲解的内容进行梳理分类，确保每次都讲到这三个方面，每次都以同样的顺序来呈现这三个方面。这样才能尽可能地保持一个结构化的课堂。

层次一：正确答案为什么正确（或主观题中范例为什么更优）。

我们用这个层次是为了保证学生对知识点的了解。在这个层面上，关键不是"因材施教"——因为正确答案是唯一的，可没有什么好因材施教的，关键是将精准的知识尽可能深刻地塞入学生的头脑中。不得不提的是，"正确答案为什么正确"的内容在互联网上随处可见，如果一个老师只能讲到这个层面，也就仅仅承担了"搜索引擎"的工作而已。这样的话，作为老师，我们的价值将会随着计算机技术的发展而不断被削弱。

层次二：学生为什么选错某个答案（对于客观题来说）/出现某种错误用法（对于主观题来说）。

尽管学生很容易被正确答案瞬间说服，但是他们的错误往往有据可循。当然，在上课接触学生之前，我们并没有办法了解学生的错误是什么，这也就意味着作为老师，繁重的备课工作应该体现在尝试<u>将学生可能犯的所有错误都穷举</u>这一动作上。帮助学生找出"错误思路是如何得来的"是铲除这个错误思路的第一步，也是最关键的一步。这是真正有经验的老师与新手间拉开距离的关键所在。

层次三：出题机构想用这个题目说明什么。

除了眼前的题目本身，我们有责任也有义务呈现一个有"抽离感[①]"的课堂。让学生从眼前的这个题目中，能够理解跳出题目本身的理论/知识/框架，感受到出题机构考查的方向与意图，这样才能真的使学生做到举一反三、触类旁通。我们必须永远牢记这个易于被遗忘的事实：课堂上所讲解的所有内容，考试那天都几乎不可能再次出现，我们需要从眼前的习题中"抽离"出来值得被推广到其他例题的理论。

现在，我来给大家分享一个我自己的真实课堂切片，是一道托福阅读的词汇题[②]的教授过程。大家可以看看我是如何尝试在讲解的过程中<u>分成三个层次</u>的，并尽可能让学生感受到课堂结构化的过程。

> ...
> The opposite of an opportunist is a competitor. These organisms tend to have big bodies, are long-lived, and spend relatively little effort each year on reproduction. An oak tree is a good example of a competitor. A <u>massive</u> oak claims its ground for 200 years or more, outcompeting all other would-be canopy trees by casting a dense shade and drawing up any free water in the soil...
>
> *Online Test: Opportunists and Competitors*

① "抽离感"的概念，之前我们在第一章第一节的"克制"这一点提及，不再多言。
② 上下文背景，大家可以翻阅《文勇的新托福阅读手稿（第5版）》一书中的第162页。

Day 5

> *The word* massive *in the passage is closest in meaning to*
> A. huge
> B. ancient
> C. common
> D. successful

第一层面的讲解：正确答案为什么正确

（1）直接翻译每个单词的含义

首先应该对学生讲解的是"正确答案为什么正确"，这也是学生在解题时的第一阶段最愿意听到的内容。最简单的讲解方式，是直接解释每个单词的含义。

> 同学们一起来看这个题目，其实就是问"massive"这个单词与下面的哪个单词意思最为接近，当然大家可能直接就选 A。为什么呢？我们先来核对一下单词的意思（如下表），可以看出 massive 和 huge 的意思是最接近的。
> ……

massive	[ˈmæsɪv]	adj.	大量的；巨大的，厚重的；魁伟的
huge	[hjuːdʒ]	adj.	巨大的；庞大的；无限的
ancient	[ˈeɪnʃənt]	adj.	古代的；古老的，过时的；年老的
common	[ˈkɒmən]	adj.	共同的；普通的；一般的；通常的
successful	[səkˈsesful]	adj.	成功的；一帆风顺的

（2）通过帮助学生识别某种语境来推测"正确答案为什么正确"

略难一些的讲解方式，是带领学生理解单词所在的语境，并且将特定类别的语境归纳在一起，帮助学生在单词识记并不清晰的情况下，尽可能地把题目做对。

Day 5

如果同学们不认识单词就看一下句子所处的语境。"massive"修饰的是"oak"（橡树），前面有一句话讲的是"An oak tree is a good example of a competitor"（橡树是竞争者的例子），那前面就讲了竞争者的特点，即"have big bodies, are long-lived, and spend relatively little effort each year on reproduction"，而"massive"修饰橡树，那"massive"应该就是橡树的某一个特点，具体的对应见下面的表格，最后对应下来答案选 A。

......

Competitor	big bodies	long-lived	spend relatively little effort each year on reproduction
Oak	massive		

表示 Competitor 特点的词汇对照

但是无论是采取前一种方式"直接告诉同学们单词的含义"还是后一种"通过语境来推测含义"，都在着力讲解正确答案的由来，属于我们讲解过程的第一层面。

第二层面的讲解：学生为什么选错某个答案

如我们在前文的理论中所提及的那样，仅仅讲解第一层面还不够，我们有必要再想想"学生为什么会把题目选错"。

可能会有同学错误地选择了 B 选项，B 选项是怎么来的呢？"massive"这个单词不可能会有"ancient"的含义，但是为什么出题机构会出这样的选项？它来自哪儿？错误答案不是乱来的，出题机构在这里应该有个小心机——"ancient"可能对应文章里面"oak"特点中的"long-lived"，这就是出题机构希望大家犯的错误。

......

我们有必要在讲解的过程中，仔细分析他们是不是真的犯了你所描述的错误。重要的是，当我们把这个情绪传递给学生后，他们不但会觉得 B 选项不应该选，还会觉得自己跟出题机构踏在了同一节奏中，这会带来重要的解题自信。知其然也知其所以然。

第三层面的讲解：出题机构想用这个题目说明什么

最后一个层面的讲解是进行"画龙点睛"式的拔高，要讲述这个题目为什么要这么出？对于眼前的这个词汇题来说，出题机构的重要目标是考查哪些单词能够替换文中的词汇，而不是简单地找同义词。一般讲到最后，我就会这样开始跟同学们进行升华：

出题机构从来没说过这是考查同义词的题目，考的应该是在特定文章里面能够替换的词，所以语境是很重要的。显然，简单地把同义词的想法带到做题过程中是有危险的。

> "同义词"本质上是伪概念。当我们把语言当成有生命的东西时，如果两个单词真的在任何情况下意思都完全一样，那么在语言发展的历史长河中，一定会有一个单词把另一个单词吃掉。所以，如果现在有两个不同的单词，必定存在细微的差异。也就只能说在特定语境下两个单词能够替换而已。所以我们在做词汇题的时候，要回到 ETS 出题的原点：就是想要我们找出在特定语境下能够替换的单词。
> ……

当然了，第三层面引申的方向有很多，譬如对于词汇题，我也常常进行另外一个方向的引申：

> 正因为语境是很重要的，是帮助我们记忆的语言锚点，所以在背单词的时候，同学们应该把单词"镶嵌"在语境中背诵，效果才会更好。如果只是单独背某本单词书上罗列的单词，即使把它的意思记住了，也可能是通过它在单词书中的位置、单词书的颜色或者背单词的那天你坐

Day 5

> 的位置记住的。等到在文章中再次出现了这个词，很多同学可能记得这些无关的细节但就是不记得这个单词的意思。所以说语言环境是唯一值得信赖的记忆环境，也是唯一在考试时与你平时背诵时可能一致的记忆锚点。
> ……

大家看到我在说服我自己的学生时需要经过三个阶段，这样的过程就显得比较有意义，不只是就题解题而已。而且学生们在听这个部分的内容时，也会觉得结构清楚、层层递进、不容易走神（或者即便是走神，也能尽快地回到授课的框架中来）。

我们再来分享另一个托福阅读的例子①，这显然会是一个更复杂的应用模式。通过这个例子我们来看看将解题分析的过程结构化对学生理解的帮助所在。

> Perhaps so much time has passed that there will never be satisfactory answers to the cave images, but their mystique only adds to their importance. Certainly a great art exists, and by its existence reveals that ancient human beings were not without intelligence, skill, and sensitivity.
> …
>
> Online Test: Lascaux Cave Paintings
>
> According to this paragraph, why might the puzzling questions about the paintings never be answered?
> A. Keeping the paintings a mystery will increase their importance.
> B. The artists hid their tools with great intelligence and skill.
> C. Too many years have gone by since the images were painted.
> D. Answering the question is not very important to scholars.

---

① 上下文背景，大家可以翻阅《文勇的新托福阅读手稿（第5版）》一书中的第15页。

第一层面的讲解：正确答案为什么正确

这道题我们还是从正确答案开始讲起，因为这是学生最关心的步骤。

> 这道题应该选 C 选项，C 选项中有"Too many years have gone"，文章里面有"so much time has passed"，它们直接对应，所以选 C。
> ……

这是我们的正常讲法，讲完之后学生就知道为什么选 C，就知道题目考的是对某一种概念的 paraphrase（同义改写）。

第二层面的讲解：学生为什么选错某个答案

但仅仅讲正确答案还不够，最好是带着学生想一想为什么不能选另外的某个答案，特别是要注意思考学生选择错误选项是基于什么知识/背景/理论/想法。这也就是我们所提及的错误答案为什么不对。

> 为什么不能选 A 选项呢？A 选项"Keeping the paintings a mystery will increase their importance"（保持画的神秘性将会增加它们的重要性），文章里面确实有一句话说"but their mystique only adds to their importance"（但它们的神秘性只会增加它们的重要性），两者也是对应的。我想大家以前都听说过这样一句话——but 后面的内容很重要，but 前面的内容不重要。但是大家千万注意这个题目考的不是转折后的内容。请大家牢牢记住这样一句话：在细节题的考查过程中，并不一定考查文章或段落的主要信息。那些看似细枝末节或是举例中的内容，也都有可能被考查。我们不能想当然地认为"转折前"的内容，或是"具体的内容"一定不被考查。A 选项和 C 选项都在文章中出现过，但 A 选项没有回答题目问的问题，题目问的是为什么"the puzzling questions never be answered"（这个令人困惑的问题没有得到回答），问的是原因，只有 C 选项回答了题干中的问题，而 A 选项说的是结果，所以选 C。
> ……

第二节 构造

在第二个层面的讲解过程中,我们诱导出了学生心中可能存在的错误观念——转折后的内容一定比转折前的内容更重要;并且评价了学生这条固有认知的适用范围。这使他们能够做到将新知识与过往概念相融合。

第三层面的讲解:出题机构想用这个题目说明什么

在最后一个层次的讲解中,我们要告诉学生:

> 标准化考试跟以前我们考过的相对简单的四六级考试略微有一点不同,因为以前的考试中我们选某个选项是因为它的意思正确,而现在则不只是因为选项正确,还因为它符合题干,所以看题干是很重要的。
> ……

我希望学生能够一级一级地对题目本身了解的同时,能够思考错误选项为什么错,最后还要带着学生想出题机构为什么要这么做,它到底想要强调什么概念。

事实上,按照这三个层面来讲解题目的过程,就是我们不断反思自己的过程:有没有站在学生的角度去分析?是不是每个题目都做了深入的反思?有没有把知识点抽离出来,让他们不仅记住题目本身,还记住这个题目所需要的知识及相关的能力?不断地、反复地进行这些思考极其重要。

另外,梳理错题的时候也应该是结构化的。我们的课堂应该不只是停留在课上,课下老师也应该影响学生的学习路径。几乎所有老师都会要求学生去制作错题本,无论拍个照片还是复制粘贴到文章里去,又或者是通过系统软件之类的。我们一定也要让学生对待错题的方式,跟我们自己上课的时候讲题的方式是一样的。整理错题的时候也分成三个层面,总结出对的为什么对,错的为什么错,以及这个题目说明了什么。这样才能使学生的解题步骤和学习进度跟你要求的进度落在同一个节拍上面,产生最大化的效果。

Day 5

小结

这节中我们学习了结构化授课,它的好处是使学生花费更少的精力在适应授课模式上,而将注意力更加集中在课堂内容上。它还能帮助我们理解"先易后难"还是"先难后易"的问题,以及理论和案例孰先孰后的问题。以结构化授课代替线性输入,可以通过运用授课技巧和使授课内容结构化来实现。例如讲解题目的时候可以分为三个层次:(1)正确答案为什么正确;(2)学生为什么选错某个答案;(3)出题机构想用这个题目说明什么。

落地练习

亲爱的老师,你能否按照我们在本节所讨论到的"结构化展现"所涉及的三个层次,尝试分析自己教案中的某一个题目?对了,尽管我受限于图书的展现形式,文章中给的都是客观题的例子,但是主观题同样也可以使用这三个层次来展开分析。试试看吧!

Day 5

参考范例

此处，我选择了一个托福听力的课堂片段，所使用的材料来自于《文勇的新托福听力手稿》一书。大家如果对前后背景等感兴趣，可以参阅相关读物。

素材

TPO 46 Lecture 4[①]

…

Student: But wouldn't the copper industry suffer financially if the US government stopped buying copper to make pennies?

Professor: But how much copper do pennies actually contain?

Student: How much…oh, got it, right.

…

Why does the professor say this? (Replay)

But how much copper do pennies actually contain?

A. He wants the woman to realize her own mistake.

B. He wants the woman to support her point with precise numbers.

C. He realizes he neglected to mention an important detail.

D. He shares the woman's concern about the copper industry.

讲解：

层次一：正确答案为什么正确

首先要向学生讲解"正确答案为什么正确"。这道题的第一个层面应该从语境入手。

---

① 上下文背景，大家可以翻阅《文勇的新托福听力手稿（第1版）》一书中的第176页。

我们在讲解重听题时，最为关键的解题技巧是：不只是要关注被重听的句子，更重要的是这句话所处的语言环境。可能具体表现在重听句的前后：(1) 感情色彩是否一致；(2) 感情色彩是否相悖；(3) 论述话题是否递进等。下面我们来看这个题目：

But how much copper do pennies actually contain?

我们应该清楚地记得，这句话的前后，学生的观点发生了变化。另外，从语音语调中也能听出老师诱导的情绪（而非疑问的情绪），因此答案应该是选项 A "He wants the woman to realize her own mistake."

……

层次二：学生为什么选错某个答案

讲完了正确选项是如何得到的，学生们容易选错的选项也需要逐一分析，找出他们错误的原因。在本题中，选项 C 和选项 D 是选错人数最多的两个选项。如果你是一位有经验的老师，那么在之前的课堂中应该已经了解到这一点。

本题中选项 C "He realizes he neglected to mention an important detail." 与选项 D "He shares the woman's concern about the copper industry." 是同学们最容易选错的。这可能是因为大家没有意识到学生所说的话中"but"不重要。

Student: But wouldn't the copper industry suffer financially if the US government stopped buying copper to make pennies?

Professor: But how much copper do pennies actually contain?

我们应该牢记这样一个道理，当一个语境中只有一个转折词时，转折词后的内容最重要。但当连续出现多个转折词时，最后一个转折词后的内容最重要。另外，只要是对重听句中"but"敏感的学生，都不会选择 C 或 D 选项，因为这两项都表达了老师与学生的观点的一致性。

……

层次三：出题机构想用这个题目说明什么

最后一个很重要的步骤，就是脱离题目本身，从中抽离出一些出题规律，来告诉学生以后如果遇到类似的题目应该如何思考。本题考查的是所谓的"言外之意"，这是在授课的时候画龙点睛的要素。

> 讲到这里，同学们应该反思自己的做题过程，是否与出题机构所要求的一致。出题机构从最开始就要求我们对于托福听力，有两个层面的理解，一个是字面含义，另一个是弦外之音。前者很大程度上依赖于我们认真地辨认每一个词的含义，不能有任何遗漏；后者则依赖于我们能否良好地识别语境，意识到学生的态度在老师的提问之下发生了巨大的变化。在本题中，也就体现为不能遗漏"but"这个小单词。当我们发现，对话中的两次提问都没有被直接回答，就应该意识到解题的关键不能依靠字面意思了。在中文中，我们时常提及的一种语言能力是能够读出作者字里行间流露出的思想情感。而在英文中，有一个几乎一模一样的对应词组"read between the lines"，也就是"体会字里行间的言外之意"的意思。
>
> ……

Day 6

2 授课内容的前后联系：埋下伏笔的内容对应

> If in the first act you have hung a pistol on the wall, then in the following one it should be fired. Otherwise don't put it here.
>
> —Anton Chekhov[1]

在本节中，我们不但要讨论什么是"伏笔"，更重要的是讨论如何在授课的过程中设置伏笔，并在随后的课堂中形成内容对应。尝试通过这个过程对课堂内容进行改造，将能帮助课堂结构变得更加清晰；与此同时，这也能潜在地帮助我们厘清授课内容的内在联系。"伏笔"将能让课程（即便只是看上去）被良好地组织起来——每一次前文所涉及的伏笔内容在后面被印证，都是一次向学生证明"课堂内容已被提前精心组织好"的机会。

 我们将在本节中，尝试回答如下几个问题：
1) 什么是"伏笔"？
2) 授课中为什么要设置"伏笔"？
3) 如何设置恰当的"伏笔"？
4) 我们是否保证了"伏笔"最终能在授课内容上获得对应？

要想讨论"伏笔"，我们就不得不先搬出俄国著名剧作家契诃夫（Anton Pavlovich Chekhov）。他有一部著名的剧作——*Uncle Vanya*（中文译名《万尼亚舅舅》[2]）。它讲述了这样的一个故事：

> 农庄主人、退休教授谢列勃里雅科夫带着美丽的妻子叶莲娜回乡下，这扰乱了庄园里的一切秩序。农庄管理者万尼亚舅舅二十五年来兢兢业业地经营农庄，并且把自己的全部希望都寄托在教授身上，最后却发现教授只不过是个无才无德的人，于是他愤怒之下险些开枪杀死教授。

---

[1] 安东·契诃夫（1860—1904），俄国世界级短篇小说巨匠。
[2] 契诃夫于 1897 年创作的剧本。

Day 6

  在这部剧的第一幕中出现了一把来福枪，观众们并不容易对这个看上去无意义的细节有什么额外的反应。但在最后一幕，它再次出现了，事实上冲突和矛盾都是围绕着这把枪展开的。这一幕伏笔是如此出人意料却又合乎情理，以至于大家将"契诃夫之枪"直接归纳成了一个专有名词，专门用于描述这种现象。契诃夫老先生的原话是这样的：

> "假如不打算开火，就别让一支上膛的来福枪出现。"

契诃夫[①]

我们改编一下这句话来指导我们的课堂：

> "假如在后面的课程不打算详细阐述，就别让任何课上的知识被提及却不被有效阐述。"

  先让我来描述一个有趣（令人脸红）的现象：事实上很多老师都常常会在上课时发现（或学生提问而被动发现）一个值得描述的知识点，但是苦于没有提前

[①] 图片来源详见 https://en.wikipedia.org/wiki/Anton_Chekhov。

做好准备,或者由于本节课授课任务繁重、时间有限等原因,临时埋下伏笔。

> "这个知识点相当重要,在后面的课程中,我会详细地讲解。我们先来看眼前的这个题目。"或者
>
> "这个同学的提问很好,正好是我们下节课的授课内容,让我先卖个关子,大家也可以先想想看,这样到时候听老师讲才会有深刻的印象。"

可以想象,此情此景下的老师自然是一面故作镇静,另一边赶紧找来小纸条,写下知识要点,夹在书中,寄希望于当天挑灯夜战,好好备课,这样才不至于在下节课的时候捡不起这个伏笔。以上的这两种情况可算不上我们今天所讨论的正经的课堂伏笔——顶多算是急中生智。你要问我为什么知道得这么清楚,自然是因为我早年上课时便常常如此啊。

真正授课过程中的伏笔是有意而为之的,是设计的结果。我们既需要用伏笔来帮助我们有序地呈现"花开两朵,各表一枝"的情况,也需要通过若干次的伏笔及印证的过程,来说服听众相信我们的授课内容是有条理、有组织的。更重要的是,我们根本不希望学生觉得我们每节课的内容都是毫无联系、相互独立的,这不利于他们对系统知识的了解和把握。一个充满伏笔的课堂,将学生对课堂的感受由"被动地发现",转向了"主动地验证",学生们从"听听

Day 6

看，不知道今天老师会讲什么"转变到"好期待，老师是不是该讲那个了"。这可能是我们所能想到的最美好课堂的样子了，也就是教育学家们常说的主动的课堂了。事实上，仔细想想看，最近这些年所出现的若干华丽而新颖的概念，譬如"翻转课堂"（flipped classroom），无非是主动课堂的另外一种衍生形式而已。太阳底下没有新鲜事[①]。

可以这样说，我们需要在课程中设置足够多好的伏笔和对应，来说服听众相信我们的授课内容是有条理、有组织的。反过来说，如果课堂中没有伏笔，课程之间的联系就不会那么紧密。而要想做出有效的伏笔，前提显然是拥有一个细致入微的教学大纲。因为印证需要前后内容都有预先设计，然后主动去寻找前后教学内容之间的相互联系。托福全知识点脑图（关注公众号"文勇图书馆"，回复"33 天"后即可获取）中若干知识点之间的虚线连接，也正体现了这种备课的思路。

我常常建议老师们至少尝试做一些最简单的授课节奏上的伏笔，如在整个课程的开头部分或是每一节课的开头部分，都列出这节课主要讲的内容——这是最基础的。可以在第一节课开始的部分说：

> "同学们你们好，今天我们开始学习托福阅读科目。托福阅读一共有十种题型，我们将要在第一节课讲……第二节课讲……第三节课讲……"

另外，每节课开头都抽出 5 分钟的时间来描述清楚这节课将要讲什么，并且在每一个与前面知识有对应的地方，都要明确地告诉学生前后内容的连接关系，譬如：

> "今天的这个知识点在上节课我们提及过它的另一个侧面。"或
> "今天我们描述这个知识点在某个新题型上的用法。"又或者
> "今天的内容和上次课的内容是对比关系。"

[①] "There is nothing new under the sun." 出自《圣经·传道书》。

以上是最基础的结构化的模式。当学生们听到这几句话的时候，他们就知道这个老师的课程是完整的。这样的做法使课程全建得非常紧密。学生们听后虽不会觉得老师知识很渊博，但会觉得他们的课程用心，大幅度提高了课程的组织有效性。事实上，等大家看完本书中第二章第四节"扩充"这一点后，一定会生出更多更复杂的伏笔方式，我就先不再多说了。（你看，我这不是也在做伏笔了嘛！）在本节的参考范例中，我放置了一个较复杂的口语伏笔案例，供大家探讨。

小结

以上就是这一节的全部内容，在这一节中我们讲到设置伏笔的目的是想让学生感到课程是经过精心组织和编排的。一个好的伏笔的前提是细致入微的大纲，在大纲的基础上还需要前后对应关系。

落地练习

  亲爱的老师们,尽管巧妙的伏笔我们很难主动构造(当然很愿意,但却未必能瞬间找到灵感,毕竟"妙手偶得之"),但至少我们可以在大段的论述之前,先通过提纲挈领的论述,明示或暗示学生后文讲解的结构,对,就像红楼梦一样"草蛇灰线"。

  一个常见的情形是这样的:成熟的老师往往会在第一节课就描述到整个课程中所有可能触及的重要知识点;或是在一节课的开头部分,就埋伏下这节课将被提及的若干要素。

  你会怎么做呢?要不要试试看呢?或许您可以使用本书第一个落地练习中的逐字稿来帮助自己。

Day 6

参考范例

简单说明：如下内容是我在教授托福口语课程时的开始部分，更详细的背景知识在《文勇的新托福口语手稿》①一书中提及。

> 大家都知道，我们在每次考完试之后，每个题目在获得特定分数的同时，都会得到"good""fair""limited"或者"weak"中的某一个评价，这些评价分别代表着如下的分数段：
> "Good"是 3.5~4.0；"Fair"是 2.5~3.0；Limited 是 1.5~2.0；"Weak"是 0~1.0。那么，总分也会基于同样的标准，合在一起之后，呈现出如下的分数：26~30 是 "good"；18~25 是 "fair"；10~17 是 "limited"；剩下的就是惨不忍睹的"weak"了。之后，我在评判大家分数并给出相应评价的时候，大家就应该知道自己是多少分了。

此处伏笔：后文将会在课堂批改的过程中提及某个分数段和与其对应的分数，并且通过与学生互动问答的方式，确认这个伏笔能够被记忆。

> 在我们继续往下思考"在托福口语课程中，我们到底应该学习哪些内容"之前，我想和大家一起来听几段录音，大家试着给这几段录音排个序，看你最喜欢哪一段，最不喜欢哪一段：
> （播放七段录音，这几段录音分别在（1）发音—Pronunciation；（2）词汇—Vocabulary；（3）句型—Sentence；（4）语法—Grammar；（5）有话可说—Idea；（6）内容得当—Organization；（7）流利表达—Fluency 这七个方面有缺陷）
> 好了，大家刚刚应该已经打好分，排好序了。我们发现这几段其实都挺好的，虽然都有点儿小问题。你们肯定想知道，到底最终的排序是什么样的。我想现在先卖个关子，但下课的时候，大家一定会知道答案的。

---

① 上下文背景，大家可以翻阅《文勇的新托福口语手稿（第 1 版）》一书中的第 1 页。

此处伏笔：预告后文可能分析的内容，并且通过构造参与感极强的课堂互动，抓住同学们的注意力。

> 刚刚我带着大家一起看了一下官方的评分标准，但是这些标准相对来说比较琐碎，如果我们尝试总结一下，会发现有七个重要的维度来考查学生到底有没有拿到"特别好的分数"（Good）的能力，它们分别是：
> - 发音—Pronunciation，第一节课讲解；
> - 词汇—Vocabulary，第二节课讲解；
> - 句型—Sentence，第三、四节课讲解；
> - 语法—Grammar，第五节课讲解；
> - 有话可说—Idea，第六、七节课讲解；
> - 内容得当—Organization，第八、九节课讲解；
> - 流利表达—Fluency，第十节课讲解。

此处伏笔：后面的课程显然就是按照这个结构展开的，而且以后在每一节课开始的时候，都会先带着大家思考：
（1）这节课属于整个框架中的哪个部分；
（2）这节课的内容与已经学过的内容之间有什么关系；
（3）这节课的内容将会如何影响之后内容的吸收。

> 亲爱的同学们，我们很难简单地说以上七个维度哪个更重要或更不重要，这就像是我们常说的木桶理论，任何一块的缺失都很难被认定为一个良好的答案。
>
> 现在，同学们，我们再一起来回顾一下今天课上我们听过的七段录音，是不是正好按照顺序，逐一在这七个层面上做得不太好啊？所以它们无法被排序，都属于次优答案。但是同学们千万不要小看这七段录音，我们之后还会听到它们各自改进了问题之后的版本；它们也会成为我们课程讲解的核心范例。

此处伏笔：之后每次遇到这几个核心范例讲解的时候，同学们都能够回顾起所有七个层次的标准。

第二节　构造

Day 7

3 课堂内容的使用路径：如何使教学建议可行

Be practical as well as generous in your ideals. Keep your eyes on the stars, but remember to keep your feet on the ground.

—Theodore Roosevelt[①]

在本节中，我们将会提出课堂中"可行"建议的两个特点，并且讨论给学生提出很宽泛的建议是否合适，探讨若干方法的"效率"和"可操作性"之间的平衡。

> 我们将在本节中尝试回答如下问题：
> 1）课堂中的"可行"指的是什么？
> 2）"可行"的方法需要满足什么条件？
> 3）给学生的建议越宽泛越好吗？
> 4）高效率和高操作性能同时达到吗？如果不能，应该根据哪些情况来分析后进行取舍？

"可行"是指当老师给出针对某个学习问题的解决方案时，必须先保证该方案最终可以被学生执行。学生只有觉得某个动作是可以做到的，并且是能看见效果的，他们才会真正动手去做。可行是验证一个方法是否有效的最低标准。如果老师给出的建议连可行都做不到，就不能指望它会有任何效果。

在现实的教学中，每个老师都会给自己的学生大量的建议和学习方法，但某些"想当然"的操作方法连老师自己都不一定用过。事实上，学生们自己愿意也能够想象出来若干种学习方法，但我们作为老师，一定要提出比他们的办法更加有效和可行的途径。老师采取的更优途径有两个必备条件：第一点是更加简单、省时并且有的放矢，第二点是要提供具体的路径、材料及方案。

"有的放矢的建议"指的是目的明确，通过这个指令能够快速准确地达到某

[①] 西奥多·罗斯福（1858—1919），第 26 任美国总统。

个具体的目标,甚至最好是执行当天就能看到效果的,而不是所谓的能提高综合能力的训练。不能被测评的进步是没有任何现实意义的。本质上,"有的放矢"的训练方式,意味着我们应该为结果的检验设置明确的阈值,比如"这个方法应该做到什么时候为止,有什么明确的指标"。坦率地说,简单地强调自己的方法提高了那些无法检查的综合能力,并且一直只强调让学生坚持却不说明阈值的做法,是不负责任的体现。

"提供具体的路径、材料及方案"是什么意思呢?就是说不能只告诉学生要做什么,还要告诉他们具体怎么做,并且提供需要的材料。举个例子,假如你想让学生完成听写的任务,不能简单地发出一个"去听写"的指令,而是给他们现成的听力材料,告诉他们每天要听哪些段落,每个段落听多久,听到正确率或者理解率多高为止(或其他的指标),才是一个清楚的训练路径。

换句话说,我们不应该给学生"过度宽泛"的建议。比如说我们经常探讨的"语法是否重要"的问题,对那些没有长期生活在英语环境里面的学生来说,想要语言成绩好,语法当然很重要,但这并不代表我们应该给学生"找一本完整版的语法书,从头到尾读下来或者背下来"这种宽泛的建议。即使是很多英语专业的老师(很惭愧地说,包含我自己),学生时代也没有从头到尾地读完一本完整版的厚语法书,比如《当代高级英语语法》[1]。因为内容实在是太多了、太厚了,读了也记不住、也背不下来。更重要的是有若干过于冷僻的语法知识,实在是在日常生活或是考试中都难遇见。自己都做不到的事情,就更不应该让学生在这么宝贵的备考时间里去做了。

---

[1] 徐广联主编,2015 年由华东理工大学出版社出版。

Day 7

那么将掌握语法的建议，从"读完一本厚的语法书"改为什么比较好呢？一种可行的办法是，先做 100 道纸质托福①的语法题，再通过答案解析分析做错的题出错的原因，掌握之后再找新题来做，重复这个过程直到正确率达到 90% 以上。这样既提供了清楚的材料（纸质托福的语法题），又提供了指导（解析），包含了后续动作（不断做新题），还给出了阈值（做到什么正确率为止），这种给出方案的方法会让学生觉得这是他们愿意做也能够达成的。而如果只是下一个很笼统的"我们要好好学习语法"的指令，即使学生认为这是应该做的，他们也不会行动起来，不行动自然就不会有成绩。

《当代高级英语语法》②

另外，我们还要讨论一下若干学习方法在效率与操作性上的平衡。显然，很难有某种方法是万能的、几乎适用于所有学生的。每种方法都有其优缺点，我们一般从效率和操作性两个方面来衡量：有些方法"效率高但操作性极弱"，当然也有些方法虽然"效率低但操作性极强"。

以听力课程的"听写训练"（把音频里听到的内容写下来）为例，听写的确能训练听力能力，但这种方法有一个明显的效率缺陷——写出来的都是学生已经听懂的。假如他们能听懂 70%，那么 70% 的时间都浪费在学生本身就会的部分，效率很低。理想的高效训练方式，是把听力训练的时间都花在训练听不懂的那部分句子上。可是听写是一个操作性很强的方法，学生很容易完成这个任务，尽管他们会抱怨过程太累并且耗时太长，但他们还是会完成这项动作明确的训练。

另外一个与之相反的例子就是"跟读"，也就是让学生只跟读某段话里听不懂的部分，放一遍大声跟读三遍。这是一种典型的效率极高的方法，在最大程度上发挥了学生的主观能动性。虽然学生也承认这种方法效率高，但在实际的训练过程中却

---

① PBT（Paper-Based Test），2005 年前的托福考试形式，有单独的语法项目，考点单一且独立，题目准确性极高。

② 图片出自：https://www.amazon.cn/dp/B0774MD96M/ref=sr_1_1?ie=UTF8&qid=1534838086&sr=8-1&keywords=%E5%BD%93%E4%BB%A3%E9%AB%98%E7%BA%A7%E8%8B%B1%E8%AF%AD%E8%AF%AD%E6%B3%95

有很多人不愿意这么做，因为太耗费注意力了。作为老师，我们当然想要让训练出效果，但操作性如此弱的方法是很难让学生做到的，而效率高、操作性又强的方法是不存在的，因此老师要想办法在效率和操作性之间取得平衡，更重要的是针对不同的学生用不同的方法。对于水平较低的学生来说，最好采取可操作性强一些的方法，效率低一些没关系；而对于水平较高的学生，操作性可以不那么强，效率最好高一些。更重要的是，随着学生水平的提高，最适合他们的方法也一定在变化，老师对学习方法进行调整的重要指导作用也就体现出来了。另外，可能有些老师会反感学生对老师提出的方案讨价还价，但这种讨价还价说不定能够帮助老师改进学习方案，因为学生最清楚自己什么能做到。我想你最终会赞同我的这句话：永远不要低估（更加不应该忘记利用）学生寻找捷径或者"投机取巧"的能力。

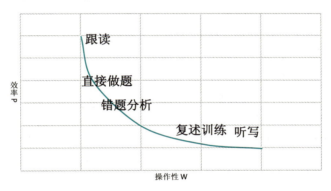

听力的训练方法对比图

小结

以上就是关于"可行"的所有内容，在这一节中我们学到了可行的方法需要具备两个条件：简单、省时且有的放矢；能提供具体的路径、材料和方案。老师给学生的建议越细致越好，要让他们觉得给的任务是能做到的。此外，老师还要考虑在效率与可操作性之间取得一个平衡，水平低的学生采取可操作性强效率较低的方法，而水平高的学生则采取效率高可操作性略弱的方法，并且针对学生的学习进展来进行不断的调整。

亲爱的老师们，我有一个令人尴尬的问题想要默默地问一下各位：在你们所教授的科目中，是否会给学生若干的建议呢？这诸多的建议，你们自己都尝试过吗？如果你们愿意，可以尝试罗列一下你们给学生的所有建议，并且按照操作难度排序。是否可以挑出难度最大的一条，尝试改进呢？

I. 最易操作的建议有：_____

_____

_____

_____

_____

_____

_____

_____

II. 中等难度操作的建议有：_____

_____

_____

_____

_____

_____

_____

III. 最难操作的建议有：_____

Day 7

> 参考范例

说明：如下内容，是我在阅读的讲解过程中，给学生的诸多核心建议中操作性最弱（但坦率地说，也是我认为对学生阅读能力最有意义）的一条——我们应该尝试理解阅读文章中"任意相邻两句话之间"的关系，以此来促成有效的主动阅读过程。

毫无疑问，这个学习建议非常难以付诸实践。学生宁愿背单词，也不愿意花时间在分析句子之间的关系上。因为毕竟背单词不需要思考，也不需要主观的努力——学生都是懒惰的。最初级的懒惰是完全不做事，而略高级的懒惰则是不愿意主动思考。更为常见的例证是学生热衷于长时间背单词却不愿意长时间写作文、录制口语，或是分析句子之间的关系。

尔后，我的建议变成了让学生回家之后做填空题，正如在下文参考范例中我所展现的那样，填写我给定的句子之间的关系。填空题总是要比问答题容易操作得多。更进一步地，我会尝试把填空题变成选择题，也就是给定每两句话之间可能的关系，让学生从中选择，这样的话，操作难度又低了一些。

我想大家都能够看到我的操作方案变更的过程：从问答题，到填空题，再到选择题。尽管让学生们主动思考句子之间的关系依旧很难，但还是比之前好些了。

最难的操作方式：

问答题：请各位同学回家之后去思考，下面这篇文章节选中每两句话/每两段之间的关系是什么？

Lascaux Cave Paintings

（1）In Southwest France in the 1940's, playing children discovered Lascaux Grotto, a series of narrow cave chambers that contain huge prehistoric paintings of animals. Many of these beasts are as large as 16 feet (almost 5 meters). Some follow each other in solemn parades, but others swirl about, sideways and upside down. The animals are bulls, wild horses, reindeer, bison, and mammoths outlined with charcoal and painted mostly in reds, yellow, and browns. Scientific analysis reveals that the colors were derived from ocher and other iron oxides ground into a fine powder. Methods of applying color varied: some colors were brushed or smeared on rock surfaces and others were blown or sprayed. It is possible that tubes made from animal bones were used for spraying because hollow bones, some stained with pigment, have been found nearby.

(2) One of the most puzzling aspects of the paintings is their location. Other rock paintings—for example, those of Bushmen in South Africa—are either located near cave entrances or completely in the open. Cave paintings in France and Spain, however, are in recesses and caverns far removed from original cave entrances. This means that artists were forced to work in cramped spaces and without sources of natural light. It also implies that whoever made them did not want them to be easily found. Since cave dwellers normally lived close to entrances, there must have been some reason why so many generations of Lascaux cave dwellers hid their art.

(3) Scholars offer three related but different opinions about the mysterious origin and significance of these paintings. One opinion is that the paintings were a record of seasonal migrations made by herds. Because some paintings were made directly over others, obliterating them, it is probable that a painting's value ended with the migration it pictured. Unfortunately, this explanation fails to explain the hidden locations, unless the migrations were celebrated with secret ceremonies.

略容易的操作方式：

句间/关系填空：请大家在如下原文的括号中，填写一个表达句子与句子（或段与段）之间关系的词。

Day 7

(1) In Southwest France in the 1940's, playing children discovered Lascaux Grotto, a series of narrow cave chambers that contain huge prehistoric paintings of animals.【 】Many of these beasts are as large as 16 feet (almost 5 meters).【 】Some follow each other in solemn parades, but others swirl about, sideways and upside down.【 】The animals are bulls, wild horses, reindeer, bison, and mammoths outlined with charcoal and painted mostly in reds, yellow, and browns.【 】Scientific analysis reveals that the colors were derived from ocher and other iron oxides ground into a fine powder.【 】Methods of applying color varied: some colors were brushed or smeared on rock surfaces and others were blown or sprayed.【 】It is possible that tubes made from animal bones were used for spraying because hollow bones, some stained with pigment, have been found nearby.
【 】

(2) One of the most puzzling aspects of the paintings is their location.【 】Other rock paintings—for example, those of Bushmen in South Africa—are either located near cave entrances or completely in the open.【 】Cave paintings in France and Spain, however, are in recesses and caverns far removed from original cave entrances.【 】This means that artists were forced to work in cramped spaces and without sources of natural light.【 】It also implies that whoever made them did not want them to be easily found.【 】Since cave dwellers normally lived close to entrances, there must have been some reasons why so many generations of Lascaux cave dwellers hid their art.
【 】

(3) Scholars offer three related but different opinions about the mysterious origin and significance of these paintings.【 】One opinion is that the paintings were a record of seasonal migrations made by herds.【 】Because some paintings were made directly over others, obliterating them, it is probable that a painting's value ended with the migration it pictured.【 】Unfortunately, this explanation fails to explain the hidden locations, unless the migrations were celebrated with secret ceremonies.

Day 7

改进后的第三种操作方式：

从下面的几个选项中选择正确的句间与段间关系，并填在括号里。

（1）In Southwest France in the 1940's, playing children discovered Lascaux Grotto, a series of narrow cave chambers that contain huge prehistoric paintings of animals. 【 A. 细分 B. 阐述 C. 对等 】 Many of these beasts are as large as 16 feet (almost 5 meters). 【A. 对等 B. 细分 C. 对等 】 Some follow each other in solemn parades, but others swirl about, sideways and upside down. 【A. 细分 B. 阐述 C. 对等 】 The animals are bulls, wild horses, reindeer, bison, and mammoths outlined with charcoal and painted mostly in reds, yellow, and browns. 【 A. 阐述 B. 对等 C. 细分 】 Scientific analysis reveals that the colors were derived from ocher and other iron oxides ground into a fine powder. 【A. 细分 B. 阐述 C. 对等 】 Methods of applying color varied: some colors were brushed or smeared on rock surfaces and others were blown or sprayed. 【A. 对等 B. 细分 C. 阐述 】 It is possible that tubes made from animal bones were used for spraying because hollow bones, some stained with pigment, have been found nearby.

【A. 举例 B. 对等 C. 背景 】

（2）One of the most puzzling aspects of the paintings is their location. 【 A. 阐述 B. 对等 C. 举例 】 Other rock paintings—for example, those of Bushmen in South Africa—are either located near cave entrances or completely in the open. 【A. 对等 B. 细分 C. 对立 】 Cave paintings in France and Spain, however, are in recesses and caverns far removed from original cave entrances. 【A. 阐述 B. 细分 C. 结果 】 This means that artists were forced

to work in cramped spaces and without sources of natural light. 【A. 对等 B. 阐述 C. 细分】 It also implies that whoever made them did not want them to be easily found.

【A. 细分 B. 结果 C. 原因】 Since cave dwellers normally lived close to entrances, there must have been some reason why so many generations of Lascaux cave dwellers hid their art.

【A. 原因 B. 对等 C. 阐述】

(3) Scholars offer three related but different opinions about the mysterious origin and significance of these paintings. 【A. 阐述 B. 举例 C. 细分】 One opinion is that the paintings were a record of seasonal migrations made by herds. 【A. 原因 B. 阐述 C. 细分】 Because some paintings were made directly over others, obliterating them, it is probable that a painting's value ended with the migration it pictured. 【A. 细分 B. 对立 C. 阐述】 Unfortunately, this explanation fails to explain the hidden locations, unless the migrations were celebrated with secret ceremonies.

参考答案及解析[①]

(1) In Southwest France in the 1940's, playing children discovered Lascaux Grotto, a series of narrow cave chambers that contain huge prehistoric paintings of animals. 【细分】 Many of these beasts are as large as 16 feet (almost 5 meters). 【对等】 Some follow each other in solemn parades, but others swirl about, sideways and upside down. 【对等】 The animals are bulls,

---

[①] 上下文背景，大家可以翻阅《文勇的新托福写作手稿（第2版）》一书中的第173页。

wild horses, reindeer, bison, and mammoths outlined with charcoal and painted mostly in reds, yellow, and browns.【阐述】Scientific analysis reveals that the colors were derived from ocher and other iron oxides ground into a fine powder.【阐述】Methods of applying color varied: some colors were brushed or smeared on rock surfaces and others were blown or sprayed.【阐述】It is possible that tubes made from animal bones were used for spraying because hollow bones, some stained with pigment, have been found nearby.

第1段：第1句是将"paintings of animals"作为一个整体，描述其状态；第2、3、4句则分别从大小、形态动作、种类颜色三方面"细分"开来进行描述，因而这三句间是"对等"关系；第5句解释颜料的来源，是上一句的"阐述"；第6句解释了怎么用这些颜料，因而也是"阐述"的关系；第7句进一步解释使用的工具，所以还是"阐述"关系。

段间关系：第2段是在第1段给出的背景的前提下，对于画作的位置之谜进行的讨论，所以在两段间填上"背景"。

【背景】

（2）One of the most puzzling aspects of the paintings is their location.【阐述】Other rock paintings—for example, those of Bushmen in South Africa—are either located near cave entrances or completely in the open.【对立】Cave paintings in France and Spain, however, are in recesses and caverns far removed from original cave entrances.【结果】This means that artists were forced to work in cramped spaces and without sources of natural light.【对等】It also implies that whoever made them did not want them to be easily found.【原因】Since cave dwellers normally lived close to entrances, there must have been some reason why so many generations of Lascaux cave dwellers hid their art.

第2段：第1句先说这些画作令人费解的地方是它们的位置，第2句讲其他画作正常的位置，解释了这些画作位置令人费解的原因，因而是"阐述"关系；第3句中"however"的出现与上句形成明显的"对立"，讲了这些画作的位置是不同的；第4句是从第3句位置远离洞口

Day 7

推得的"结果";第 5 句中的"also"与前句形成"对等",讲另一个推论;第 6 句提出艺术家们不希望岩洞画被发现的"原因"。

段间关系:第 1、2 段描述了拉斯科岩洞画及其特殊的位置,第 3 段则针对其创作初衷和特殊性给出可能的解释,故后者是前者的"原因"。

【原因】

(3) Scholars offer three related but different opinions about the mysterious origin and significance of these paintings. 【细分】One opinion is that the paintings were a record of seasonal migrations made by herds. 【原因】Because some paintings were made directly over others, obliterating them, it is probable that a painting's value ended with the migration it pictured. 【对立】Unfortunately, this explanation fails to explain the hidden locations, unless the migrations were celebrated with secret ceremonies.

第 3 段:第 1 句提出三种不同的观点,第 2 句具体介绍其中一种观点,属于典型的"细分";第 3 句是前句的"原因",解释这种观点的由来;第 4 句在句意上和上句形成"对立",说的是这种观点的缺陷。

让我做一个额外的总结:在眼前的这个案例中,我们通过将对学生的要求从"问答题"转向"填空题"再转向"选择题",在保证了训练效果(在眼前的这个情形下,是训练了学生对于"关系敏感性"的思考)的同时,也大幅度地提高了训练方法的可操作性。但是,这并不意味着我们应该在任何时候都将"问答题"改装成为"选择题"。譬如在口语或是写作的训练中,时常涉及思路扩充的训练。普遍的表现形式便是提出一个话题,让学生针对这个话题罗列提纲。在这种时候,恐怕就不能简单地把"问答题"改装成为"选择题"了。

对于可行性的改造的指导原则在于,将学生的所有精力用于训练某一项特定的能力模块,而不是简单地降低训练难度(类似于专业的健美运动员一次只训练两块肌肉,以求达到最好的效果)。如果当前的目标就是要提高学生"对一个问题的思维扩充能力",无疑问答题才是最符合真实考试能力要求的训练方法。不再赘述了。

Day 8

4 学生最感兴趣的内容：创造有效的学习技巧

Skill is the unified force of experience, intellect and passion in their operation.

—John Ruskin[①]

在本节中，我们将要讨论的是教学过程中如何构造解题技巧。这常常是学生参加课堂的最大期待，也是老师最容易给学生留下深刻印象的课堂内容。

 我们将在本节中尝试回答如下问题：
1) 标准化考试中的"解题技巧"是怎么来的？
2) 学生在面对能力类考试时，需不需要"解题技巧"？
3) 作为一个老师，我们应该如何构造有效的"解题技巧"？

标准化考试（如托福/雅思/GRE/GMAT/SAT/ACT 等），是以考试难度恒定不变为核心特点的，换句话说，使用这些标准化考试成绩作为评判标准的学校，需要根据学生们在不同日期参加的考试所获得的成绩进行横向对比。而为了保证考试的难度稳定，也就要求其考点的展开方式趋同——这不是出题机构偷懒，而是为了保证公平性不得已而为之。如果两个在不同日期考试的学生，如果考试内容（考点）大相径庭，他们的成绩自然就不能用于横向比较了。

这给老师们提供了一个额外的帮助学生的路径，就是将这些趋同的考点展开方式综合在一起，归纳为明确的做题步骤、解题方法、展现模式，也就是"技巧"。这一归纳和总结的过程，相当于将前人（或是老师自己）研究的经验归纳总结出来，或是将"出题机构最热衷的构造错误"或"令人迷惑的方式"归纳出来给学生提个醒，这都属于有意义的经验传递。

无疑，即使是在能力考试中，技巧也是必要的。对于老师，我们有责任、有义务，也应该有能力总结以前的题目、解法和规律。但是在技巧与能力之间

[①] 约翰·罗斯金（1819—1900），英国艺术评论家、艺术赞助家、制图师、水彩画家、社会思想家及慈善家。

第二节 构造

Day 8

明显有一个平衡，既不能所有的问题都用技巧解决，也不能完全不涉及技巧只提升能力。当然，究竟现实的课堂更加注重哪一个，既取决于老师判断下的学生水平，也取决于老师所擅长的方向。条条大路通罗马，无所谓优劣。

技巧的构造可以从两个方面入手，其一是语言，其二是逻辑。

首先，无论老师的英文水平有多高，我们都不会"重新发明英文"。所以，对待某个考试的特殊技巧，最好的方法是"搬运"。作为一个经常为课程准备内容（技巧）的老师，在读书的时候自然而然应该会联想到考试，就会在脑海里构造出与考试相关的技巧。比如我们在口语和写作里，一直尝试对学生的语言进行若干的改造，提高他们的英文水平（或者至少要让他们能够展现出更高的英文水平）。我在阅读下图中的这两本书的时候，就会尝试做若干的搬运、总结与延伸。

《英文疑难详解》[1]

《英文疑难详解续篇》[2]

---

[1] 钱歌川著，2011 年由世界图书出版公司出版，2018 年由北京联合出版公司再版。图片出自 https://www. amazon. cn/dp/B0788WSVRH/ref = sr _ 1 _ 1? ie = UTF8&qid = 1534838606&sr = 8-1&keywords = % E8% 8B% B1% E6% 96% 87% E7% 96% 91% E9% 9A% BE% E8% AF% A6% E8% A7% A3

[2] 钱歌川著，2011 年由世界图书出版公司出版，2018 年由北京联合出版公司再版。图片出自 https://www. amazon. cn/dp/B07FGT6XSK/ref = sr _ 1 _ 3? ie = UTF8&qid = 1534838606&sr = 8-3&keywords = % E8% 8B% B1% E6% 96% 87% E7% 96% 91% E9% 9A% BE% E8% AF% A6% E8% A7% A3

Day 8

书中钱歌川先生提到过一个叫作"无灵主语"的概念，它指的是用非人称做主语。举个例子：

> *This medicine will make you feel better.*
> 这句话使用的就是无灵主语，因为主语是药，而不是人。
> *If you take this medicine, you will feel better.*
> 这句话使用了人做主语，也就是有灵主语。
> 中国人经常用人或生物来做主语，而英文中常用无生物来做主语。

当我看到如上这部分内容的时候，突然想起在英语口语和写作中，如果多用无灵主语，则会显得学生的英文更地道一些。我们可以通过讲解此类的内容，来替换以前的某些句子。更具体一点，我会建议学生在每次考写作部分的最后五分钟停止写新的内容，而是用这个时间来把文中的 1~2 句话从有灵主语改成无灵主语。大家看，一条技巧就这样总结完成了。

除此之外，钱老先生还讲过一个词的多种用法，以及多个词表达同一个含义，这也是学生在考试中用得到的技巧。比如说，

> 作"有"解的"have"有下列三个含义：
> 物质上的所有：*He has a lot of friends.*
> 身心上的具有：*Irishmen have red hair.*
> 构成上的含有：*A week has seven days.*

尽管这个内容很好解释，而且所讲的也是"have"这种最简单的单词，但我在阅读这个部分的时候突然感觉被提醒了，应该建议学生们在口语和写作中尽量多用到一个词表达多个含义或者多个单词表达同一个含义，以此来显示自己的语言水平。我甚至会用这个想法当场改写学生们所写的作文，学生对这个技巧的反馈也特别棒。

以上的这些内容只是案例的分享，显然，值得阅读的书远不止钱老先生这两本而已。这个案例也只是为了作为一个引子，大家可以借鉴这个过程，同时也证明平时上课的时候，老师所归纳的这些技巧很多都是在平时的阅读中积累

Day 8

的，而不是凭空冒出来的。作为一个正在准备课程的老师，在读书的时候要带着目的，每读一段时间就反问与回顾一下，想着哪些内容是可以经过改编而适用于自己所教授的科目的。

另外，从逻辑方面入手也能够造出一些有效的解题技巧。当想要通过逻辑的方式说服学生相信某个技巧，有两个要注意的地方：一个是老师要先学会描述正确的逻辑是什么，事实上，几乎所有的老师在课堂上都会提及"逻辑"这个单词，教授阅读的老师喜欢和学生讨论"文章展开的逻辑"，教授听力的老师喜欢分析"听力文本中说服的逻辑"，口语和写作的老师也常常评论学生的作答或是文章缺乏逻辑，甚至愿意归纳自己的学习技巧为"逻辑解题法"。但麻烦的是，中国学生似乎都没有正儿八经地学习过逻辑课程。与逻辑相关的名词，无论是谁都能说出几个来——因果、并列、转折等，但是如果更进一步地问道：

> "一共有多少种正确的逻辑？分别应该如何定义？"

这下子可就傻眼了。

第二是规避所有可能的逻辑漏洞。关于逻辑，我们让学生不要犯错误的逻辑，但到底什么是错的逻辑？错的逻辑有哪些？以及在所教的科目里面最容易出现的错误逻辑是什么？

与上面我们讨论的第一点类似，以上所提及的几个问题，都已经有很多与逻辑学相关的图书讨论到，我们要做的并不是自己创造逻辑理论，而是搬运——将逻辑图书中已经总结出来的错误逻辑，和当前科目中的具体情形对应起来，给学生一一讲解清楚。

其实，作为一个老师（而不是一个哲学家），我们本没有必要自己去创造一套逻辑的体系。几千年来，最聪明的哲学家们已经

《论证是一门学问》[①]

---

① 图片出自 http://product.dangdang.com/21003305.html?ref=suggest-1-0

在这个领域里翻来覆去地研究了这么久，我们随便找一个论证逻辑相关的小册子，读一读，摘取对自己的课程最有意义的部分，也就足够了。推荐大家读一本叫作《A Rulebook for Arguments》(《论证是一门学问》[①])的书，它包含了所有的基本逻辑。了解逻辑的分类及每种分类的定义之后，也就能够利用这种正统的逻辑框架，梳理我们自己准备输出给学生的解决方案了。

几种典型论证错误	时间轴论证错误
	过分总结
	大数据错误
	权威论证
	因果论述不通畅
	错误的类比
	线性思维
	循环论证
	人身攻击
	红鲱鱼
	因果关系达不成
	语义不清
	数字与比例不一定等价

规避所有可能的逻辑漏洞

小结

以上就是这一节的全部内容，这一节我们讲了标准化考试的考点是有规律可循的，所以是可以适当运用技巧的。技巧的构造可以从语言和逻辑两方面入手。从语言入手可以通过搬运语言学相关的知识来改造学生的语言，使他们看上去英文水平很高。从逻辑入手有两个需要注意的点：描述"正确的逻辑是什么"和"规避所有可能的逻辑漏洞"。

[①] 安东尼·韦斯顿著，2011 年由新华出版社出版。

落地练习

亲爱的老师,你是否也和年轻时候的我一样,面临着上课内容全是干巴巴的知识的情况呢?在这种情况下,尽管心里觉得自己特别"学术",但是学生似乎不买账,总是会抱怨"课程枯燥无味"或是"其他班级的老师讲了一个更好用的技巧"。

今天的落地练习,我们就试试看,看能不能硬生生地制造出一个属于你自己的技巧。

对了,我们在正文的内容中也曾经提过,在这个制造技巧的过程中,有几个事情可以做。

如果你准备从**语言**出发,构造这个新技巧,那就:

(1)找一本你自己最喜欢的语言读物,不必高深,有趣很重要——这样学生也会觉得易于接受。

(2)闭着眼睛把书翻到任意一页(是的,任意一页)。

(3)阅读这一页的内容及相关的语言知识。

(4)思考这个语言知识应该如何被搬运到你所教授的科目中(如果想不出来就重复第二个步骤)。

(5)尝试构造以这个语言知识为基础的例题和相关习题,确保学生能够听懂并且使用。

如果你准备从**逻辑**出发,构造这个新技巧,那就:

(1)找一本逻辑入门的书籍(其实在网络上找一篇严肃的逻辑科普文章也行)。

(2)通读文章中提及的所有逻辑概念,确保自己的理解是逻辑自洽的。

(3)尝试将以上逻辑概念中的某一个,与自己最经常讲解的文章、题目或范例对应起来,思考眼前的这个素材体现了哪些逻辑关系。

(4)归纳特定逻辑关系与素材所能够衍生出来的知识点之间的关系,最好能够形成一个明确的带有对学生解题指令的方法。

(5)尝试将特定逻辑的标志和结构总结出来,确保学生能听懂,且能识别。

读物 ➡ 知识 ➡ 分析 ➡ 搬运 ➡ 构造

其实,无论是以上两种技巧的哪一种,都基本遵循同样的构造逻辑。不要犹豫了,开始吧!

Day 8

> 参考范例

  因为钱老先生的这两本书是我的大爱，我决定再推荐一次我从这两本书里总结与搬运的除阅读与写作技巧之外的若干口语技巧。

  一般来说，我们知道名词和形容词的重音往往在前面，而由相应的名词或形容词转变过来的动词其重音往往在后面。为了使语言更加生动，并且保持词法多样性，我们往往喜欢在<u>同一个文本环境下使用同一个词的不同形式</u>。更加明确地说，我们平时就应该尝试在造句练习时，有意使用同一个词的不同形式，并清晰地发出不同重音，以此作为向考官展示自己口语能力的机会。具体范例如下：

'absent *adj.* 缺席的	'convert *n.* 改变信仰者
ab'sent *v.* 缺席	con'vert *v.* 转变
'abstract *n./adj.* 抽象/抽象的	'decrease *n.* 减少
ab'stract *v.* 提取；使抽象化	de'crease *v.* 减少
'attribute *n.* 属性	'digest *n.* 摘要
a'ttribute *v.* 把……归于	di'gest *v.* 消化
'conduct *n.* 行为	'discord *n.* 不和
con'duct *v.* 进行	dis'cord *v.* 不一致
'conflict *n.* 冲突	'export *n.* 出口；输出
con'flict *v.* 抵触	ex'port *v.* 输出
'consort *n.* 配偶	'extract *n.* 摘录
con'sort *v.* 陪伴	ex'tract *v.* 取出
'contest *n.* 竞争	'frequent *adj.* 频繁的
con'test *v.* 争夺	fre'quent *v.* 常去
'contract *n.* 契约	'import *n.* 输入；进口
con'tract *v.* 缔约	im'port *v.* 输入；进口
'contrast *n.* 对比，对照	'increase *n.* 增加
con'trast *v.* 对比，对照	in'crease *v.* 增加

Day 8

'insult *n.* 侮辱
in'sult *v.* 侮辱

'object *n.* 目的
ob'ject *v.* 反对

'perfect *adj.* 完美的
per'fect *v.* 使完善

'permit *n.* 许可证，执照
per'mit *v.* 许可

'present *n./adj.* 礼物，现在/现在的，出席的
pre'sent *v.* 送呈

'produce *n.* 产物
pro'duce *v.* 生产

'progress *n.* 进步
pro'gress *v.* 前进

'protest *n.* 抗议

pro'test *v.* 抗议

'record *n.* 记录，唱片
re'cord *v.* 记录，录音

'subject *n./adj.* 主语，科目/服从的
sub'ject *v.* 使服从

'suspect *n./adj.* 嫌疑犯/可疑的
su'spect *v.* 怀疑

'survey *n.* 调查
sur'vey *v.* 调查

'torment *n.* 苦恼
tor'ment *v.* 折磨

'transfer *n.* 转移
trans'fer *v.* 转移

'transport *n.* 运输
tran'sport *v.* 运输

从上述例子可知，单词的重音情况一般来说是"名前动后"，但并非没有特例存在，如下（部分单词虽词性相同，但因为意思不同重音也可能不一样）：

'content *n.* 容量（单数形式），内容（复数形式）
con'tent *n./adj./v.* 满足/满足的/使满足

'detail *n.* 细节
de'tail *v.* 详述

'invalid *n./v.* 病人/使退役，使伤残
in'valid *adj.* 无效

'minute *n./v.* 分（时间的）/记录
mi'nute *adj.* 细微的

'refuse *n.* 垃圾
re'fuse *v.* 拒绝

Day 9

5 考试的经验主义"巫术"：识别并归纳后的"诡计"

> The more technique you have, the less you have to worry about it.
>
> —Pablo Picasso

在本节中，我们将在清晰地定义"诡计"这一概念后，探讨如何选择合适的解题诡计，以及如何因材施教地帮助学生运用这些诡计，从而提高成绩。

> 我们将在本节中尝试回答如下问题：
> 1）"诡计"是什么？
> 2）学习中可不可以运用"诡计"解题？
> 3）作为老师，我们应该如何尽可能遴选更优的"诡计"？
> 4）如何在因材施教的过程中，为眼前的学生选择、搭配并讲解更合适于他/她的"诡计"？

所谓的"诡计"，是指在考试类科目的教学过程中，存在一些难以找到明确的语言知识或逻辑系统，但却在经验上有效的（至少是对现存题库）解题方式。而且一般来说，不使用诡计而按部就班地解题也可以得出答案，只是会花费额外的精力。也有可能存在这样的情形：随着老师对知识的剖析和归纳逐渐深入，那些原本被认为是诡计的经验，被找到了明确的知识证据（solid evidence）。这时候，诡计则晋升成为一条切实可行的技巧。

不过，至少在诡计没有找到切实的证据之前，我们暂时还只能将诡计视作一种经验主义巫术，比如之前有一句很有意思的错误口诀：

> "三长一短选最短，三短一长选最长。"

---

① 毕加索（1881—1973），西班牙著名画家、雕塑家、版画家、陶艺家、舞台设计师及作家。

这是指在做四个选项的选择题时，纯粹地根据选项的长短来辨认更有可能正确的选项。在这条诡计的指导下，学生应当选择相对"长"或者"短"的选项。事实上，由于 WordSmith 等一系列的统计软件的流行，我们能够轻易地计算选项的文字长度与正确与否并不存在什么关系，因此我们很容易辨认出这条诡计是无效的。但是这种朴素经验的总结，其实就是所谓纯粹的经验主义巫术的归纳。

还有一个常见的错误诡计是：

"在不知道选什么的时候就选 C。"

这条更是一个无厘头的诡计了，这条诡计的由来，是大家一厢情愿地希望正确答案一般不会放在开头或者最后，那么不是 B 就是 C 了。但这种迷思也会特别快地在数据统计的证明下败下阵来。

大家可以看到，我在一开始的时候先列举的就是两个近乎荒谬的诡计，这种来自于"经验"的诡计其实并没有稳固的道理可言，既不能被归入语言知识，也不能被归入某种正确逻辑（这两点恰好是上一节我们讨论的内容）。但这种看似没有任何依据的诡计并不是毫无用处的，正所谓"辣椒即便没有营养，也增加了风味"（其实辣椒还是很有营养的）。所以在课程中涉及一些诡计并非完全不可行，无论其目标仅仅是为了调节课堂气氛，还是帮助学生在能力未达到的时候，提高可能得到的分数。可能有在学术上比较严谨的老师很反感如上的说法，但无论我们是否愿意承认，这些诡计不时能够起到令人意想不到的效果，比如挑起学生（尤其是平时不认真学习的学生）的学习兴趣。

如果各位老师也觉得课上使用"诡计"来进行调节是一种可行的方式，那

Day 9

么我们真正面临的课题便是"如何遴选出来尽可能更优的诡计"。更优的诡计的唯一标准就是它拥有相对更高的解题正确率。只有在很多的题目上都应验了的诡计，才能被称为一个合格的诡计。那些正确率不高的诡计，完全不应该在课堂上被提及，甚至不应该用作被取笑的对象，以免课上的学生在不经意间听见甚至真的跟随了这个建议。

要想选出更好的诡计，有这样两个步骤是必需的：

（1）首先要有一个完整的、完善的题库。老师们有义务把所有的题做一遍，以此来验证自己的所有技巧、方法与诡计的有效性，这个是设计并遴选诡计的前提条件。如果你是一个托福老师，那么 PBT（Paper-Based Test）的 1990～2005 年的题目，新托福 2006 年至今的真实考试题目，以及 TPO 最新的题目，都必须完成，甚至是那些市面上流传的、真假未辨的题目，也应该尝试①。雅思老师则应该把剑桥系列的所有题目和所有的机考泄漏题都做个底朝天。对于其他科目也是如此，我就不再赘述了。验证的这个过程很重要，是因为老师平时给学生讲的技巧和诡计一定要在最新的题目中得到验证，否则教给他们的方法就是不实用的。让我引述一个奇怪的事实吧：参加过培训班的同学们，往往会抱怨最新的题目更难（如托福中最新的 TPO 更难，雅思中最新的剑桥系列更难）。但是令人奇怪的是，那些不参加培训班、自己准备考试的同学，却不会有这样的感受。这是为什么？理由其实很简单，因为老师们总结的技巧乃至诡计往往是从较老的题目中归纳出来的，可能并不合适一些最新的题目。这个奇怪的事实令人脸红，也对于老师不断学习新题，改进自己的理论体系是一种敦促。

（2）在做题目时，每想到一个新的要素就打一个标签。每一个标签，都应该代表了你自己所尝试总结的一个诡计类别。而你每次做新题目的时候，都应该抱有这样的感受：眼前的这套题再次验证了所总结的知识体系中的哪几个标签的诡计，而又推翻了原有总结中的哪几条。对了，先给大家打个预防针：作为一个研究型的老师，每天都要研究和分析新的题目。常常有人问我："文勇，你出版了这么多本书，是如何想出来这许许多多的技巧或是诡计的呢？"我常常会哈哈大笑着说："你是没有看过我的印象笔记吧，我所抛弃的诡计，可要比总结出来的诡计多得多了。"最后，则是要尝试把所有的内容归纳和总结起来，以

---

① 如果你不知道哪里可以找到那些最老的或是最新的题目，不妨试试万能的淘宝，之后你一定会惊叹。

一种有序的方式展现在学生的面前。如果你对标签体系不太熟悉，可以使用 tagspaces[①] 这个软件来帮助自己。

毫无疑问的是，归纳诡计的过程，本身也是一个经验的积累过程，像我这样的"老油条"，归纳、梳理与总结"诡计"的过程更容易一些。下面我将要描述的是一个实际操作案例，与大家分享这些有意思的小诡计本身的同时，更希望大家能够看到这些小诡计是如何被想到、归纳与总结的。希望能够对各位的备课过程有所启示。

以我的托福阅读课堂为例，我时常讲的诡计有五种模式：

阅读中的诡计	逆推揣测ETS出题模式的诡计	EXCEPT题	• 取非式选择 • 若针对两个或多个段落出题，错误选项往往顺序排列
	经验主义归纳的诡计	修辞目的题	利用文章大意确定选项范围
	从解题步骤中衍生出的诡计	词汇题	• 不选带有作者所没有的主观感情色彩的词 • 熟词僻义置后作答 + 题号型笔记
	从写作习惯（跨学科）中衍生出的诡计	指代题	• 指代题一般往前找。相邻两句，主语相应 • 所有格代词一般指该代词前面最接近的名词 • 指代题经常考查平行结构
	从文章框架中衍生出的诡计	句子插入题	• 段首项一般不选择 • 段末项结合下一段做题

托福阅读中的诡计

（1）通过"逆向揣测ETS的出题模式"而归纳总结出来的诡计。譬如，托福阅读里面有一个题型，跟细节题（事实信息题）对应，叫作否定事实信息题（也就是我们常说的EXCEPT题型）。出题思路往往是这样的：四个备选项中有三项是文章里面出现过的，有一项文章里面没有出现。自然地，这个在文章里没有出现过的选项就是正确答案所在。而出题机构在构造这个题目的时候，时常通过将"文章中另一个出现过的信息，加上否定词（或把否定的改成肯定的），以此构成与文章内容正好相悖的信息"来设置一个选项。这个时候我会对

---

① 一款比较实用的文档标签管理工具，可以给文件添加标签、标记颜色，从而更好地进行分类管理。

Day 9

学生这样建议：

> 做 EXCEPT 题的时候，如果选项跟文章内容正好相悖，那么优先选这个选项。

显然，这个诡计的构造过程，是通过站在出题机构的角度来思考问题。为什么出题机构要出这样一个题目？他们是如何构造出这样一个题目的？他们期待考生展现哪些能力，或者露出哪些破绽？事实上，我们并不是每一次都能正确地猜测出题机构的想法，但尝试去揣测无疑是有意义的。

下面我们来看一道例题，来验证一下这条诡计[①]。

> Architecture is the art and science of designing structures that organize and enclose space for practical and symbolic purposes. Because architecture grows out of human needs and aspirations, it clearly communicates cultural values. Of all the visual arts, architecture affects our lives most directly for it determines the character of the human environment in major ways.
> …
>
> TPO-3（2006.8.12）：Architecture
>
> According to this paragraph, all of the following statements about architecture are true EXCEPT:
> A. Architecture is visual art.
> B. Architecture reflects the cultural values of its creators.
> C. Architecture has both artistic and scientific dimensions.
> D. Architecture has an indirect effect on life.
>
> 这个题目的答案是 D 选项。为什么？因为 D 选项里面有个"an indirect effect"。而在文章里面有什么？原文"architecture affects our lives most directly…"是不是有个"directly"？这就是所谓的直接取非式做题。
> ……

---

① 上下文背景，大家可以翻阅《文勇的新托福阅读手稿（第5版）》一书中的第73页。

（2）纯粹的经验主义的归纳。譬如托福阅读有一个"修辞目的题"的例子。这一类题目一般会问学生：作者为何提及某个例子。对于这一类的题目来说，正常规范的做法就是去寻找"例子所证明的对象"，一般来说是例子前的一句话，但例子后的一句话也有可能。但是如果学生们在考试的时候没有办法读懂解题句的话，一个诡计是：

> 建议做这个题目时让学生利用段落大意和文章大意确定选项范围。

因为例子无论是什么意思，在段落里存在，都应该为段落大意服务，更加宽泛地说，也应该是与文章大意相一致的。所以正确答案不管是什么，也至少应该跟段落大意和文章大意一致。所以刚做修辞目的题的时候，会建议学生一定选择那个跟段落大意和文章大意不相悖的选项。从以上的这个"诡计"归纳过程来看，这更像是一个"纯粹的经验主义归纳"——明明考查的是某个例子的修辞对象，结果使用了看上去毫无关系的段落大意或是文章大意来解题。为了归纳这个诡计，老师并没有一头扎进题目本身进行细致分析，而是将具体解析过程中可能用到的其他信息搬过来解题。不但有趣，而且有效。

我们再来看一个在托福阅读修辞目的题中运用这个诡计的例子[①]。

> *Frog species that remain exposed to the sun despite high diurnal (daytime) temperatures exhibit some fascinating modifications in the skin structure that function as morphological adaptations. Most amphibian skin is fully water permeable and is therefore not a barrier against evaporation or solar radiation. The African savanna frog Hyperolius viridiflavus stores guanine crystals in its skin, which enable it to better reflect solar radiation, thus providing protection against overheating. The tree frog Phyllomedusa sauvagei responds to evaporative losses with gland secretions that provide a greasy film over its entire body that*

---

① 上下文背景，大家可以翻阅《文勇的新托福阅读手稿（第5版）》一书中的第126页。

helps prevent desiccation（dehydration）.

......

TPO-40: Amphibian Thermoregulation

"*Phyllomedusa sauvagei*" *is mentioned as an example of a frog with an adaptation that*

 A. *protects its glandular system.*

 B. *helps reduce its secretions.*

 C. *increases the amount of solar radiation that its skin can reflect.*

 D. *modifies its skin structure to protect against the drying effects of the sun.*

本段的第 1 个句子 "Frog species that remain exposed to the sun despite high diurnal（daytime）temperatures exhibit some fascinating modifications in the skin structure that function as morphological adaptations."（在白天的高温下仍可以暴露在太阳下的青蛙物种在皮肤结构上有一些有趣的变化，这些变化是形态上的适应。）指出了本段的段落大意，而 "Phyllomedusa sauvagei" 是作为例子出现在段落中，是为了这个段落服务的，所以无论如何它都应该是讨论 "modifications in the skin structure" 的吧？A、B、C 与此无关，只有 D 选项 "modifies its skin structure to protect against the drying effects of the sun"（调节它的皮肤结构来达到防止太阳晒的效果）提到了皮肤结构的变化，所以为正确答案。

......

（3）从解题步骤中衍生出来的诡计。比如：

做词汇题的时候利用题号型做笔记。

我建议学生做题的时候一定额外拿出白纸，记下第几题是词汇题，以及自己在哪几个选项之间徘徊。这是操作上的诡计。为什么进行这样一个操作？首先，把所有的题目做完以后，不少学生面临着 5、6 分钟的检查时间，这 5、6 分钟时间往往不知道应该干什么，这时候建议他们拿出白纸把刚刚觉得摇摆不定的选项再看一遍，往往跟第一遍做题时的感觉不一样。他们这个时候不再是只看词汇题本身，因为已经把所有题目做完了，整个文章看过了，再看词汇题就已经有了上下文的概念。这个诡计源自于我们对学生的做题步骤的仔细观察，观察到他们在真实的做题过程中，绝对不会按照老师给的建议去看句子所在上下文的内容，而且往往把考试的最后5、6分钟浪费，不知道应该干什么好。这条诡计的归纳，有赖于斟酌学生真实考试中的解题过程，思考他们真正面临的资源以及考题情况。通过调整他们的解题步骤，甚至是科目的进行步骤来求助更有利的答案。虽然听起来觉得平常，但这居然是学生觉得我给的所有建议里面最有效的。

题号型笔记

（4）学科间延伸引发的诡计。比较典型的是：

> 阅读指代题的诡计：后面的代词主语，指代前面的名词主语。

作为语法现象，代词可以指代本句的后半部分。但是作为写作老师会跟学生说，写文章时代词尽量不要指代后面的部分，使文章尽可能流畅。这是写作习惯不是语法规定。而学生在做阅读里的指代题时，把这个指代习惯引申过来，就生成了这个诡计：代词一般往前找。

我们依然可以从托福阅读习题中找出例子[①]。

> With such limited data, conventional forecasting models do a much better job predicting general weather conditions over large regions than <u>they</u> do forecasting specific local events.
>
> TOEFL: 1996.1

① 上下文背景，大家可以翻阅《文勇的新托福阅读手稿（第5版）》一书中的第196页。

Day 9

> *The word they in the passage refers to*
> A. models.
> B. conditions.
> C. regions.
> D. events.
>
> 这个题目问"they"指谁。根据词义对应的原则，我们应该回到原文中去寻找"they"所发出或者接受的动作。"they do forecasting specific local events"，"they"发出的动作叫作"do forecasting"，其中文释义为"预测"。同学们就问自己，前面有没有讲谁做过这个动作？前面有讲过，叫作"conventional models … predicting"，这个"predicting"和"forecasting"正好对应同一语境。所以这个"they"指谁？答案是 A 选项"models"。这是一个典型的代词指代前面内容的例子。
> ……

（5）从文章框架中衍生的诡计，比如：

> 做句子插入题的时候，一般不选择段首项。

我们已经知道句子插入题将要插入的句子不是文章的主要结构。而我们一般又会想段落的第一句重不重要？重要。换句话说，一个不涉及文章主要结构的句子就不应该承担段首句的责任。这意味着它一般不会被放在段首。这个诡计非常著名，考生屡试不爽。

我们还是用一个例子来验证一下[①]。

---

① 上下文背景，大家可以翻阅《文勇的新托福阅读手稿（第5版）》一书中的第343页。

Day 9

Most tunas and billfishes have a series of keels and finlets near the tail. Although most of their scales have been lost, tunas and mackerels retain a patch of coarse scales near the head called the corselet. The keels, finlets, and corselet help direct the flow of water over the body surface in such as way as to reduce resistance (see the figure). Again, supersonic jets have similar features.

■ Because they are always swimming, tunas simply have to open their mouths and water is forced in and over their gills. ■ Accordingly, they have lost most of the muscles that other fishes use to suck in water and push it past the gills. ■ In fact, tunas must swim to breathe. ■ They must also keep swimming to keep from sinking, since most have largely or completely lost the swim bladder, the gas-filled sac that helps mos other fish remain buoyant.

……

—OG Practice Set 6: Swimming Machines

Look at the four squares [■] that indicate where the following sentence can be added to the passage.

Consequently, tunas do not need to suck in water.

Where would the sentence best fit?

这段话主要讲了吞拿鱼需要一直游泳的原因，而要插入的这句话说的是吞拿鱼不需要吸水，它在这段中并没有起到一个很重要的作用，作为叙述结果的句子也不能总起全段，所以这句话不适合放在第一个方块的位置。事实上，如果各位同学能够记得我们"句子插入题一般不选择段首项"这个小诡计，则会尽快地规避这个错误选项了。

……

尽管老师们在课前归纳与总结了若干诡计，但不是每条诡计都可以被每个学生使用，依旧是要由学生的能力和心态来决定，诡计需要根据不同的学生进行调整。但很矛盾的一点是，学生水平越高越能够运用诡计，但也越不需要用到它；学生水平越低越用不好诡计，却越想要用到它。因此给学生介绍多少诡

Day 9

计，讲到什么程度，这个平衡需要老师们来把握。

其实一开始的诡计构造难免是拙劣的，但我们不应该因此而放弃构造诡计的尝试。一个好的诡计不只是课堂的调剂品，也能够出奇制胜地帮助学生。而优秀的诡计来自反复多变的甄选、去粗取精，而尽可能扩大自己的备选库则是真正重要的事情。

小结

以上就是这一节的全部内容，这节我们讲了可以适当运用诡计，但一定要遴选出更优的诡计。要选出好的诡计首先要具备完整完善的题库，其次在做题的时候要养成打标签的习惯，标注好哪些诡计实现了或被抛弃了。不同的学生适用于不同的诡计，具体要视他们的水平和情况而定。老师们需要通过不断的尝试与实践，才能得出有效的、正确率高的诡计。

落地练习

亲爱的老师们,不知道你们有自己的教学小诡计吗?

如果已经有了,能否罗列一下呢?它们能否在真实的习题中通过验证呢?

如果暂时还没有,你们能否尝试构造几个呢?

实在想不出来的时候,请沿着正文中我所给出的范例路径,生搬硬套地挪到自己所教授的学科与科目中。你们别笑,"我的思路"还真没准儿能和"你们的思路"碰撞出什么好想法来。

Day 9

参考范例

说明： 由于在正文中，我所罗列的部分是阅读教学的例子，所以在参考范例的部分我使用的是听力的案例。

诡计：当对话中出现两个观点时，往往第二个观点更容易被赞同[①]

具体来说是这样的：

> 在听力的对话中，往往会出现的情景是普通学生与学校工作人员之间，就某个项目的情况进行问询或是讨论。而如果学校工作人员在回应学生所问及的某个项目之后，主要开始探讨另一新项目（或者是工作人员提出的其他方案/路径），这一般意味着该工作人员对学生先前提及的项目并不持有正面态度。

事实上，这一观念类似于在《文勇的新托福阅读手稿》一书中，我们时常提及的"文章的基本框架"：当文中给出两个或更多的解决方案时，作者往往会对较前给出的解决方案提出其缺陷，而第二个方案则衍生自对第一个方案的缺陷的解决[②]。

实例

TPO 41 Conversation 2

Narrator: Listen to part of a conversation between a student and a university employee.

Employee: Hi, can I help you?

[①] 上下文背景，大家可以翻阅《文勇的新托福听力手稿》一书中的第181页，下面的听力实例也来自此页。

[②] 上下文背景，大家可以翻阅《文勇的新托福阅读手稿（第5版）》一书中的第622页。

第二节 构造　　105

Student: Yes, I'd like to get help with the, you know, payment for my classes, some sort of financial aid. The problem is I don't know much about it, so I don't really know where to begin. I saw this poster about work-study programs. Can you tell me something about that?

Employee: Well, I think you're talking about the government sponsored work-study program. It works like this: you work on campus and get paid an hourly wage just like a regular job. However, instead of getting a paycheck, the money goes directly to your bill for your courses, but almost all work-study jobs pay minimum wage, which is usually pretty low. The truth is: you might do better getting a job off campus since you can do whatever you want with the money, like paying your rent or ...or buying textbooks.

Student: Thanks! That's very useful. So how do I find out what's out there?

Employee: Let me show you our catalogue of various programs as well as scholarships offered here. That's your best bet really, if you can find a good scholarship, because you don't have to pay the money back. You might qualify if your grades are good enough or if you have the right background.

Student: Yeah, that sounds like something I should try for.

Employee: Now, this is my desk-copy of the catalogue, but I can give you your own copy if you want. Oh yeah, be sure to visit the university library, too. There's a whole section on financial aid including application forms.

Student: Why isn't the information listed in the catalogue? It'd be so much easier.

Employee: Oh, if we did that, the catalogue would be too heavy to pick up. City clubs, foundations, organizations from all over the country offer scholarships or other financial assistance to college students, and kinds of companies have programs to help their employees' children go to college. If either of your parents works for a large corporation, have them check to see if their companies do that.

Student: Okay. Good idea. Hey, my dad works for a big accounting firm and he's a member of a professional accounting organization. Do you think they'd offer financial aid?

Employee: Yes, that's fairly common, especially if you are planning to go into accounting. What are you studying? What do you plan to do after you graduate?

Student: I want to become a dentist. I'm enrolled in a pre-med program for dentistry.

Employee: Okay. So I'd suggest looking in the library for information on organizations that have to do with dentistry. Any number of them might offer scholarships to students planning to join their profession.

Student: I'll definitely investigate that one.

Employee: Great! But be sure to talk to one of our librarians, too. They get the same questions over and over, so they can save you a great deal of time.

What is the woman's opinion of the work-study program?

A. It does not provide as much financial flexibility as a regular job does.
B. It is more difficult to apply for than other types of financial aid.
C. It should offer more jobs that would appeal to dental students.
D. It should allow students to choose where they want to work.

讲解：

(1) 运用诡计解题

首先，我们可以教给学生如何利用诡计更简便快速地得出答案。如果学生能够用到"当对话中出现两个观点时，往往第二个观点更常被赞同"这个小诡计，即使只听到了几个关键词，也能选出正确答案。

本题属于非重听类态度题，因此，大家做这道题时将在很大程度上依赖于笔记。我们可以看到本题的关键词是"the work-study program"，

第二节 构造 107

应该回头思考文章围绕这个关键词都描述了哪些内容。

本题就可以使用我们在之前讲过的"当给出两个或更多解决方案时,说话者往往会对先前给出的解决方案提出缺陷"这个技巧。因此,同学们在听这个听力题时,即便没有听清楚后文与"government sponsored work-study program"并行的其他解决方案,也至少能够知道后文出现了由雇员提出的其他解决方案。那么,显然雇员对于第一种由学生提出的方案是持负面态度的。至此,这个题目就可以锁定在 A、B 两个选项中,因为 A、B 选项对学生提出的方案才是持负面态度的。

最终之所以选择 A 选项,是因为原文提及"government sponsored work-study program"的部分中出现了大量如"wage""paycheck""bill""money""buying""rent"等明显与"financial flexibility"相关的词,所以答案应该选择 A 选项。

……

(2)通过理解文章解题

在用诡计进行初步的判断以后,理解文章中对应的部分可以帮助学生更加细致地核对自己是否选择了正确的选项。这就属于比较规范的方法,通过"听懂原文来把题目做对"。

各位同学,如果大家能仔细听懂以下这段雇员所说的话,那么选到 A 选项就更加理所当然了:

Employee: Well, I think you're talking about the government sponsored work-study program. It works like this: you work on campus and get paid an hourly wage just like a regular job. However, instead of getting a paycheck, the money goes directly to your bill for your courses, but almost all work-study jobs pay minimum wage, which is usually pretty low. The truth is: you might do better getting a job off campus since you can do whatever you want with the money, like paying your rent or …or buying textbooks.

第一句"Well, I think you're talking about the government sponsored work-study program."正式引出了主题词"work-study program",这一概念在笔记中应该有所体现。这句话的意思是"嗯,你说的是政府资助的半工半读项目吧"。

第二句"It works like this: you work on campus and get paid an hourly wage just like a regular job"是定义内容,意思是"是这样的,你在学校打工并且像普通工作一样按小时领薪水"。

大家在此也可以学习一个下定义的方法:"it works like this",同样的还有:called, known as, refer(s)/referring to, means that, it is/was, it takes place, it occurred, it appeared...

第三句"However, instead of getting a paycheck, the money goes directly to your bill for your courses, but almost all work-study jobs pay minimum wage, which is usually pretty low."中"however"表达的感情色彩前后不一致,暗示后文可能会描述该方案的缺陷。事实上,它也为后文提出新方案埋下了伏笔。另外需要注意的是:这句话除了开头部分的"however"之外,句子内部还有一个"but",两个转折处在不同层面。第一个转折是句和句之间的转折,第二个转折是句子内部的转折。"but"后面的内容提及"minimum wage","minimum"一词表示"最少",强调工资低,是一个负面评价。这句话是说"然而,你的工资会直接抵扣学费,而不是付给你本人,但是几乎所有的半工半读项目只付给学生最低工资,通常都非常少"。

第四句"The truth is: you might do better getting a job off campus since you can do whatever you want with the money, like paying your rent or...or buying textbooks."中"the truth is"类似于"in fact",表达递进或转折含义。在这里"the truth is"表示递进,进一步强调雇员的观点。这句话的意思是"事实上,你在校外找个工作会更好,因为你可以随意花你赚到的钱,比如用来付房租、买教科书等"。听懂本句话,有利于帮助大家了解A选项(也就是正确选项)中的"financial flexibility"这一概念,未能听到的同学亦可以通过排除法或者对上文的分析,选出A选项。

好了,各位同学,我们一共使用了两种路径来解答这个题目。事实上我们都知道,在考试的时候,解题的过程是混沌的,更常见的过程是糅合了以上两种方式的做题过程。而我们对待诡计的态度,则是"分开训练,综合使用"。

······

Day 10

6 体系化的记录与穷举：老师辛勤工作的理想

> Note-taking is important to me: a week's worth of reading notes (or "thoughts I had in the shower" notes) is cumulatively more interesting than anything I might be able to come up with on a single given day.
>
> —Teju Cole[1]

在本节中我们要探讨的是对教学知识点进行记录的重要性，以及从"记录"到"罗列"再到"穷举"的这个过程对教学有什么帮助。本节是一个重要的引申与思考的内容。

> 我们将在本节中尝试回答如下问题：
> 1）教学中的"记录"指的是什么？
> 2）老师为什么需要对教学内容做"记录"？
> 3）为什么"记录"的本质是"罗列"？
> 4）为什么"罗列"的目标是"穷举"？
> 5）年轻老师在"记录并穷举"之前应该做什么？

所谓的"记录"是指老师对于教学中所涉及的知识点，应该有一个文字版本的记录。倒不一定是纸质的版本，现在早已经是电子时代了，用一个印象笔记之类的小程序也是一个挺不错的事儿。为了保证框架清楚，我自己还时常使用 Omnioutliner[2] 和 Xmind[3] 来帮助我（两个软件都不错，有空可以试试看）。我所指的记录，还不只是包括那种有意而为的内容札记，更重要的是那种对突发灵感的记录。在第一章第二节的"伏笔"这一点，我们也曾经描述过类似的情况：在上课的过程中，我们总是会突然地想起某个额外的值得讲解的内容。那

---

[1] 特胡·科尔（1975—），美国作家。
[2] 一款对日常工作和想法做记录的软件。
[3] 一款非常实用的思维导图软件。

一刻你简直觉得自己太聪明了,居然能想到这样有效的知识要点(或是知识的展现形式)。而灵感来得快,走得更快,如果在当天你不找机会把这个知识点给记录下来,那么很快,你就会忘掉这个灵感,就像它从来没有来过一样。甚至当你再次对另外一波学生讲解同一个知识点的时候,自己心里还隐隐地感觉,似乎自己曾经讲得更好,到达过更高的境地,但却再也想不起来自己是如何去的那个地方了。

记录的本质,是为了罗列。而这对于标准化的考试来说,是一个额外的劣势。无论是托福也好,雅思也好,所有的标准化考试都没有官方公布的考点大纲。这其实挺奇怪的,如果在转行到教授标准化考试之前,你曾经教授过中考、高考或四六级之类的国内考试的话,会发现这些考试,无论详细与否,都至少给出了一个所谓的考试大纲。这些考试的老师们还时不时地会抱怨大纲写得不够清楚,但相比于标准化考试来说,这部分老师已经够幸福了。标准化考试从来就没有考点大纲呢,所有的内容都必须源自老师的经验主义逆推和思考。也正因为如此,我们这些老师在备课的时候,大量记录自己新发现的知识点,本质上是一种罗列,期待有一天自己能够将所有值得讲解的知识点都罗列出来。尽管每个老师总结知识点的切入要素都不太相同,但这种罗列仍然是每一个老师都必须尝试的。

"记录"思路和灵感之后的目标是能够"罗列"知识,而罗列的目标则是"穷举"。老师们的心中无疑都有一个目标,希望能够将所有考过的知识点都罗列出来,这样学生们就可以按图索骥,一步一个脚印地学习了。我们一直在强调,对于学生来说,他们最担心的不是要学习很长时间才能取得成绩,而是"不知道还要学习多久才能取得自己满意的成绩"。学生们真正担心的是"敲黑门,走夜路,不知道在后面等待自己的是什么,不知道还要走多久才能到达目的地。"。而一个能够(或者至少尝试过)罗列并且穷举知识的老师,就能带着学生看到这庞大但有穷尽的图谱,获得 inner peace。我在本书的附录中,放置了我自己的一个尝试——将托福的所有知识点都罗列出来,内容上至今还尚未完整,但我也在 liuwenyong.com 这个网站上不时地更新。大家可以看着玩儿,看我是如何从"记录"走向"罗列",从"罗列"尝试走向"穷举"的。

当然,如果你是一个相对比较年轻的老师,那么在"记录与穷举"并且通过自己的语言总结知识点之前,先做的事情应该是把市面上自己所教授的科目的图书都买来看一眼。我这样说,似乎是在为自己卖书——大家都知道我热衷于写作,出版了四十余本标准化考试类的图书。但其实我觉得抛开这一点,更

Day 10

重要的是能够走一遍别人已经走过的路。"他山之石，可以攻玉"大概就是这个道理。牛顿所说的"我是站在巨人的肩膀上"也是这个意思。当然，如果你要使用我的图书，我当然欢迎（不过我的个头不到170cm，跟"巨人"还差得远），但是不要像牛顿讽刺胡克[①]一样嘲笑我哦。

对了，我们一方面觉得自己所教授的科目没有大纲，觉得很不公平，但是另一方面，这也是一个额外的优势。本质上，这也是出国考试的老师们获得溢价的缘由。大家可以这样理解：我们上课的时候被支付的薪酬，一部分是上课的酬劳，一部分是由于没有教学大纲，我们不得不自己尝试归纳总结知识点而被支付的额外费用。这样想，心里是不是就舒服多了？干的活儿多，自然获得的酬劳也就更高，就是这个道理。其实干什么职业的活儿都是这个道理。

小结

以上就是这节的全部内容了，这节我们讲到为了不忘记偶然间得到的灵感，老师应该尝试记录下来课堂上的某些知识点。由于标准化考试没有考试大纲，老师的记录有利于罗列知识点，而罗列知识点的最终目的是为了穷举，从而让学生了解考试的范围，面对考试的时候心里更有底。资历尚浅的老师在做这几步之前可以先参考别人的经验，以便在他人的基础上总结出自己的方法。

---

① 罗伯特·胡克（Robert Hooke），（1635—1703），英国博物学家、发明家。

落地练习

我知道，罗列自己所教授的考试中的所有知识点，甚至要穷举所有的要素，实在是一件令人头疼的大工程啊。但事实上，也就一开始的时候比较辛苦而已。后面所有的工作都是在修修补补、合并归纳而已。所以我的任务，就只是说服大家伙儿开始动手做这件事情；就像是中了毒一样，这样的事儿，只要一开始，就会忍不住一直做下去了。不信你就试试吧。

让我额外多嘴几句：

（1）可以考虑使用提纲工具，譬如 Omnioutliner 之类的软件。虽然其实在前期只用文本文档也可以特别好地完成这个，但是如果你和我一样会为新软件而感到兴奋的话，用这个软件帮自己开个头，也是个好办法；

（2）"罗列"的时候不要担心重复，也不必担心自己所罗列的概念之间相互交织。或许被自己反复想起或者从不同层面提及的知识点，正应该是那些真正重要的知识点；

（3）如果有一天发现自己不愿意罗列新的知识点，那么对已经罗列的内容进行整理或合并也很有意义；

（4）尝试让学生使用你所罗列的知识框架来解题吧，这样我们很快就能发现自己框架上的漏洞了。

> **参考范例**

在公众号"文勇图书馆（wenyonglibrary）"中，我尝试放置了完整版本的托福知识点图谱（回复关键词"33 天"后即可获取），这就是过往做了，以后也将一直做下去的一种"知识记录与罗列"的工作范例，真切地希望大家不但能够在内容上有所收获，也能够在方法上有所借鉴。

其实在第一章第一节分级教学这一点中，我曾提过这个图，你还记得吗？我也算是一鱼两吃了，用一张图证明了两个话题。

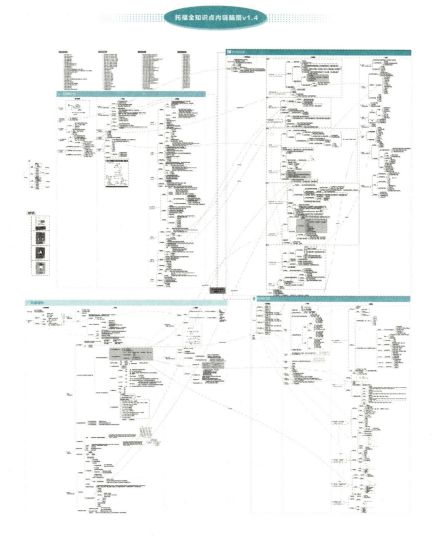

Day 11

7 练习的构造及其目标：为什么逼迫学生练习

> As practice makes perfect, I cannot but make progress; each drawing one makes, each study one paints, is a step forward.
>
> —Vincent Van Gogh[①]

在本节中我们将要讨论的是给学生布置练习的目标，及由此引出的关于习题错误率的话题。并举例说明让学生犯错的小技巧。

我们将在本节中尝试回答如下问题：
1) 什么是"练习"？
2) 给学生布置"练习"是为了达到什么目标？
3) 如何设计可能会让学生犯错的细节？

"练习究竟是什么？"这是一个宏大而空洞的话题。简单地说，练习是"老师为了用课上给学生传递的内容帮助他们进行内化而要求学生进行的活动"。硬生生地从字面意思来解释的话，就是"磨炼所学习到的东西"。

我们曾经讨论过这样一个观点：授课老师来负责知识"从无到有"的过程，学生（或许是辅导老师）来完成知识"从已知到熟练"的过程。课后练习的目标显然是帮助完成学习过程中的第二个阶段。但是有的练习并非课后练习，而属于课前练习，这时候的练习目标则起到了测试的效果，目标是发现学生可能存在的缺陷，便于老师以此调节课程内容。可以这样说，练习的目标有两个：(1) 检测可能的知识漏洞；(2) 完成特定知识的熟练度训练。

在这两个目标的指引下，我们可能会得出一些看上去很奇怪的结论。譬如：练习题需要保证一定的错误率。至少最终的结论是，正确率太高或者太低都很难得到一个良好的训练效果。正确率太低自然很难建立良好的正确思路及技巧，而正确率太高则明显思维训练的难度不够，效率低（错误率在第二章第一节的"反馈"部分会再详细阐述）。

在设置练习的时候，老师应该主动地设计可能使学生犯错误的细节。举一

---

① 文森特·凡·高（1853—1890），荷兰后印象派画家。

Day 11

个最为简单的讲单词的例子，当一个老师在讲解单词"achieve"（达成）时，第一个层面的讲解，可能是这个单词的含义，例如：

> achieve /əˈtʃiːv/
> *vt.* 取得；获得；实现；成功
> *vi.* 达到预期的目的，实现预期的结果，如愿以偿
>
> 更深入一步地讲，很多老师会尝试将词根词缀的讲解融入课程中来，譬如：
> achieve 这个单词中间有"chiev"，也就是"chief"这个重要词根的变体；
> 词根：chief = head，表示"头"
> （近义词根：cap）
> achieve = a(to) + chieve(head) = come and bring something to a head
> 再进行一些简单的扩充，譬如：mischief = mis + head = 头尾颠倒 = 恶作剧；伤害；顽皮；不和（*n.*）
> ……

显然，如果我们愿意，以上的扩充词根词缀的讲解流程，可以几近无限地走下去，衍生出来无限的课堂内容。可是，如果我们停下来反思一下，尝试回到最早设置练习的目标，就会有这样一种感觉从心底冒出："这些内容都太简单了，学生们不容易犯错误啊，而如果学生不会犯错误，就根本不值得讲解啊。"所以再往下讲，更优秀的内容可能被设计成为如下样子：

> 现在我们来看另外一个单词 archive。
> archive/ˈɑːkaɪv/ 和 achieve/əˈtʃiːv/ 这两个单词，发音和意思都大不相同，除了……长得很像之外。事实上，如果大家能够正确地发音，这两个单词拼写上的差异也会更加明显。现在，让我们来尝试对这两个单词分别造句，一箭双雕地把这两个单词区分开来并且识记下来吧。
> ……

第二节 构造

Day 11

以上的这一段讲解，就属于典型的"故意给学生找麻烦"的过程。可能在进行以上这段讲解之前，学生还不太容易拼写错误，而听完这个内容的一段时间之内，反而特别容易搞混这两个单词的拼写。但是，学生所犯的这种错误是极有意义的！这些错误能够帮助学生真正意义上地分辨知识、加深印象。让我做一个类比：课堂和故事一样，真正能够令人印象深刻的是戏剧性的情节；哪里有比"学生自己做错题目"更加令他印象深刻的戏剧化情节呢？其实作为老师，经验的积攒可能体现在向学生讲解 achieve 这个单词时，能够由于过往的经验，或者根据学生曾经犯过的错误，想起并提及 archive 这个形近词。这种散落在具体教学过程中的技巧越多，就越能够被称为有经验的老师。

当然了，其实我们有若干种办法来"给学生找麻烦"。作为教授考试的老师，我们其实时常会讲解客观题（选择题就是其中的典型代表）。而如果能够把选择题变成填空题甚至是问答题，学生的思考难度会陡然上升。而如果我们能够以此为契机，加深大家的印象，就再好不过了。

我给大家分享一个我的阅读课程的切片吧。看看我是如何给学生们"找麻烦、出难题"的：

> 好了，各位同学，刚刚我们已经讨论了很多关于"修辞目的题"的出题模式、解题技巧，甚至是解题的诡计。现在，我想给大家出出难题，看看"修辞目的题"的思考路径，大家是不是真的已经想得清清楚楚了。
>
> Paragraph 2: One of the most puzzling aspects of the paintings is their location. Other rock paintings—for example, those of Bushmen in South Africa—are either located near cave entrances or completely in the open. Cave paintings in France and Spain, however, are in recesses and caverns far removed from original cave entrances. This means that artists were forced to work in cramped spaces and without sources of natural light. It also implies that whoever made them did not want them to be easily found. Since cave dwellers normally lived close to entrances, there must have been some reason why so many generations of Lascaux cave dwellers hid their art.

Day 11

4. Why does the author mention Bushmen in South Africa in paragraph 2?

_____

_____

_____

_____

我知道，大家阅读完文章，开始看这个题目的时候，应该会觉得特别奇怪吧？因为真正考试的时候，不应该所有的托福阅读题目都是选择题吗？怎么这个题目突然变成了问答题？哈哈哈，的确是的，这个题目的确是我在"使坏"，故意把选项给隐去了。我想通过这个方法来确认，大家是不是真的通过刚刚那段时间的学习，已经能够做到在思路上与出题机构一致。这种一致不是口头上的，而是可以被明确验证的——如果你所写的答案真的与一会儿我给大家的选项一致的话，说明你已经做到这一点了。好了废话不多说了，大家赶紧开始在我给大家准备好的横线上写答案吧。

……

各位老师，大家明显能够看到我是在故意为难学生。考试的时候只会考查选择题，而我却故意去除了选项，非要变成一个问答题，使难度大幅提高，学生也只有在这个时候，能够不再使用排除法之类的解题技巧，而是真正地去思考题目本身的展开过程。真正有效的解题思路，也只有在这种时候才被彻底地练习并嵌入学生的大脑中。

当然了，除了将选择题变成填空题或是问答题之外，还有很多其他的方式可供大家自由开发。

好了，大家应该已经都写了一个自己认为比较合适的正确答案了吧？现在我们一起来看一下ETS给我们的正确答案是什么？大家也想想看，如果让你从以下的选项中进行选择，你会选择哪一个？更重要的是，你刚刚在横线上所写的正确答案，与出题机构所给出的正确答案是

第二节 构造

否一致？如果不一致，为什么？你的答案也是正确的吗？

  A. To suggest that ancient artists from all over the world painted animals on rocks.

  B. To contrast the location of their rock paintings to those found at Lascaux.

  C. To support the claim that early artists worked in cramped spaces.

  D. To give an example of other artists who painted in hidden locations.

  好了各位同学，我们已经进行了大量的分析，讨论为什么正确答案是正确的。可是这道题到这里还没完，我还希望大家帮我分析一下，这几个错误选项分别是怎么来的？这些错误的选项都是出题机构纯粹胡诌出来的吗？又或者是他们认为我们可能会有若干错误的认识，所以才犯错？大家现在能不能尝试分析一下这几个错误选项分别是如何构造出来的？一会儿我来找同学回答一下。

  ……

  各位同仁看得出来我又在给学生出难题了，老师们总喜欢和学生强调，要站在出题机构的角度来思考问题。可是，到底要如何才能真正训练这种能力呢？让学生们思考错误选项的由来，其实和让学生理解正确选项的由来一样重要。

小结

  以上就是这节的全部内容了，这一节中我们谈到练习的目标就是熟练所学习到的内容，以及为了避免过高的正确率，应该设计一些让学生犯错的小细节。而设计这一类细节的能力就是老师们的经验体现。

各位老师,如同我们在正文中所讨论到的,尽管我们很愿意与学生建立良好的关系,但是我们总希望能够设计一些环节来"为难学生",你是否能够尝试做到以下这些点:

(1)如果你是一个讲授客观输入类科目的老师(譬如阅读、听力),是否可能考虑将这些题目改成主观输出类的练习(譬如写作、口语)?

(2)譬如当你准备要讲阅读中的选择题时,可以考虑去除选项,让学生把这道题当作一个问答题来回答一到两句话。(你敢相信吗?我甚至在真实的阅读课堂上让学生写过一整个段落的阅读题目的问答,以至于学生们上完课之后,都有点儿恍惚了,不知道自己到底是刚刚结束了一节阅读课还是刚刚结束了一节写作课)。

(3)譬如当你准备要讲听力中的段落展开方式,或者是某个话题的讲座思路时,不妨给学生一些素材,然后问学生:"如果现在要求你做一个口语答案,就使用现在已经给出的阅读材料,你会怎样说?"显然学生说过一次之后,再带着大家分析结构,思考为什么听力中的内容要以这样的方式来展开,比对听力文本与自己组织的文本之间展开方式的不同与优劣,也能够使讲解的结果事半功倍。

(4)譬如当你准备讲解输出性课程的时候,你是否能够让学生的主观题的创作过程,变成一个如客观题一样规范有序的过程?如果你也有过这样的愿望,那么你的确应该考虑改造一部分练习题了。以写作为例(事实上口语部分也是很类似的),平时,我时常带着学生去做一些特别难以展开思路的题目,然后给大家安排好选择题:譬如因果展开、递进展开、转折展开等。让大家三选一,之后沿着这个固定的思路前进。这种选择题的思路,能够更好地帮助学生规范思路,稳定输出,关注语言。

当然了,为难学生的方式还有很多,你也来试试看吧。

Day 11

参考范例

各位同仁,我在这里与大家分享一个 GRE 教学过程中,讲解形近和音近单词的时候,给学生们出的一组难题,被称为"七仙姑"。

大家在背诵单词的时候,可以把如下几个单词放在一起来背诵,譬如:

(1) daunt 使胆怯
(2) flaunt 炫耀
(3) gaunt 憔悴的,荒凉的
(4) haunt 常到某地,萦绕心头;鬼魂出没
(5) jaunt 短途旅游
(6) taunt 嘲笑,辱骂
(7) vaunt 炫耀,自夸

这几个单词都是 GRE 考试中可能考到的难词,而又正好都是以 aunt(姑妈)结尾,虽然事实上在词根词缀上这几个单词毫无联系,但是我们还是愿意戏称这几个单词为"GRE 考试中的七仙姑"。

……

我自己有好一阵子没有教授 GRE 相关的科目了,单词也生疏了不少,但这一组单词,至今还记得。我们不就是希望学生们也能如此吗?

第三节　阐述

本节将讨论课堂中的"阐述"(或称为"说服")这个重要的话题：尽管"老师"两个字已经拥有了天然的权威，但老师们所讲解的知识并不是"不证自明"的。老师理所当然地应该花费精力去保证自己所讲述的"内容正确"，也应该花费精力来思考如何"更好地阐述"自己的这些被精心准备过的内容。

当然了，不同的老师擅长不同的说服学生的方式，但依旧有这几种常见却有效的模式可供大家选择：1）使用"数据"的罗列与分析来进行稳固的证明；2）用类比来帮助学生理解特定话题；3）使用举例来增加论述的形象程度；4）普世价值观来帮助说服那些最为底层的观点。

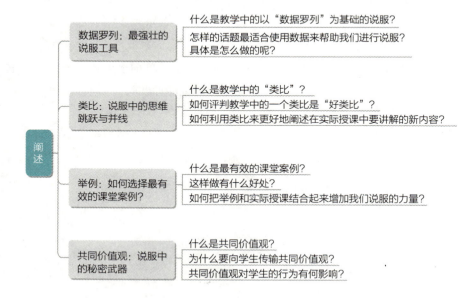

Day 12

1 数据罗列：最强壮的说服工具

Those who rule data will rule the entire world.

—— *Masayoshi Son*[①]

在本节中，我们将会讨论"如何通过数据罗列与分析，来使自己的阐述更加具有说服力"。数据是冰冷但强大的：它拥有强大的说服力且客观可信。而且数据的力量，不会因为使用人的变化而转移：这也使得在这个方面下功夫是最值得的，积累也是持久的。

> 在本节，我们将会回答以下这些问题：
> 1) 什么是教学中的以"数据罗列"为基础的说服？
> 2) 怎样的话题最适合使用数据来帮助我们进行说服？具体是怎么做的呢？

所谓的"数据罗列"，是指采用统计数据的方式来说服学生相信课堂观点。我们可能会直接使用数据，也可能会统计数据后制作出图表，来使听众/读者更为直观地了解数据的内涵。显然，当我们在说服学生的时候，运用数据罗列和分析可以使自己的阐述更加有力。特别是当老师的权威感不足的时候，我们更加应该倚重于这一方式。比如，如果我以如下的方式来说服学生，大家觉得如何？

> 有很多学生曾问我词汇题应该怎么学习？我认为做词汇题最好的办法，就是好好背诵呗。单词一共就这么多，全部都背下来，做词汇题的时候单词本身和选项都认识，自然正确率会很不错。

[①] 孙正义（1957—），生于日本。国际知名投资人，软件银行集团董事长兼总裁。

Day 12

显然，以上的这段话事实上说服力是不足的。学生们容易"勉强相信老师的观点但却不被打动"，很难想象学生们就真的会跟随老师的建议这样去做。一般在这个时候，我会再拿历年的考试数据来辅助进一步的阐述（大家感受一下，数据是否帮助了我的说服过程）：

> 从 1995 年到 2005 年，一共考了 440 个词汇题，从 2006 年到 2016 年一共大概新增加了 150 个词汇题，而这意味着考试的范围加一起一共只有 590 个词汇题。姑且算有 600 个题，一个词汇题做一分钟，600 分钟就能做一遍，也就是 10 个小时。也就是说，如果每天做两个小时，那五天就能做一遍，那么两周就可以做三遍。由于考试的时候，绝大部分词汇题都会重复出现，一般 9 道词汇题的话，至少会有 7 道题是曾经出现过的原题或改编题。一个重复率这样高、训练路径这么明确的题目，如果大家还不好好花时间来进行刷题和背诵，那恐怕就太说不过去了。所以我说，觉得词汇题不好做的同学都懒惰。

大家注意到在这个过程中我利用了什么？大量的数字。显然，在以上的这个案例中，使用大量的数字罗列并分析，比直接说"大家要好好背单词"效果要好得多。我使用数字事实上传递了一个隐藏的概念：眼前的试题有穷尽。能够被统计数据则意味着有穷尽，有穷尽则意味着可以卖苦力气来取得高分。

除了以上所提及的词汇题的事例之外，我在这里再给大家分享一个以数据说服学生的案例。

很多学生经常会问到的一个问题：

> 标准化考试究竟是不是越来越难了呢？以托福考试为例，2018 年托福考试的趋势是什么？

学生总是希望老师们通过"趋势"两个字来归纳出一条学习的捷径。之所以大家产生这样的认识，那就是因为中国学生接触最多的一个考试——高考。因为高考就是有所谓的趋势可言，而且高考有大小年之分——高考作为非标准化考试的典型代表，存在某一年的难度高，然后某一年的难度低，某一年的难度适中的情况，如此往复……所以高考就会存在所谓的趋势可言。于是当我们在备考托福的时候，自然而然把高考的感觉带进来了。可是事实上真的如此吗？

托福考试究竟有趋势可言吗？让我们一起来看一些数据：由于2005年年底才出现新托福考试，因此，2006年算是新托福考试元年，该年考试整整一年90%的题目都是新题，只有10%是重复以前的题目。这也意味着这一年的考试，十之八九的题目都是以前从来没有出过的。2007年的考试与上年相比没有什么大的变化，只有14%的题目是重复的，也就是说有86%的题目是新题。而到了2008年的时候，发生了巨大的变化：本年共有50次托福考试，其中有49次都是重复以前考过的题目，只有一次出了新题！以至于后来我们称之为"疯狂的2008年"，而这样高的考题重复率一直维持着。2009年重复率是95%；2010年重复率是96%，2011年重复率是93%……如果我们把这些重复率拉到一起来做一个小图，就会发现，从2006年开始一直到现在，2008年是一个分水岭，过了2008年之后托福考试就已经维持在一个非常稳定的程度上面了，可以说过了2008年题库就基本形成了。

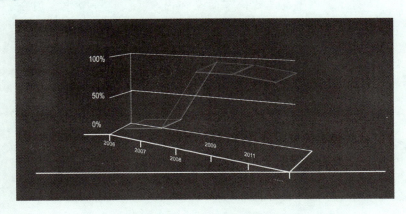

2006~2017年托福考试重复率变化

Day 12

更加具体的我们可以看一下下面这个图表，在 2018 年 6 月 2 日所进行的一场考试中，阅读、听力、口语和写作四个科目均存在和往年不同日期的考试试题重复的现象。因此，如果你要问我今后的考试会有什么趋势？我想告诉你的是，托福考试试题应该还会继续重复。

阅读	听力	口语	写作
171209CN	161211CN	171104CN	170107CN
170924CN	151121CN		131123CN/120915NA

2018 年 6 月 2 日托福考试重复表[①]

大家看，我为了说服学生相信考试的题目难度不变，且正在不断重复，我罗列了大量的图表与数字，这自然比干巴巴地只讲结论有效得多了。

对了，让我多说一句，各位文科出身的老师不必担心，数据的归纳与总结并不像想象中那么难。现在已经有各种各样的类似 WordSmith 的软件都可以做数据分析了，且极其简单易用。大家一起来试试看吧！

小结

好了，以上就是这一节的全部内容了。这一节中我们分享的是使用数据罗列与分析的方法，让自己的阐述更加有力。

---

① 此处 CN 是指在中国（China）进行考试的试题；NA 是指在北美（North America）进行考试的试题。

落地练习

亲爱的老师，你可以使用 WordSmith 或者 Excel 之类的软件，统计或分析一下你将要讲解的某个话题吗？

因为数字的力量是惊人的——如果你是不善于演讲的老师，就更应该记住这一点。使用"情感"去说服别人，往往当时当地会有奇效；但使用"数据"的说服，才能长久有效。不少原本学文科专业的老师可能对使用专业性的软件（譬如 WordSmith 及类似的软件）有天生的畏惧情绪，但是大家放心好了，现在的软件易用性都设计得很强，其实只需点击几下鼠标，就能搞定了。而且，我们所使用的只是这些专业软件之中最简单的功能而已——但这就已经足够唬住学生了！

来吧，开始吧！

Day 12

参考范例

说明：

如下内容衍生自我的托福阅读课堂。本质上我是一个所谓的"原教旨主义者"，我相信：

（1）托福考试为了保证公平性，难度相对恒定。

（2）TPO（TOEFL Practice Online）的难度也没有发生变化——前面的题目和后面的题目难度整体接近。

但是学生们往往会问我：

> "文勇老师，我听说托福的题目正在变得越来越难了，TPO 的题目也变得越来越难了，那岂不是等到我考试的时候，悲惨无比？"

在这个时候我往往会坚定地说：

> "不会的，因为托福考试为了保证公平，必须保证考试的难度稳定啊，怎么会变得更难呢？"

如果这样说还不够的话，我就会把不同时期具有代表性的 TPO 的阅读文章扔到统计软件中去，然后把生成的数据展示给学生们。比如下图中所示，他们就能直观地看出 2016 年 11 月份的一场考试中的一篇阅读文章和 TPO1 的一篇阅读文章的单词数目差不多，词频差不多，句子长度差不多，句子的复杂度也差不多。所以从数据上来看，2016 年的考试难度并不比 TPO1 的难度更大。如此一来，也就支持了我的观点。

Day 12

托福阅读词频统计表①
(图片源自统计检索软件 WordSmith)②

让我在这里多说一句：尽管网络上已经能够搜索到各种数据分析，但我仍然固执地认为拥有自己的计算和分析能力非常重要，原因如下：

（1）这些统计信息良莠不齐，不乏错误百出者。

（2）网络上很难有最新的信息——而最新的信息恰好是最好的证明材料。后面我们会专门讨论这个话题。

（3）<u>计算的结果</u>当然是一种值得被传递的信息，但<u>计算的过程</u>则更是有效的说服方式。

---

① 这两张图表的制作流程为：分别把 Groundwater 和 The Chaco Phenomenon 这两篇文章放到统计检索软件 WordSmith 当中，该软件按照单词出现的频率顺序从高到低把它们列出来生成图表。

② 图中出现的 WordSmith 是一款统计检索软件，可以按照字母顺序和频率顺序列出被检索文章中所出现的单词。AntConc 是免费的语料库检索工具，适用于语料库语言学、翻译学、外语教学等领域的研究。

Day 13

2 类比：说服中的思维跳跃与并线

> Prediction by analogy—creativity—is so pervasive we normally don't notice it.
>
> —Jeff Hawkins[1]

在本节中，我们将会讨论"如何利用类比，去更有效地阐述知识性内容，才能让原本枯燥的内容给学生留下更深刻的印象"。

 我们将在本节中尝试回答如下问题：
1) 什么是教学中的"类比"？
2) 如何评判教学中的一个类比是"好类比"？
3) 如何利用类比来更好地阐述在实际授课中要讲解的新内容？

本节内容，我们从一个非常具体的教学场景来开始说起：在授课过程中，老师们往往需要花费大量的时间去传递知识性的内容，譬如"考试基本介绍""阅读文章长度""听力考题个数""写作计分标准"等。然而，由于这些内容都属于"客观事实"，老师们很难进行所谓"精彩的阐述"，所以很容易使这部分内容的课程变得平淡且枯燥。从另外一个角度来说，这些知识，即便老师讲了（或是事实上只是念了）一遍，也极容易被学生们遗忘。因此，熟练的老师们容易不自觉地产生这样一种强烈的情绪：认为简单的基础信息的传递是在浪费时间，企图一句带过或干脆不讲，常常会认为，那些带有延伸阐述的知识点才是课堂的核心所在。麻烦的是，这些看似简单而无需阐述的知识性内容，未必真的不重要；学生一旦发现自己在进行了长时间的学习后，居然还对基础知识不甚了解，难免就会对课程的有效性产生怀疑。

那么我们如何更有效地去阐述简单的知识性内容，才能让这些原本枯燥且孤立的内容给学生留下深刻的印象呢？"类比"是一个值得考虑的论述方式。所

---

[1] 杰夫·霍金斯（1957—），美国企业家，于1992年在美国硅谷创办了 Palm Computing 公司。

Day 13

谓"类比",一般是指在说明一个概念/逻辑/框架/理念时,通过详细阐述另外一个更简单易懂的类似对象,来说服读者/听众将对第二个事物的理解转移到第一个事物的身上来。

让我们把情景设定在一个托福阅读的课堂上,老师需要介绍"托福阅读"是什么,常见的讲解可能是这样的:

> 好了,各位同学,我们一起来介绍一下"托福考试中的阅读部分"的一些基础信息。阅读考试一共会考查 3 篇文章,一篇文章有 700 个单词左右,而每篇文章后面有 14 个题目,共耗时 60 分钟。

以上的这部分介绍,与书本无异。老师相当于对着学生们念了一遍课本,当然这样讲,至少不犯错误,算是完成了基本的课堂任务。但是,这一过程显然很难给学生留下深刻的印象。事实上,在介绍托福阅读的文章长度时,老师的真实目的是希望学生能够认识到托福的阅读文章是比较难的,值得花时间下苦功夫(跟随眼前的老师一起)来学习。但以上的阐述很难让学生产生这种感觉。

如果老师尝试做一些类比,则会给学生不一样的感受:

> 各位同学,现在我们来介绍一下托福考试的阅读部分。在真实的考试中,一次会考查三篇文章,每篇文章有 700 个词左右,这可比以前我们所熟悉的中考和高考文章要长一些了。中考一篇文章不到 300 个单词,高考一篇文章大概 500 个单词。可以这样说,两篇中考文章凑在一起大概就是高考文章的长度,而三篇中考文章凑在一起,才基本上达到托福阅读文章的长度。

以上这段介绍，对比之前显得更为清晰，也能够给学生留下更为深刻的印象。究其原因，是后面的老师尝试对即将介绍的内容进行了"类比"。而类比的对象，又恰好是学生们所熟悉的内容。

当然，为了更好的课堂传递效果，我们有义务根据学生群体的不同，来选择不同的比对对象。如果学生是高中生，则可以比对他们都经历过的中考；而如果学生是大学生，则最好比对他们都更为熟悉的高考，或是四六级考试。这也就是我们在进行"类比论述"时，所应考虑的唯一原则——选择听众所了解的类比对象。

让我们从更为宽泛的角度来讨论，事实上，"类比"是一个重要的学习手段，让学习者能够从另外一个角度了解自身，反思自己。关于"类比"的概念，有一个关于英达和他父亲的特别有意思的小段子，来证明"类比"对于知识传递的重要作用，内容如下：

> 人物周刊：您怎么评价您父亲英若诚先生？
>
> 英达：可能我父亲是第二杰出的，他得到了很多前辈的助力，得益于家族。他兄弟姐妹9人，只有他进了圣路易，从教会学校长大，学会一口纯粹英文，他接受的文化教育都是非常西式的。他常给我讲一个道理，一个人想成功是非常非常困难的，有如您面前有一面墙让你这么徒手爬上去，墙上要没有几个附着点，像攀岩似的，根本不可能上去。但是像他这样的人，由于有了外语，有了西方文化的另一面墙，就可以在中西两面墙之间借力，噌噌噌这么着就爬上去了。

英达这段话中的类比，很形象地描述了外语学习的额外好处。显而易见，合适的类比，能够让读者更加生动形象地理解到说话人想要描述的内容，起到事半功倍的效果。同时，类比能够使一个全新的知识性内容，在跟人们较为熟悉的内容做对比之后，给他们留下深刻的印象。

比如，我们经常跟学生讲英文和中文的语言风格不一样，所以考试的时候写文章不要直接套用模板，因为可能被阅卷人看出来。而有的学生在听到老师这般说辞后，依然会有这样的心态：

Day 13

> 这个模板是我自己弄的，而且也找老师修改加工过，肯定没有人用过，他们怎么可能看得出来嘛。

针对这种想法，作为老师我们应该怎么去说服他们呢？我通常都是使用中英两种语言间的类比方式进行的：

> 比如你有个弟弟现在在上小学五年级，他的中文作文大概要写四五百字。你帮他写一段，让他抄写到他的作文之中，然后给爸妈看，你觉得你的爸妈能看出来哪部分是你写的，哪部分是你弟弟写的吗？如果你相信你能看出来中文作文哪部分是别人替写的，却为什么不相信英文作文其实也是可以看出来的呢？

案例先分析到这里了。做类比、比对的时候，我们考虑的原则只有一个，就是听众关心和了解什么。类比怎么做很大程度上取决于你的课堂面对的是怎样的学生，他是谁，他有怎样的特点，我们需要揣测他的特点里面哪条可以帮助我们说服他，这是真正的教学能力的体现，这是我们比书本厉害的地方。这也是老师这个职业难以被计算机替代的关键所在。

小结

以上就是我们这一节的全部内容了。在本节中，我们讲到利用类比的方式，去阐述一些知识性内容，帮助学生更加清晰地理解这些知识点。随后我们进行了扩充，将类比视作一种学习方式，帮助学生了解那些较难理解的观点与内容。

落地练习

亲爱的老师,你能不能想想看,该如何使用"类比"的方法,才能将你课堂中的内容,讲得更加吸引人呢?

需要一再提醒的是,当我们讨论一个话题或者说明一件事情的时候,如果担心学生接受起来有难度的话,最好的办法就是根据不同的教学对象来灵活构造不同的类比,尝试以对方熟悉的、赞同的、易于理解的事物为切入点去展开,这样才能达到预期的效果。

当然,类比/对比在很多情况下,更多是妙手偶得的灵感,我们要善于收集自己在讲课中不时出现的精彩类比。但是,尝试有意地使用类比的方法,即便并不能真正地构造出戏剧性的类比(甚至未必真的能在课堂上使出来),"思考类比"的过程本身,就已经是<u>一个试图把自己放在学生的角度去完成教育</u>的过程。这能让一个老师更容易完成一次深入浅出的课堂内容的构造。

参考范例

说明：下面的内容选自我对写作中"语言风格"的讲解。语言风格是写作教学中非常难以阐述清楚的概念之一（如果不是最难的话）——甚至会有大量的学生都未必相信英文写作中存在"语言风格"这一概念。我一般会根据学生的年龄不同，类比两个完全不同的概念。

例一：针对低龄的学生

各位同学，如果你不相信世界上存在语言风格这一说法，或是不相信语言风格是一种明确的、可以被感知的概念的话，大家可以这样做：回去之后，找到自己的读小学的弟弟，和他一起写一篇文章。假设你的弟弟现在读小学五年级，要写一篇中文作文，他写 400 字，而作为高中生的你，只需帮他写一个结尾段，约 100 字即可。然后为了防止字体不一致，可以让你的弟弟抄一遍，然后把这篇约 500 字的作文，拿给任意一个语文老师来阅读。你们猜测一下，这个语文老师能看出来哪个部分是你写的，而哪个部分是由你的弟弟写的吗？

答案是肯定的！

既然你们都能够轻易地相信中文有清晰的、可感知的语言风格，为什么却不相信英文也有强烈的语言风格呢？所以如果英文作文不是自己真实的语言水平的体现，而只是东抄抄西抄抄，肯定非常容易就被别人给看出来了啊！

例二：针对年龄稍大的学生

各位同学，我知道你们中有不少的同学都对"语言风格"的概念嗤之以鼻，觉得我所提出的"大家必须保持文章内语言风格一致"这一建议没有什么用；而且"语言风格"这样虚头巴脑的概念，似乎不可捉摸，还不如多背几个长难句，到考试那天一股脑地都写上，不就显得自

Day 13

己水平特别高嘛,而且阅卷人还不一定能够看得出来。

而实际上,同学们,你们需要尽可能快地把英文当作一门语言来对待,就像是我们对待中文一样。说起中文来,可能大家就好理解得多了。譬如,有一天,出土了一本诗集,这个诗集的作者可能要么是李白,要么是杜甫,大家觉得,我们能否分辨出来呢?答案是肯定的——即便我们并不是大文学评论家,但是毕竟也学了这么多年的中文了,大致还是能够感受到李白与杜甫的诗歌大不相同。这两位诗人的语言风格差异巨大啊!而且你们想想看,虽然李白和杜甫都是神一级别的诗人,但是若是将李白的两句诗,截到杜甫的两句诗之中,会是一首好诗么?同样地,如果你所写的文章中,充满了大量四处节选的优美句子,和我们刚刚所类比的情况像不像呢?

通过这种类比,学生就能轻而易举地相信语言风格的力量,从而避免投机取巧去套用大量模板这一行为。

Day 14

3 举例：如何选择最有效的课堂案例？

A good example is far better than a good precept.

—Dwight L. Moody[1]

在本节中，我们将会讨论"如何利用举例子的方式，增强我们的说服力，让学生相信我们想要表达的观点"。注意，我们所讨论的并不是讲课中用的例题，而是授课时分享的学习案例。具体怎么操作呢？且听我细细道来。

> 我们将在本节中尝试回答如下问题：
> 1) 什么是最有效的课堂案例？
> 2) 这样做有什么好处？
> 3) 如何把举例和实际授课结合起来增加我们说服的力量？

举例子是一种常见的说理方式，我们常常使用一个相对更小、更具体、更有切身体会的方式来说服听众相信或理解一个更普遍的观点或道理。但怎样举例子才会更有说服力呢？原则有两个：第一是一定要充满细节；第二是这个细节跟你想要说明的内容在方向上要尽可能保持一致。

让我先从一个非授课的情形开始说起。

比如说如果夏天你去我家，我真心想要"留你喝一杯"和其实我是想"让你赶快走"，我所说的话肯定是不一样的。如果我并不是真的想要说服你在我这儿坐一段时间的话，我就会说：

---

[1] 德怀特·莱曼·穆迪（1837—1899），是一名美国传道者和出版商。

第三节　阐述　　141

Day 14

> "今天天气这么热,要不要喝点什么?"

当然,如果你说出想要喝的饮料,我就会说没有,你自然而然也就离开了。但是,如果我是真心想留你喝点东西,我会跟你说:

> "要不要留下来喝一杯冰可乐?加冰块的哦,冒气泡的哦,杯子外壁都挂着冰凉的小水珠的哦!"

这时你会明显地感受到我是非常想要说服你留下来和我一起喝杯可乐的。这就是**细节**的力量。而且这些细节都经过了仔细的思考与挑选。

但是如果我们只是简单地增加若干细节的话,可能说服力不一定会增强。比如,我们这样表述:

> 要不要喝杯可乐啊?有蔗糖哦,有二氧化碳哦!

虽然这句话也包含了很多细节,但是丝毫没有增加说服力。二氧化碳有是有,但没有人会因此增加想喝可乐的欲望。回到课堂的场景之下,我们在增加细节之前,**要仔细考虑一下这个细节到底会不会帮助我们去说服学生**。由于我们中的一部分人(当然包括我自己),并没有能力随口就讲出一个生动而吸引人的案例来,因此,有意的打磨是必需的——而不应该简单地随意有感而发。比如说作为老师,我们最喜欢讲的一句话就是我曾经有一个学生怎样了,但是你们具体会怎么说呢?一般不外乎如此:

> 我曾经有个学生,他的成绩开始是在80分左右,然后跟着我,按照我教的方法去学习,后来就变成了90分,后来就变成100分……

这样的描述其实说服力是很一般的。如果可以增加一些诸如该学生是哪个学校、哪一届等的这些细节，那么你所举出的例子就会更有说服力了：

> 我的学生 XXX，是和你一个学校的学姐，比你高了大概三四届。她刚刚开始的时候成绩是 80 分，四个单项的分数分别是 18，23，17，22，和你的情况还是比较相像的。她当时和你一样，在听音、辨音的这个问题上，有很多问题，于是我就让她做晨读训练、朗读训练……

我想大家能够理解为什么听众会觉得后面的例子更讨人喜欢，更使人愿意听下去，更有说服力。细节无疑是必需的——"我曾经有一个学生"这样的说法，就远不如"曾经有一个中国农业大学人文与发展学院的 03 级男生"带入感强。听众不但需要细节来暗示内容的真实性，更需要通过细节来感同身受。"背单词背不下来"也就远比不上"背文勇的千词百炼托福单词，一共 41 个单元，没背到三分之一，前面的就已经忘光了"来得感同身受。他们眼前就放着单词书，就能看到三分之一是多厚，就能回忆起自己背了多少内容，摸黑了多少页单词，就更加愿意听从老师的成功案例了。

值得注意的是，类似上述这种案例中的诸多细节大多都源自平时的准备与收集，而不是临场的编造。这也是为什么我会建议几乎每一个老师都<u>准备属于自己的一个案例集</u>，就像是医生们常常需要写完整的病历本一样，这才是你教学经验的积累和体现。我知道，这样的案例集几乎每个机构都有，用来充充门面，但是我所建议老师做的案例集，是为了自己而制作的，这才是你教学经验的积累和体现：

> 你一共教了多少个学生了？有多少个高分？多少个低分？多少次绝处逢生？多少次锦上添花？

如果现在你的记忆已经模糊不清，觉得只能说个大概，甚至自己学生的案例也要张冠李戴了，那自然会让你的说服力大打折扣。对了，不要担心让你所在的机构占了便宜，那是属于无心插柳意外之喜了。将这些信息运用在后面课

Day 14

程的举例中，不但会有利于之后把这些信息和你所主导的结论建立一一对应的关系，而且在你说服别人的时候会更加有自信。当你的的确确教了几年课，带了三、四百个学生之后，就真的可以做到瞬间挑出跟眼前正在教的这个学生类似的、充满说服力的例子了。这种故意打磨看似不经意间提及的小案例的过程，令我想起了脱口秀的表演。近些年国内的综艺节目出现了譬如《脱口秀大会》《吐槽大会》等一系列以脱口秀为主题的内容，里面的专业表演嘉宾往往很多时候看起来都是随随便便、嬉皮笑脸，但是幕后采访中他们却表示，这些嬉笑怒骂的片段其实都经过了很多次的彩排和调整才能呈现出最优的效果。不是天才却努力的人，一样能够奉献精彩的表演。

然而，虽然我们强调了这么多细节的重要性，但是课堂的时间毕竟是有限的：如果同学们已经被深深地说服，那就可以根据课堂情况动态地减少阐述过程中的细节了。我们需要时刻注意的是：课堂是一个说服与传授的过程，为了更加高效地利用时间（而不是为了满足自己表达的欲望），我们要的是"说服"这个结果，而不是享受说服学生的过程。我便常常在这个事情上控制不住自己，所以总是要告诫自己。与大家共勉。

小结

以上就是这一节的全部内容了，在这一节中我们讲到如何灵活地列举加了大量细节的例子，增加我们的说服力，让学生更加相信我们讲解的内容。我想很多同仁都会在看完本节后，把自己所教的学生名单统计一下做一个数据库，以便在上课时可以随时拿出举例。

亲爱的老师,你最喜欢在课堂上讲的例子是什么?这个例子是否充满了足够的细节?这个例子充满了一致性的内容吗?是否还有可能改进的地方?你能说说看吗?

Day 14

参考范例

这次的参考范例,我给大家分享一个我在真实课堂上常讲的案例。但是咱们提前说好了:分享这个案例的目标,是让大家有一个契机来分析"文勇在呈现这个案例时,是否给出了足够多'一致'的'细节'";如果对你有启示,那这个启示是什么?或者如果要改进,应该如何操作?"

大家不准笑话我在上课的时候给学生讲鸡汤。:)

"说服性"举例:

背景:GRE阅读课堂倒数第二节课最后五分钟,学生为大学生,北京地区居多。

> 快下课了,给大家布置今天的作业和拷贝今天的资料之前,给大家说个事儿。
>
> 2007年的时候,我在一个北京香山校区的GRE阅读课上,遇到了一个大学生,一个211大学的理工男。本来一个班五六百人,他长得也就是理工男的样子,非常普通,根本也注意不到他。大家能理解那种极度普通的脸吧?不能理解的话就看一下我。(笑声)
>
> 他突然有一天下课来找我说:
>
> "文勇,我觉得你讲的方法都对,可是总觉得是在投机取巧,难道没有什么办法能够将阅读的能力真正提高上去吗?无论是语言能力还是逻辑能力,全面的提高,远远超过GRE考试的要求,不好吗?这样我们就能像国外的那些优秀大学生一样,不用准备,直接考GRE也能取得高分了。"
>
> 我尴尬地笑笑说:
>
> "哪里有这么容易啊。我们讲的东西,其实不能算是投机取巧,只是考试考查什么能力,我们就额外增强某种能力;考试不考查的,我们就不准备而已。主要也是因为时间不够用啊。对了,美国的大学生们,除了特别优秀的少部分之外,大部分对于GRE考试也一样是需要准备的。只是咱们的语言水平不过关,所以会更费力气一些而已。"
>
> 他接着说:

第三节　阐述　　147

Day 14

"难道不能以大量阅读来综合提高语言水平吗？记得我们的中文水平就是这样提高起来的啊！小学一二年级都还只能看大部分是图画的书，但是到了三四年级，开始大量阅读之后，突然有一天就可以开始接受全部都是文字的书了。感觉我的英文一直都没有突破这样的阶段，能够开始大量地以英文接受信息。"

我说：

"对的啊，你说的是对的啊。所以我们才总在说阅读速度就是阅读量的体现。如果溯本求源，大量学术阅读的确才是真正提高阅读的好方式啊！"

他说：

"那文勇，你就应该给我们布置大量阅读的作业才对啊。"

我回答：

"对是对，但是这样的作业，操作性很差，大部分同学都只会嘴上说说，其实根本不会照做，这样这个作业就没有什么意义了。"

"给我布置吧，我做。"

"哦，好吧，我给你一个文档吧，这个文档里面包括了历史上出现过的所有GRE/GMAT/LSAT的阅读文章，一共有900多页，我给这个文档取外号，叫作一千零一页，页码的页。你回去仔细地读吧。通读且读懂个三遍，GRE阅读就可以搞定了。"

然后我就给他拷贝了这个文档。之后，我就忘记这个事儿了。然后两个月之后，我突然收到他一个邮件，里面写道："GRE搞定了，文勇你真牛掰！"

我就赶紧约他吃饭，问他是怎么做到的，因为这个操作方案的工作量远远超过了正常的可操作范畴。他说：

"也没什么技巧，我也不记得每天读了多少小时，反正就是一早到了实验室，就开始一点一点地看，遇到生词就查，遇到不懂的句子就想，饿了就用烧杯煮个水、泡个面，困了就睡一会儿。然后两个月过去了，就搞定了。"

各位同学，今天你们的这位学长早已经飞到美国读书去了，但是我把他的这个事儿放在这里，不知道你们会想到些什么？

Day 14

我知道很多同学的第一反应就是:"啊,这个文档真好啊,我也想要这个文档。"没错,这个文档我今天也会给你们的。但是我清楚地知道,500个同学里面,会有499个人拷贝这个文档,却可能只有不超过5个同学真的会开始去这样做。事实上老师的任何学习建议,都是如此,大家都是这个德行,表面上赞同,实际上不学习。

可是我一点儿都不吃惊,因为我知道成功的人"100个人里面其实也就一个"。其他99个都是陪跑的演员,每天在表演学习而不是真的学习。

这一个能成的人是谁,我不知道。是你吗?我不知道,不过我希望你自己知道。

下课!

Day 15

4 共同价值观：说服中的秘密武器

No man knows the value of innocence and integrity but he who has lost them.

—William Godwin[①]

在本节中，我们将会讨论"如何利用共同价值观来增加课堂说服力"，并因此使学生能够自觉规避投机取巧的心态去踏实学习。共同的价值观可能算是说服学生过程中的牛刀了。到了关键的时刻还是得用啊。

 我们将在本节中尝试回答如下问题：
1) 什么是共同价值观？
2) 为什么要向学生传输共同价值观？
3) 共同价值观对学生的行为有何影响？

所谓"共同价值观"，是指那些不离经叛道的、符合主流社会思想的概念，这些概念往往具有一种不容辩驳的正确性。不传递离经叛道的价值观，相对更容易说服学生——这相当于借助了社会规范的力量。我在这里额外提及这一点，是因为在早些年的出国考试培训业界，过度标新立异的观点曾经流行过，甚至有一些老师由于自己的特立独行而成了名人，这事实上引发了一阵模仿的潮流。但是请大家注意：他们成了"名人"而不是"名师"。在上课的时候传播标新立异的观点是本末倒置的体现。这种本末倒置体现在眼前的课堂目标是传递知识而不是传递标新立异的价值观。

在哪种情况下最需要共同的价值观来帮忙呢？让我给大家举一个令人难堪的例子。曾经有一段时间，由于ETS的考试流程设计与验证机制的漏洞，买答案或替考的现象十分严重，譬如GRE考试，只是手工检查学生证与身

[①] 威廉•葛德文（1756—1836），英国政治学家和著名作家。

份证，于是很多人就会采取伪造身份证及学生证的办法来找人替考。甚至还有学生想问问我关于这方面操作的可能性。这时我就会尝试说服学生，要相信追诉的力量，不要通过任何方式作弊。让学生相信：现在做了见不得光的事，人的一生也就毁了。除非你确信自己的一辈子在任何领域都不会取得任何成功。你一旦成功，怎么能保证你的枪手不每天来找你借一万块钱呢？

让我多一句嘴：其实有很多老师都不愿意在课堂上讲大道理。但无论我们是否承认，作为老师，我们都会在课堂上的言传身教中，自觉或者不自觉地传递着我们的价值观——不避讳这一点是利用它更好地为课堂服务的前提。

如果学生们反感怎么办？事实上，学生们很可能正强烈却不自知地受到价值观的影响。社会文化与价值是一个人很难脱离的，我们所有的行为都会自觉或者不自觉地受到社会价值的影响，就像是一条鱼很难跳出它所在的河流一样。

> A social fact is every way of acting, fixed or not, capable of exercising on the individual an external constraint; or again, every way of acting which is

第三节 阐述

Day 15

> general throughout a given society, while at the same time existing in its own right independent of its individual manifestations.
>
> ——Émile Durkheim, *The Rules of Sociological Method*

小结

好了，以上就是我们本节的全部内容了。在这一节中，我们讲到共同价值观的作用，是为了更好地增加课堂说服力，让学生能够紧跟老师的指挥，脚踏实地好好学习，不要投机取巧。老师们要活学活用，把这一理念渗透到日常教学中去。

落地练习

亲爱的老师们,你们会尝试说服学生相信什么样的"共同价值观"呢?譬如中国古代先哲的某些话?更进一步地,你们曾利用这些内容说服学生相信了什么吗?

当然,如果你们从来没有考虑过这个问题,那么你们可以这样着手这个作业:思考一下,有没有什么观点是你们特别想要说服学生,却一直都不太成功的?对于这种问题,有没有机会从古代先哲的口中获得支持呢?

Day 15

> **参考范例**

当我试图说服学生相信要"好好学习,天天向上,在学习上遇到困难不要放弃"时,由于这样的大白话实在是太过于老生常谈,以至于只要说出这句话来,便有了逗乐的嫌疑。可如果要换成"力不足者,中道而废。今汝画。",感受上就大不相同了。这句话出自《论语》,而《论语》又是中国人骨子里的价值观的源泉:

> 冉求曰:"非不说子之道,力不足也。"子曰:"力不足者,中道而废。今汝画。"
>
> 一个叫作冉求的学生说:"我不是不喜欢您的道理,只是能力不足啊。"孔子说:"(那些真的是)能力不足的人,(至少)会走到中途才去放弃,今天的你啊却还没开始就要结束。"

分享到这里,我突然想起来,迎难而上,至少动起来,把能干的活儿干起来,是孔夫子老人家说服学生的话,也是我们想要让学生们信服的话。不过有时候想想看,连孔老夫子都会遇到这样的学生,我们又有什么好抱怨的呢?

第四节　扩充

在本节中我们将讨论课堂中的"扩充"这一话题。在备课及讲课过程中，"扩充"是非常重要的一环，它能够帮助学生把有共通点的知识点连在一起，构造前后有联系的知识网，提升学习效率。扩充主要有以下三种方式：（1）题型之间的扩充；（2）科目之间的扩充；（3）学科之间的扩充。

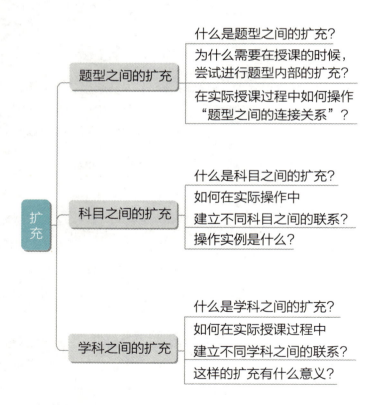

Day 16

1 题型之间的扩充

> I believe art is a connection, like passing on a flame.
>
> ——Wangechi Mutu[①]

在本节中，我们将会讨论"如何通过题型之间的扩充，把在同一个学科内部有共同之处的知识点连接起来，使学生在学习时能够做到触类旁通"。并且能够利用这种连接最大程度记忆与理解知识。

 我们将在本节中尝试回答如下问题：
1) 什么是题型之间的扩充？
2) 为什么需要在授课的时候，尝试进行题型内部的扩充？
3) 在实际授课过程中如何操作"题型之间的连接关系"？

当我们在授课的时候，应该尝试进行内容的扩充。一个方面就是题型之间的扩充。所谓"题型之间的扩充"，是指在上课的过程中，将多个不同题型之间共同的知识点归纳并总结在一起呈现出来。因为学生们在真实的做题过程中，并不会先分辨题型，再做题目，而会是看到题目就直接作答。所以，对他们来说，更重要的显然是能够发现不同题型背后所隐藏的共同知识点。

作为老师，我总是希望学生们在学习时能够做到触类旁通，所以在平时讲题的时候，碰到与前面课程内容有联系的题目我们就应该点一下，这样学生才能够主动地将知识联系起来。

---

① 瓦格希·姆图（1972—），出生于肯尼亚。国际当代艺术家，主要以绘画、雕塑、电影和表演作品而闻名。

Day 16

更加具体地来说，老师在授课的过程中，按照题型来划分知识点，是十分常见的处理方法。但是大家不应该简单地把题目的出题方法当成唯一值得讲的内容，还是要再延伸。还应该思考这个题目到底考了一个什么样的知识点。回顾我们的课堂，在讲解题型的时候，老师会着力讲关于形式上的内容，即这个题目的提问方式是什么、标志词是什么。可是如果抛去形式，有若干的语言类知识本质上是脱离形式存在的（比如在举例过程中，例子证明的对象比例子本身更重要）。在老师们鸟瞰式的归纳与总结的过程中，将这类知识放置在核心的结点位置是十分必要的。下面我以托福阅读题中的细节题和否定事实信息题这两个题型解题的思路关系为例[1]：

例题 1：

> PASSAGE EXCERPT: ...Sculptures must, for example, be stable, which requires an understanding of the properties of mass, weight distribution, and stress. Paintings must have rigid stretchers so that the canvas will be taut, and the paint must not deteriorate, crack or discolor. These are problems that must be overcome by the artist because they tend to intrude upon his or her conception of the work. For example, in the early Italian Renaissance, bronze statues of horses with a raised foreleg usually had a cannonball under that hoof. This was done

---

[1] 以下例题部分及讲解的内容节选自《文勇的新托福阅读手稿》一书中的第 14 页。

because the cannonball was needed to support the weight of the leg. In other words, the demands of the laws of physics, not the sculptor's aesthetic intentions, placed the ball there. That this device was a necessary structural compromise is clear from the fact that the cannonball quickly disappeared when sculptors learned how to strengthen the internal structure of a statue with iron braces (iron being much stronger than bronze) …

OG Example: Applied Arts and Fine Arts

According to this paragraph, sculptors in the Italian Renaissance stopped using cannonballs in bronze statues of horses because

A. they began using a material that made the statues weigh less.
B. they found a way to strengthen the statues internally.
C. the aesthetic tastes of the public had changed over time.
D. the cannonballs added too much weight to the statues.

上面这个题目选 B 选项，即使做对了，我们也还是应该想一下，这个题目做对的方法是否是合理的。我们来回忆一下，刚刚做题的时候有没有同学是用排除法做的？肯定有。排除法其实是"由于认定其他选项错误而选择某一正确选项"的做题策略，因此从本质上讲，排除法是一个"核对选项正误"的思路，但是很不幸：细节题应该是关注"选项是否符合题干"的一种题型。换句话说，其实细节题不适合用排除法来解答。

我们先将例题 1 放在一边，一会儿再回头来进行讲解，现在大家看一下例题 2。这也是一个细节题，看看同学们是否可以反应过来同一个知识点在相同题型内部的迁移使用。

例题 2：

PASSAGE EXCERPT: Perhaps so much time has passed that there will never be satisfactory answers to the cave images, but their mystique only adds to their importance. Certainly a great art exists, and by its existence reveals that ancient human beings were not without intelligence, skill, and sensitivity.

Online Test: Lascaux Cave Paintings

Day 16

According to this paragraph, why might the puzzling questions about the paintings never be answered?

A. Keeping the paintings a mystery will increase their importance.

B. The artists hid their tools with great intelligence and skill.

C. Too many years have gone by since the images were painted.

D. Answering the question is not very important to scholars.

这个题目答案选的是 C 选项。但我相信一定会有同学期待选 A 选项。看一下 A 选项说什么内容。A. Keeping the paintings a mystery will increase their importance.（保持壁画的神秘性将会增加它们的重要性。）看一下这个段落的第 2 行 "but their mystique only adds to their importance"（但它们的神秘性只会增加它们的重要性）。所以 A 选项性质上是不是没什么问题啊？那为什么不选 A？因为它没有回答题干中提出的问题，请记住"符合题干"这一基本原则。这个知识点我们一直在强调。

同学们，看一下题目问的是什么。这个题目问的是 " Why might the puzzling questions about the paintings never be answered?"（为什么关于洞穴画的这个历史性疑团从来都没有被人们解开过？）然后看文章。文章里面是这么说的 "Perhaps so much time has passed that there will never be satisfactory answers to the cave images…"（已经过去了这么长的时间，以至于不会有任何令人满意的答案）。"so that"这个短语表示因果关系。也就是说，之所以没有令人满意的答案，是因为"那么长时间已经过去了"，而不是因为"它的神秘性"（尽管它们的神秘性的确会增加它们的重要性）。

事实上，"符合题干"这一基本原则并非只适用于"细节题"，EXCEPT 题（即"否定事实信息题"）也是如此，比如下面这道题。让我们来看看大家是否可以做到同一个知识点在不同题型之间的迁移。做到这一点才是对知识点真正理解与应用的第一步。

例题 3：

PASSAGE EXCERPT: The opposite of an opportunist is a competitor. These organisms tend to have big bodies, are long-lived, and spend relatively little effort each year on reproduction. An oak tree is a good example of a competitor. A massive oak claims its ground for 200 years or more, outcompeting all other would-be canopy trees by *casting a dense shade and drawing up any free water in the soil. The leaves of an oak tree taste foul because they are rich in tannins*, a chemical that renders them distasteful or indigestible to many organisms. The tannins are part of the defense mechanism that is essential to longevity. Although *oaks produce thousands of acorns*, the investment in a crop of acorns is small compared with the energy spent on building leaves, trunk, and roots. Once an oak tree becomes established, it is likely to *survive minor cycles of drought and even fire*. A population of oaks is likely to be relatively stable through time, and its survival is likely to depend more on its ability to withstand the pressures of competition or predation than on its ability to take advantage of chance events. It should be noted, however, that the pure opportunist or pure competitor is rare in nature, as most species fall between the extremes of a continuum, exhibiting a blend of some opportunistic and some competitive characteristics.

Online Test: Opportunists and Competitors

All of the following are mentioned in this paragraph as contributing to the longevity of an oak tree EXCEPT:

A. the capacity to create shade.
B. leaves containing tannin.
C. the ability to withstand mild droughts and fire.
D. the large number of acorns the tree produces.

Day 16

我们分别来看一下这 4 个选项：

A. The capacity to create shade（创造树荫的能力）文章里面有没有出现这个内容呢？有。第 4 句中有"casting a dense shade"。

B. Leaves containing tannin（叶子含有单宁酸）文章里面也有。第 5 句中有"they are rich in tannins"。

C. The ability to withstand mild droughts and fire（抵抗轻微的干旱与火灾的能力）文章里面还是有。第 7 句中有"survive minor cycles of droughts and even fire"。

D. The large number of acorns the tree produces（树产生的大量橡子）文章里面正中间的那一行中有"oaks produce thousands of acorns"。

同学们，不知道大家发现没有，其实这个题目的 4 个选项在文章中都有体现。我们以前对 *EXCEPT* 题的想法是：文章内容出现过就不选，没出现过就选。现在 4 个都出现过，怎么办？这意味着什么？

"符合题干"这一基本原则才是关键所在。这个知识点我们在讲细节题时提过。

其实这个题目应该这样来解题：没错，选项中的每一项的确都是橡树的特点，但是，有一项不符合题干。我们应该看看这个题目到底问的是什么。这个题目问的不是"橡树具备下面哪些特点"，而是"下面的哪个特点对它的长寿（longevity）没有帮助"。下面每一个特点橡树都有，但答案选的是 D。为什么？因为尽管橡树会产生大量的橡子，但是产生橡子这个过程对它长寿没有帮助。看一下文章里面正中间那一行"Although oaks produce thousands of acorns"，没错，橡树是会产生大量的橡子，但它之所以长寿，是因为它把更多的精力放在了生长树叶、树干和树根上，即"the investment in a crop of acorns is small compared with the energy spent on building leaves, trunk, and roots"。

小结

以上就是这一节的全部内容了。在本节中，我们分享了如何通过题型之间的扩充，以鸟瞰的高度，把相关知识点连接起来，使学生在学习时，也会运用这种思维，做到触类旁通。

落地练习

　　亲爱的老师们,你们能不能尝试设计一个你们所教授的科目内部的不同题型之间可能存在的连接呢?

　　当然了,如果你们是教授阅读或者听力科目的,那就再便捷不过了。阅读和听力两科在诸多考试之中有众多题型,因此做题型连接可供挑选的对象也非常之多。如果你们愿意给自己的这份落地作业增加一点难度,建议大家故意选择看上去没什么联系的两种题型来做连接。但如果你们是教授口语或写作科目的,可选的题型则少得多。在雅思及托福考试之中,写作一共也才两种题型(在雅思中,我们称为小作文与大作文;在托福中我们称为独立写作与综合写作);口语也是多不了几种。但我依旧想让大家尝试在仅有的几种题型中进行连接。大家需要记住这句话:即便最终我们不能塑造出有效的连接,我们也能够通过这种尝试来思考知识间的连接,并在课堂上实现一石二鸟利用时间的可能性。

　　对了,大家可以查阅《文勇的新托福阅读手稿》《文勇的新托福口语手稿》《文勇的新托福听力手稿》《文勇的新托福写作手稿》四本书,其中有大量的范例。

Day 16

> 参考范例

说明：如下内容是我在托福阅读课堂中的一个关于多个题型共用知识点组合的讲解。这个知识点的名称是"句中逻辑"与"句间逻辑"的若干应用。我是这样一步步给学生们进行展示的。如果是你，你会如何来操作这个部分的内容呢？

（1）引导学生弄清楚"句中逻辑"与"句间逻辑"的区别

首先，我们要让学生明白"句中逻辑"与"句间逻辑"的不同，以及这两种逻辑关系分别在解哪种题时最为适用，这样在解题的时候，他们才能够准确采用相应的逻辑关系，快速作答。

> 同学们都知道，句子简化题是利用*句中逻辑*解题的，而句子插入题是利用*句间逻辑*解题的，也就是说二者各有侧重，而合在一起便构成了*完整的逻辑方法论*。如果原句中包含两个或者多个逻辑关系时，应该尝试根据题型的类别确定究竟哪个逻辑概念更加重要。

（2）采用典型例题，让学生切身体会二者要如何应用

在经过上面理论知识的讲解之后，学生们会对"句中逻辑"与"句间逻辑"在具体例题中的应用比较好奇，并摩拳擦掌、跃跃欲试了。因此，我们可以采用比较典型的例题辅助说明，让学生对这两个逻辑关系的理解更为清晰。

现在，大家一起来看下面这个句子插入题。

例题1：

> PASSAGE EXCERPT: Theorists adopting the psychodynamic approach hold that inner conflicts are crucial for understanding human behavior, including aggression. Sigmund Freud, for example, believed that aggressive impulses are inevitable reactions to the frustrations of daily life. Children normally desire to

Day 16

vent aggressive impulses on other people, including their parents, because even the most attentive parents cannot gratify all of their demands immediately. ■ Yet children, also fearing their parents' punishment and the loss of parental love, come to repress most aggressive impulses. ■ The Freudian perspective, in a sense, sees us as "steam engines". ■ By holding in rather than venting "steam", we set the stage for future explosions. ■ Pent-up aggressive impulses demand outlets. They may be expressed toward parents in indirect ways such as destroying furniture, or they may be expressed toward strangers later in life.

—OG Practice Set 4: Aggression

Look at the four squares ■ that indicate where the following sentence can be added to the passage.

According to Freud, however, impulses that have been repressed continue to exist and demand expression.

Where would the sentence best fit?

…

大家看到黑体字部分的这个"however"是前后都有逗号的"however",但还是应该把它放在句首翻译,以体现本句和上一句之间的关系,即句间逻辑。这个逻辑关系在句子插入题里面要不要用?要用。我们在做这道题的时候,毫无疑问应该先集中精力读懂将要插入的这句话,然后再积极思考一个问题:文章中哪个句子能够与将要插入的这句话形成"however"所连接的转折关系。

我们再来看一下这个题目,相信大家对"however"的态度将会大有不同。

例题 2:

PASSAGE EXCERPT: An even more exciting find was reported in 1994, also from Pakistan. The now extinct whale Ambulocetus natans ("the walking whale that swam") lived in the Tethys Sea 49 million years ago. It lived around 3 million years after Pakicetus but 9 million before Basilosaurus. The fossil luckily includes a good portion of the hind legs. The legs were strong and ended in long feet very much like those of a modern pinniped. The legs were certainly functional both on land and at sea. The whale retained a tail and lacked a fluke, the major means of locomotion in modern cetaceans. *The structure of the backbone shows, however, that Ambulocetus swam like modern whales by moving the rear portion of its body up and down, even though a fluke was missing.* The large hind legs were used for propulsion in water. On land, where it probably bred and gave birth, Ambulocetus may have moved around very much like a modern sea lion. It was undoubtedly a whale that linked life on land with life at sea.

—OG Practice Set 1: The Origins of Cetaceans

Which of the sentences below best expresses the essential information in the highlighted sentence in the passage? Incorrect choices change the meaning in important ways or leave out essential information.

A. Even though Ambulocetus swam by moving its body up and down, it did not have a backbone.

B. The backbone of Ambulocetus, which allowed it to swim, provides evidence of its missing fluke.

C. Although Ambulocetus had no fluke, its backbone structure shows that it swam like modern whales.

D. By moving the rear parts of their bodies up and down, modern whales swim in a different way from the way Ambulocetus swam.

在看到"however"这个词之后，我们就会眼前一亮，"哦，原来这里是转折"。但是大家仔细看一下这个"however"是不是与上面的那个句子插入题类似呢？它前后也都有逗号，这意味着它是个插入部分，所以这个"however"也可以放到句首，以体现相邻两个句子之间的转折关

Day 16

系（其实这一点与上面的那个句子插入题也是一致的）。这层关系不是句子内部各元素之间的逻辑关系，所以作为一个句子简化题，这个"however"其实根本就不应该被选定为解答这个句子简化题的依据（逻辑关系词），我们甚至应该直接忽略它。

这是一个非常经典的例子，它非常明显地告诉我们，在句子简化题中那些体现了句子之间逻辑关系的词不应该选择。那么这句话应该选什么逻辑呢？后面有个"even though"（尽管），这时候我会跟自己说：在下面的选项中去找一个表示"尽管"的概念。

A. Even though Ambulocetus swam by moving its body up and down, it did not have a backbone.

A选项中有没有表示"尽管"这一含义的词呢？非常明显有"even though"，对不对？

B. The backbone of Ambulocetus, which allowed it to swim, provides evidence of its missing fluke.

B选项中有没有表示"尽管"概念的词？没有。

C. Although Ambulocetus had no fluke, its backbone structure shows that it swam like modern whales.

C选项中也有表示"尽管"概念的"Although"。

D. By moving the rear parts of their bodies up and down, modern whales swim in a different way from the way Ambulocetus swam.

D选项有没有表示"尽管"的词？也没有。

所以大家做这个题目首先要做的就是寻找"even though"这个逻辑。第二是利用逻辑排除B选项和D选项，把A选项和C选项留下来。接下来我们再利用承接对象来选定答案。

我们看到"even though"在原文中的位置是不是在中等偏后的部分？于是我们想是不是去核对一下"even though"后面的部分？因为后面的部分更短，"even though a fluke was missing"（即使缺少鲸尾叶突），"a fluke"是什么东西？不知道，这个单词我不认识。但是我知道是一个叫做F的东西不见了。然后我们再来看一下剩余的两个选项：

A. Even though Ambulocetus swam by moving its body up and down, it did not have a backbone.
C. Although Ambulocetus had no fluke, its backbone structure shows that it swam like modern whales.

这个题目选 C。选 A 选项的同学说明你第 2 个步骤（利用逻辑排除选项）做对了，但是第 3 个步骤（利用逻辑承接对象来最终选定答案）没有做好。为什么这个步骤没有做好，可能是因为你选择了另外一个部分去核对。如果选择"even though"前面的部分去核对能不能做题？可以。但是读的句子就更长了。其实我们想说，需要核对的部分应该越短越好。原文中"even though"后面的部分那么短，是不是倾向于去核对"even though"后面的部分？这是我们心里所想的用来节约时间的好方法。原文中"even though"后面的部分是"a fluke was missing"（缺少鲸尾叶突），然后去核对 A 选项后面的部分，结果发现没有与"fluke"相关的内容。而 C 选项出现了"Ambulocetus had no fluke"（Ambulocetus 没有鲸尾叶突），恰好与原文意思对应。

（3）点明出题机构想要考查什么

其实讲到这儿，我们已经完整地阐述了应该如何使用逻辑方法论来解句子简化题和句子插入题了。但是，我需要重申一下出题机构出这两种题型要考查学生的点在哪里，以引起学生的重视。

同学们，根据以上两个例题的讲解，我们可以看出，其实 ETS 的目的非常明确，它出题的意图就是要考两层逻辑、两层是概念，分别是句子内部的逻辑（即句中逻辑）和句子之间的逻辑（即句间逻辑）。而考句子之间关系的则是句子插入题，考句子内部关系的是句子简化题。于是，当我们做句子简化题的时候，所有的句间关系就都不要了。而当我们做句子插入题的时候，所有的句中关系也都不要了。然而，我们除了搞清楚这两种题型考查的不同逻辑关系之外，还要明白这二者之间存在的联系。只有清楚理解了这两种题型的区别与联系，我们做起题来才能够得心应手，又准又快！

Day 17

2 科目之间的扩充

Creativity is the power to connect the seemingly unconnected.

—William Plomer[1]

在本节中,我们将会讨论"如何通过讲解科目之间的扩充,让学生在学习时建立不同科目之间的联系"。

> 我们将在本节中尝试回答如下问题:
> 1) 什么是科目之间的扩充?
> 2) 如何在实际操作中建立不同科目之间的联系?
> 3) 操作实例是什么?

作为老师,在上课过程中,我们还要思考科目和科目之间的扩充。所谓"科目之间的扩充",往往是指在听、说、读、写、译等学科的授课过程中,把学科间的知识点连接起来。比如阅读中所读到的内容显然可以在写作时使用,又比如听力中所听到的内容用在口语中就会大抵有益。语言毕竟是一个整体,学生们只有建立了这样整体性的概念,才能真正高效地学习它并融会贯通。而我们作为老师,即便是只负责学生某一个科目的学习,也有责任和义务为学生建立科目间的联系。对了,这种建立科目间联系的工作,倒不是"为他人做嫁衣",更不是"多管闲事":因为学生们会很快感受到知识间的反哺,对你的本职科目也会越学越好。为了能够把这个事儿说得更明白一些,让我来举一个大例子,尝试逐一描述"听说读写"中任意两个科目之间存在的内在联系。

---

[1] 威廉·普洛默(1903—1973),南非和英国作家。

Day 17

(1) 阅读与写作

阅读	写作	实例
单词识别	用词多样	make or conk/cast
句型理解	句法使用	虚拟语气/平行结构
结构清晰	良好发展	开头结尾
分辨关系/理解关系	行文流畅/论述多样	定义阐述

托福阅读与写作之间的关系图

我个人的职业生涯，是开始于阅读课的教授，后来才开始讲写作这个科目。这样的职业经历，使得我自然而然地发现，写作课程与阅读课程间存在着千丝万缕的联系。

显然，这两个科目都属于以"文章"作为主要讨论对象的科目。好文章的结构框架——无论是阅读的文章，还是自己要写的文章——从来都是一致的。我们很难想象出题机构会不赞同自己的阅读文章同时也是优秀的写作作品。所以每当我在阅读课堂给学生讲解阅读文章的架构时，我都会提醒他们，这些对于文章结构的细致分析，一方面会有利于大家对文章的阅读，另一方面也能够帮助大家学会构造出一篇良好的文章。我时常会跟他们说到这样的一番话：

> "如果我们阅读时能够像是在看自己写的文章，或者写出来的文章如阅读文章一般流畅，那么复习效果自然是事半功倍。阅读和写作在复习的过程之中，看似方式不同，实际上却遵循一致的道理。"好的"文章的标准与特质——无论是阅读还是写作——都从来没有变化过。"

我们甚至可以这样理解：老师在阅读里面所描述的每一个知识点，只要换一个角度来讲，都可以作为我们写作的一个知识来讲解。

第一层：阅读中的"单词识别"与写作中的"用词多样"

举个例子，托福阅读里有一个题型叫词汇题，考查的是学生是否认识这个单词。于是，作为阅读老师，我们就会讲解某个特定的单词什么意思，这个单词应该如何记忆，或者更进一步讲解单词所处的上下文语境及其所处句子在前后文中的意思等。这是最典型的阅读中词汇题的讲解方式。但是，如果这时，

第四节 扩充 ■ 171

Day 17

我们能够帮学生点破一个阅读与写作之间的关联,对于学生来说,将会豁然开朗:写作里其实有一个完全一样的考查要素,就是写作用词的多样性。老师们在讲写作时,会一直强调准确用词的重要性,事实上我们也会不时地抱怨,由于学生在英语的习得过程中,没有进行大量的"填词训练",所以要他们在写作时准确用词非常难。

所谓的填词训练,就是指在我们在中文学习的过程中,为了分辨多个近义词之间的意思差异而进行的填空训练。这样的训练能够最大程度上增进学生对于特定单词间细微差异的理解。譬如:

1. 我和妈妈一起漫步在(　　)的林荫小道。
2. 一丝风也没有,湖面(　　)得像一面镜子。
3. 傍晚,游人散尽,这儿又恢复了(　　)。
4. 六(1)班的同学正在做作业,教室里(　　)极了。
5. 冬天的夜晚,山村里(　　)得很。

A【平静】　　　　B【安静】　　　　C【寂静】
D【宁静】　　　　E【幽静】

若我们仔细一想,阅读的词汇题,其实就是写作里面的填词训练。常见的词汇题,不也是这样子的吗?

Each one was virtually a stone town, which is why the Spanish would later call them pueblos, the Spanish word for towns. These pueblos represent one of the Anasazis' *supreme* achievements. At least a dozen large stone houses took shape below the bluffs of Chiaco Canyon in northwest New Mexico.

The word "supreme" is closest in meaning to which of following?

(A) most common.
(B) most outstanding.
(C) most expensive.
(D) most convenient.

我们要做的,无非就是把阅读里的词汇题这样讲解:

> "文章中有一句话，有个地方被挖出来了，现在问下面四个选项，哪一个选项可以使原文更加通顺？"

如果学生真的能够把托福阅读里面的每一个词汇题都当成一个写作的填词训练来做练习的话，那么他不但认识了这个单词，而且还以词义辨析的思维，真正在对比中学会了这个单词的用法。更加务实地说，当同学们在写文章的时候，再想表示"最高的，至上的"的时候，就可以不只会使用"top"这个单词，也可以想到"supreme"这个单词了。

我想以上的例子证明，我们需要让学生培养这样一种意识，即让他们知道现在学的不只是单词识记而已，也不只是为阅读一个科目服务。当学生在你的"阅读"课上能够学到"写作"课上能够使用的知识时，知识"融会贯通"的感觉就真正建立起来了。

第二层：阅读中的"句型理解"与写作中的"句法使用"

阅读与写作在第二个层面的对应也很有意思：我们在讲阅读时一直在强调句型理解，将句子一定要读通；写作则强调句法的正确、流畅且多样性的使用。而事实上，阅读中的"句型理解"与写作中的"句法使用"是同一件事情的两个侧面。

从写作的角度来看待这个问题其实有趣：学生们在写作时总是会面临句型方面的困扰：因为几乎所有的写作老师都希望给自己的学生强调"句法及语法的多样性"。但是作为一个学生个体，他们总是情不自禁地要问：

> "到底我的作文里要写哪种句型比较好？我怎么样才能知道自己的文章里缺少什么句型呢？"

这个对于学生来说自然而然就提出来的问题，对于老师来说，实际上是几近无解的：除非这个老师已经提前看过并且分析过某个特定的学生十篇以上的文章——这个工作量对于大部分老师来说，都几乎不可能做到。更何况，学生们往往在提问题的那一刻，就希望老师能够即刻给出答案。而我的常规回复是这样的：

Day 17

> "我怎么知道呢？我又不是神仙，怎么可能在没有大量分析过你的文章之前，就了解你过往这么多年的英文写作习惯呢？我总不能说'我看你印堂发黑，应该是文章之中缺乏主语从句吧？'
>
> 哈哈，这当然是在搞笑。事实上，当你问出"我的文章中最缺乏哪种句型"这个问题的时候，应该先思考的是这样一个问题：'谁最了解我所写的文章？'
>
> 谁？毫无疑问是我们自己：我们自己和自己打交道这么多年了，应该是自己最了解自己所写的文章。那么我们应该如何发现自己句型上不擅长或者匮乏的方面呢？这个时候，就一定要借助阅读的力量了：凡是在阅读文章中看不懂，或者没有办法一遍读懂，需要反复看很多遍才能读懂的句子，就一定是写作中你不愿意写的句子；换句话说，仔细分析在阅读文章中你自己（而不是老师）认定的长难句，并且尝试对这些句子进行分析和改写训练，之后努力将这些句子写入自己的作文中，就一定是对我们自己文章多样性的一种最为有的放矢的补充。"

一般在写作课程讲到这里的时候，我都会尝试从阅读课程中抽出一到两个比较难懂的句子，让写作班上的同学们阅读。毫不意外，这一两个句子就是与我搭班的阅读老师在课程中已经讲过的句子。①

> 现在，大家可以假装自己不是在写作课上，而是在一个阅读课程上，一起来通读一下如下这句话：
>
> *The extreme seriousness of desertification results from the vast areas of land and the tremendous numbers of people affected, as well as from the great difficulty of reversing or even slowing the process.*

---

① 与搭班老师之间的配合工作，我在后面的第二章第三节第一小点中将会提及。

Day 17

> 好了，这句话应该是咱们的阅读老师已经讲过的句子。我想问问大家，有多少同学是看了第二遍的？举个手我看一下。好了，又有多少同学敢拍着胸脯保证，自己在考试的时候，写作能够且愿意主动写出这样的句子来？

一般来说，通过以上这段的讲述，就已经可以明确地说服学生了解阅读中的"句型理解"与写作中的"句法使用"之间明确的对应关系了。对了，在学生能够清楚地理解这个概念后，我一般会介绍一种句子改写的训练方法，帮助学生更好地将阅读中所识别到的句子，转化到写作中去。

> 譬如我们刚刚用作举例的阅读中的那句话：
> *The extreme seriousness of desertification results from the vast areas of land and the tremendous numbers of people affected, as well as from the great difficulty of reversing or even slowing the process.*

这个句子中相对较难的知识点有：① 用 result from 来表达因果关系；② 用 as well as 来连接两个 from，表达一个结果由两个原因导致。当学生理解这两个知识点之后，就已经可以读懂原文中的这句话了。但是这还不够，我们应该尝试让学生同时使用这两个知识点来进行造句。

改写后（写作）：

> *The extreme seriousness of your faithlessness results from your inability to know some basic words needed in TOEFL passages, as well as from your unwillingness to follow the directions from tutor Liu.*

以上的这个句子当然是我编造出来的，为的是体现"只有让学生尝试造句，才能真正把阅读中的句子，用到写作中去"。这个话题也就先说到这里，不再赘述了。

Day 17

第三层：阅读中的"结构清晰"与写作中的"良好发展"

阅读与写作对应关系的第三层，是"结构化"的相关知识：在阅读课上，我们希望学生在读文章时能把结构读清楚；而在写作课程中，我们也希望学生的作文能够"良好发展与组织"（well-organized）。事实上，我们有责任和义务引导学生将这两个同样结构性的概念结合起来。在上写作课的过程中，我们经常给学生讲述"怎么写开头、怎么写结尾"，但我们却很少带着学生回顾阅读文章是"怎么写开头、怎么写结尾"的。事实上，如果大家回想一下，这种模仿阅读文章来写作文的工作，在我们漫长的中文学习过程中倒是经常做。

那阅读能不能帮助我们提高写作呢？显然是可以的。譬如，在写作课程中，有一个特别难以讲清楚的概念，叫作"首尾呼应"：学生们总是容易将老师们所要求的首尾呼应，简单地理解为在文章末尾处复述（甚至经常是干脆照抄）一遍主题句。

> "文章到底要如何写开头比较好？到底什么是首尾呼应？如何才能做到优秀的首尾呼应？"

每当遇到学生的这种问题，我都会以如下的这样一篇文章的首尾段作为例子。阅读文章的首段案例如下：

> Since 1980, the use of wind to produce electricity has been growing rapidly. In 1994 there were nearly 20,000 wind turbines worldwide, most grouped in clusters called wind farms that collectively produced 3,000 megawatts of electricity. Most were in Denmark (which got 3 percent of its electricity from wind turbines) and California (where 17,000 machines produced 1 percent of the state's electricity, enough to meet the residential needs of a city as large as San Francisco). In principle, all the power needs of the United States could be provided by exploiting the wind potential of just three states—North Dakota, South Dakota, and Texas.

Day 17

其实这篇文章的第一段特别简单，就是描述风力发电从 1980 年开始迅速发展，尔后举了很多例子证明这一点，最后总结说风力发电会发展得很好。这是非常简单的"开门见山式"的第一自然段。然后我就会带着学生分析：第一段结构挺好的，我们自己写文章，以后也可以写一个开门见山式的道理，举两个例子，然后做个总结的首段。但这样做还不够，我会带着学生看这篇文章的末尾段：学生们在看完首段之后，立即看末尾段，会有特别戏剧性的感受。

末段如下：

> The technology is in place for a major expansion of wind power worldwide. Wind power is a virtually unlimited source of energy at favorable sites, and even excluding environmentally sensitive areas, the global potential of wind power is much higher than the current world electricity use. In theory, Argentina, Canada, Chile, China, Russia, and the United Kingdom could use wind to meet all of their energy needs. Wind power experts project that by the middle of the twenty-first century wind power could supply more than 10 percent of the world's electricity and 10-25 percent of the electricity used in the United States.

戏剧性的要素在于，末段的结构其实和首段的结构是一模一样的，而且刚刚好是比首段往前走了一步，是递进。首段说的是"自 1980 年以来风力发电发展得很好"，末段说的是"技术已经足够完善，足以使风力发电在全球范围内被应用"。观点一致，概念递进。事实上，首段中"in principle"与末段中的"in theory"，以及首段中的"North Dakota, South Dakota, and Texas"与末段中的"Argentina, Canada, Chile, China, Russia, and the United Kingdom"都有特别明显的"首尾呼应的概念"。带着学生们咀嚼这些句子，能够帮助他们更好地提高真实的语言能力。

而且学生一旦意识到，除了那些过分难的文章之外，有大量在结构上值得用作写作模仿的阅读文章，才算是真正打通了阅读与写作的"任督二脉"。我们希望能够帮助学生，做到一篇阅读文章的"一鱼二吃""一鱼三吃"，甚至"一鱼四吃"，一篇文章从不同角度来分析。

第四节 扩充

第四层：阅读中的"分辨关系/甚至理解关系"与写作中的"行文流畅/追求论述多样"

第四个层次的阅读与写作的知识点对应是最为核心却也是最为隐晦的：在阅读课程中，我们经常强调学生要理解"段与段、句与句，乃至词与词之间的关系"；相对应地，在写作科目中，我们大抵要讲通过建立多种关系来使得"行文流畅、论述多样"。这两者本质上都是共通的，只有下笔前能厘清要写的文章各部分之间的关系，才能写出行文流畅、论述多样的好作文来啊。而且，阅读文章里所展示的"怎样写定义、怎样写阐述、怎样写举例"等若干论述方法，在写作中无疑都可以借鉴。每当学生问我：

> "老刘，您觉得举例/转折/因果/手段/递进……应该怎么写？"

我都会告诉他：

> "来，我先带你看一下阅读文章里面是怎么举例/转折/因果/手段/递进……的。"

好了，各位老师，讲到这里，我总算是洋洋洒洒地将阅读与写作这两个科目之间的四种细致的对应关系描述了一遍，也算是给大家展示了一个真实课堂的可能范例。而除了阅读与写作之外，其他的科目之间，就让我来飞快地阐述一下，也不说得这么细致了。如果大家想要看更加具体的学科性的内容，可以翻阅我的《文勇的新托福阅读手稿》《文勇的新托福听力手稿》《文勇的新托福写作手稿》及《文勇的新托福口语手稿》这四本图书：里面贯穿了对于不同科目之间相互连接的阐述。哈哈哈哈，有一种卖书广告的感觉。

（2）听力和口语

托福听力与口语之间的关系图

听力和口语之间的关系是天然的，这两个与发音相关的学科自然而然地存在大量可以连接的地方。几乎所有与语音相关的内容，都可以产生连接，一石二鸟。尽管对于听音辨音的要求，在听力部分更低但范围更宽；口语则要求面更窄却更深入。换句话说，听力所需要听懂的语音知识要远比口语更多，但口语对于特定内容的熟练度要求则是远高于听力的。但是无疑，一个经过了完整听力跟读训练的学生，口语发音是不会出现大问题的。因此，这两个科目在讲解的过程中一定要不断地进行相互印证。

让我来讲一件教学过程中的逗趣儿的事情。不时会有学生这样抱怨口语：

"我口语不好，就是因为我没有外国女朋友/男朋友，老师你也不能24小时回复我信息、陪我练习，我口语怎么能提高呢？所以都怪你。"

哈哈哈，这个时候，我一般会这样问：

"你真的觉得不能依靠自己提高了吗？"
"对啊对啊，我自己怎么知道问题出在哪里！"
"来来来，我们一起来录一遍你的口语答案，然后你听一遍自己的录音。"

其实，学生们只要试一下，就会立马知道听自己的录音是什么样一种酸爽的感觉。他会一瞬间发现自己"发音不标准、停顿也不对，流畅度也很有问题，"等等。但事实上，无论这个学生的听力有多糟糕，他的听力水平都会远比口语水平要好。而当他听到自己的录音会觉得不适，那就说明他能够分辨出来自己存在哪些问题。接下来的事儿，也就是反复改进了。

以上这个逗趣儿的小事情，显然也证明了听力与口语之间的内在连接关系。

（3）听力和写作

听力和写作可能是在真实的教学过程中交织最多的两个科目了：它们都毫无例外地包含了大量综合复述（integrated paraphrase）的训练过程。让我选取一个简单的截面与大家来进行讨论。

听力与写作：内容与框架的相互变化

听力笔记
由复杂内容到简明框架

写作笔记
从简单提纲到完整文章

当学生在纠结听力中应该记录哪些内容时，不妨带他思考自己所列写作提纲中最能帮助他构造完整文章的是哪些内容

托福听力与写作之间的关系图

在听力考试中，我们无一例外都需要记录听力笔记：这是一项原理简单但实际操作起来极其复杂的工作。学生们总是很难找到一种平衡，就是到底要记录多少内容才能刚刚够用？也就是说，我们可以认为，记笔记的过程就是一种复杂内容简单化总结的过程。而在写作的部分，其实我们也是要列提纲的，目的就是要把简单的提纲扩充成为复杂的内容。更进一步说，以上所描述的过程，都是在进行内容与框架的相互变化。

这个时候重点来了：如果我们老师在授课的过程中，能够把这两个不同科目间需要思考的要素对应起来，学生就会瞬间清楚地知道在听力里面笔记到底要记什么。我一般会这样来引导学生：

Day 17

> "如果你自己列写作提纲，会列哪些东西来帮助你构造完整的文章？你所列的东西就是最能够把文章串联起来的内容。那么我们在听完一段听力后，在纸上记下来的笔记应该代表的是这个提纲内容。"

换句话说：

> "你在听力中所需要记录的东西，就是你换位思考时写文章所需要用的提纲。"

那学生的态度会瞬间发生戏剧化改变：在听力中死活讲不明白的"听记平衡"的概念，一瞬间就在写作提纲的概念中被打通了。这两个科目间更多的连接实例我就不再多说了。

（4）口语和写作

口语与写作这两个科目之间的关系是不言自明的：这两者都是主动输出型的科目，输出的内容和内容的精度都特别重要。

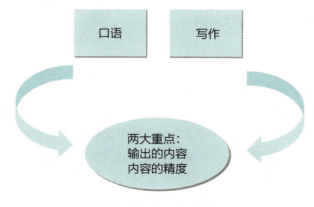

托福口语与写作之间的关系图

这也就意味着它们所需要学习的内容构造也是一致的。其实，内容的构造方式，无论是并列也好，递进也好，转折也罢，翻来覆去也就这么几个固化的

第四节　扩充

Day 17

模式，写作中能用的词语，在口语中大部分也都可以用。而且越是在高分数段，口语与写作之间的差异就越是不明显。别的不说，至少我会建议学生们可以把口语和写作的提纲在很多时候一起列。作为老师，如果我们布置作业的时候能够意识到这一点，一定能够事半功倍。让学生也少做若干劳累的工作。

让我多说几句，对于一般性的语言类考试来说，书面语言和口头语言之间的差异没有想象中的那么大。老师并不应该让学生觉得"口语答案在写作中一定不能写、写作中写的东西在口语中一定不能说"。其实只要语言能力提升了，就算口语表达时有点文绉绉的，也没有太大问题；而写作中写的东西简单明快，有很多断句，只要流畅，只要表达清晰明了，就可以。

（5）阅读与听力

作为考试中最主要的两个输入类科目，"阅读"与"听力"之间自然也是关系良多。它们都可以被抽象成为"处理大量信息输入并进行分析"的能力。这也使得这两个科目的考查框架，都是基于类似的模式：在阅读中我们所描述的文章展开方式（或称之为"套路"），几乎无一例外地能够在听力特定篇章中找到对应的模式。

其实有很多老师都喜欢总结属于自己的方法论，甚至对方式进行分类，而我总觉得在进行这些总结之前，如果我们愿意多看看听力的文章分类，往往能够对自己的体系进行很大程度的补充——毕竟如果将听力讲座原文打印出来，不就是一篇值得分析的阅读文章吗？

（6）阅读与口语

各位老师，要注意了，尽管这两个科目看似联系最少，但实际上内在联系很多。譬如训练口语的同学不时会有这样的困惑：平时练习口语时所用的句子总觉得不够准确，句型也不够多样。阅读文章提供了这样的一个契机：让我们从"语言学习"的角度来思考准确的信息表达究竟应该是怎么样的。另外，那些读阅读文章的时候不那么熟悉的句型，不就正好是我们口语表达之中所缺乏的句型吗？

而且，口语中一定不能说阅读中的长难句吗？当然不是的啊，一个难以掩盖的事实是：知识水平越高的说话者，口语中说的句子就越难且越长。这是不言自明的：让我放一张纸牌屋的截图在这里吧。下木（Underwood）先生所说的话可都是长难句啊。

When the Roman General Sulla, who was about the same age I am now, marched on Rome to purge the city of usurpers, it was a bloodbath. His greatest rival was a young man named Manus, who was just 26 years old. And after Sulla had him killed, he held up his head in the forum and looked into the boy's dead eyes and said, "First you must learn to pull an oar. Only then can you take the helm."

《纸牌屋》（*House of Cards*）

好了，我想科目之间的连接实例，我就先分享到这里吧。以上所涉及的角度，仅仅是可以连接的很少的一部分而已；这些科目之间显然能够存在更多的联系。我的举例，只是为了简单地强调这种联系存在，却不是在尝试穷举这种联系。

让我们说点儿别的。我曾经教授过一门"投机取巧"的课程，叫作文书写作班。这个课程除了常规的写作内容之外，还有另一个很有意思的主题，就是"如何通过文书写作来说服对方学校自己的专业知识过硬"。这个话题很有意思，是因为：

1）申请人的专业课成绩单已经是确定的事实了，好像也没法儿简单地说自己的学术水平没被考试成绩所体现；

2）一个本科生，似乎也不太可能有什么特别厉害的科研成果；

3）描述一个学术上独到的想法就更不可能了。相信我，一个普通的本科生就算想破了头，也想不出什么真正厉害的新学术思路。绝大部分本科生（我想把硕士和博士也加上）觉得自己进行的创造性学术研究，几乎都是 200 年前的

Day 17

科学家们思考过、研究过、辩论过的话题了[①]。

那该怎么办呢？

我一般会建议大家在文书中所举的例子，最好能够有意或无意地做一些学科之间的连接。譬如你学习了运筹学，又有一门概率论的课程，那么你就描述一个实践项目，里面同时使用到了两个学科的知识，甚至更进一步的是，干脆就尝试用概率论的知识来帮助解决运筹实践中的问题。因为无论如何，只要涉及这种连接，就至少说明，申请人的思路是明确的，两个学科都融会贯通得还不错——这才是跨学科连接的基础。这才是创造性思维的沃土。

小结

以上就是本节的全部内容了，我们在本节着重讲的是不同科目之间的联系，我希望各位老师们在实际教学中，能够把这些联系用起来，活学活用，让学生的总体语言水平能够提升得更快！

[①] 上下文背景，大家可以翻阅《去美国读研究生》一书，本书作者为刘文勇、刘新娟、刘翟。

落地练习

  各位亲爱的老师，你能不能思考一个知识点的讲解，能够在科目与科目之间进行扩充连接呢？比如：

  1）有没有什么阅读的文章概念，你在写作中也会讲到？

  2）有没有什么写作的展开方式，你在口语中也会用到？

  3）有没有什么口语的发音规则，你在听力中也会描述？

  4）有没有什么听力的选项技巧，你在阅读中也会强调？

  ……

  对了，我在 www.liuwenyong.com 这个小网站上，曾经公布过托福的全知识点连接图，大家可以看到图中所描述的大量知识交叉与联系。另外，这些知识之间的连接也曾在《文勇的新托福阅读手稿》《文勇的新托福口语手稿》《文勇的新托福听力手稿》《文勇的新托福写作手稿》四本书中反复提及，此处不再赘言。

参考范例

说明：此处我选择了一个阅读与听力的连接范例。阅读与听力之间的关联是显而易见的——同样属于客观题，同样属于输入型的题型，需要处理的信息相对来说是比较多的。也正因为如此，我们时常会与学生讨论某些固定的文章展开模式，提醒学生注意某些可能的固定内容框架。

固定范式：若文章（阅读或听力）的开始部分中出现了令人奇怪的现象（疑惑）或者分类（序列），则文章必然依此展开。

阅读中的运用（章节名称：详略得当地阅读文章）

例文：

> One of the most puzzling aspects of the paintings is their location. Other rock paintings. For example, those of Bushmen in South Africa, are either located near cave entrances or completely in the open. Cave paintings in France and Spain, however, are in recesses and caverns far removed from original cave entrances. This means that artists were forced to work in cramped spaces and without sources of natural light. It also implies that whoever made them did not want them to be easily found. Since cave dwellers normally lived close to entrances, there must have been some reason why so many generations of Lascaux cave dwellers hid their art.①

第 1 句 "One of the most puzzling aspects of the paintings is their location"（其中最令人困惑的方面是它们的位置），这句话非常重要，请各位在旁边标注一下：若文章的开始部分中出现了奇怪的现象（疑惑）或者分类，则文章必然依此展开。因此，读到这里的时候，就应该开始预期，后文是不是应该开始讨论与 location 相关的事情了。而抱着这样的预期去猜测后文，感觉就大不一样了。

---

① 出自 TOEFL Online Test: *Lascaux Cave Paintings*

Day 17

正确而高效的猜测往往能够大幅度提升阅读速度。不信的话,现在就赶紧试试看吧。

听力中的应用(章节名称:内容主旨题中的开篇方式)

在听力考试中,无论是 conversation 还是 lecture 的部分,通过"问答"给出主旨的概率也的确较高。就像我曾经提到过,且我在阅读手稿[1]也强调过的一个概念:在文本的开头部分,出现问题或者令人疑惑的现象,后文必依此展开。听力也是如此,所谓的问答式开头只是这一理念的再次使用而已。我们甚至可以这样简单地认为:听力文章开头部分所提的真实问题就是文章的主旨所在。

Conversation 案例:[2]

> Professor: So, you said you needed to ask me about something?
> Student: I was kind of concerned about...test.
> Professor: But you've been doing very well, so...
> Student: Um, that's not really what bothers me.
> Student: See, I have to...
> Student: I wanted to know if I could possibly, you know, take the test when I get back.
>
> Why does the student go to see the professor?
> A. To ask if he can skip class for a competition.
> B. To ask about the material on an exam.
> C. To reschedule the date for an exam.
> D. To ask about how to study for exams.

---

[1] 上下文背景,大家可以翻阅《文勇的新托福阅读手稿》一书中的第 653 页。
[2] 上下文背景,大家可以翻阅《文勇的新托福听力手稿》一书中的第 132 页。

解析：

第一句"So, you said you needed to ask me about something?"中要注意两点：一是"so"，口语中的"so"，大家不用过分关注它的因果概念，可以把它当作一个表承接关系的词；二是文章开头有问题，后面必定有回答，这一基本特质我们前面已经提过，那我就不再多说了。

第二句"I was kind of concerned about…test"中"concerned about"后面所紧接的是主题词，但是托福里考的往往不单单是某一个话题，而是该话题下的某一个具体环节，所以仅仅是 test 不足以涵盖文章主旨，仍然需要继续往下听。

第三句"But you've been doing very well, so…"是教授在推测学生是否在担心自己考得不好，而给出了自己的评判。注意，教授是上一个问题的提问者，并不是回答者。因此，他猜测的答案往往未必正确。（"提问者自身猜测的答案未必正确"这个小规律值得大家记在心里，在考试的时候能够帮助推测文本的走向。）

第四句"Um, that's not really what bothers me"简单地表达了对教授推测的否定。

第五句"See, I have to…I wanted to know if I could possibly, you know, take the test when I get back."一般，对话的一方在否定了对方（可能是教授也可能是学生）观点之后，会尽快给出自己的替代观点。在本句中，是学生给出了自己的答案，就是希望等他回来之后再参加考试，也就是重新安排考试时间，与 C 选项"To reschedule the date for an exam"一致。至此，本题做完。

下面让我们一起来整理一下托福听力对话中给出主旨最简单的模式：

第一步，先提出问题；

第二步，给出主题词；

第三步，详细阐述主题词。

尽管第三步才是答案所在，但前面的第一、二步是听出第三步内容的标志，我们需要通过正确识别第一、二步来定位第三步所描述的内容。

Lecture 案例：[①]

TPO 40 L-3

Narrator: Listen to part of a lecture in an environmental science class.

[①] 上下文背景，大家可以翻阅《文勇的新托福听力手稿》一书中的第 134 页。

Day 17

Professor: Now, over the next few weeks, we're gonna focus on carbon and its role in what's known as the "greenhouse effect". Everyone knows what that is, right? But let's make sure anyway. Yes, Karlie?

Student: The greenhouse effect is when gases in Earth's atmosphere act like the glass in a greenhouse or a hothouse. They trap in heat which warms up the earth.

Professor: Gases like?

Student: Um, water vapor, carbon dioxide.

Professor: Right. Carbon dioxide. We hear a lot about carbon these days, no? Carbon emissions, carbon burning, are leaving a carbon footprint. So it'd be easy to assume that any form of carbon burning is necessarily a bad thing. But the fact is: it's not quite that simple. So we're gonna focus today on the difference between good, bad, and well, the, not-so-bad, the potentially okay carbon burning.

What is the main purpose of the lecture?

A. To argue that carbon emissions today are not the only factor responsible for global warming.

B. To provide evidence that rates of global carbon emissions fluctuate over time.

C. To show the importance of distinguishing between different types of carbon emissions.

D. To describe different ways carbon is removed from the atmosphere.

解析：

从第一句话 " Now, over the next few weeks, we're gonna focus on carbon and its role in what's known as the 'greenhouse effect' " 可以看出，本文的开篇方式属于背景介绍式。这句话中的 "Now" 这个词在口语表述中仅仅是为了吸引大家的注意力，无须关注它的具体含义（作 "现在" 讲的话可能理解不通，这一点在《文勇的新托福口语手稿》中也曾提及）。词组 "be known as" 属于典型的下定义结构，它引出了本文的两个关键词，一个是"carbon and its role"，另一个是"greenhouse effect"，而这两个关键词也贯穿了全文（我们要学会通过文章开头部分的定义类句型来明确文章的关键词，为后文将要听到的内容搭好框架）。不过要注意的是，本句在内容上描述的是以后几周（over the next few weeks）要讲什么，并不是接下来要讨论什么，因此不是本文的主要内容所在，不能用于作答内容主旨题。

在第二、三、四句话"Everyone knows what that is, right? But let's make sure anyway. Yes, Karlie"中，教授利用学生的回答来理清基本定义，这是常见的课堂开头方式，属于我们之前提到的问答式。值得注意的是，在开头部分出现的学生的答案往往以正确的居多（至少是大部分正确，教授只需在其基础上进行补充）。我们可以想象为，在课堂开头部分抢答问题的学生往往是好学生。

在第五句话"The greenhouse effect is when gases in Earth's atmosphere act like the glass in a greenhouse or a hothouse"中，学生对温室效应下了定义。定义内容在听力文本中往往是极其重要的，但有一种情况除外——如果是学生给出的，则该定义通常不重要。你可以将此理解为，在课堂上传递信息的主角是教授而非学生，所以学生起到的仅仅是承接和补充信息的作用。也就是说，学生给出的定义不会是主旨类题目的答案。

下面是第六到八句话：

"Student: They trap in heat which warms up the earth.

Professor: Gases like?

Student: Um, water vapor, carbon dioxide."

这几句话是借学生之口提出"carbon dioxide"这一关键词。在听力中，有一种常见的模式：教授提问后，学生以罗列的方式给出多个要素，教授复述的要素（在这里可以作为信号词）就是后文将要展开讨论的关键词。此处，学生只罗列了两个要素，一个是"water vapor"，一个是"carbon dioxide"。我们紧接着听到教授复述的是"carbon dioxide"，因此可以预料到后文会据此展开。

在第九、十句话"Right. Carbon dioxide."中，教授验证了学生的答案。

第十一、十二句话"We hear a lot about carbon these days, no? Carbon emissions, carbon burning, are leaving a carbon footprint"是在介绍背景，在听力

Day 17

笔记中无须过多记录。

第十三句话"So it'd be easy to assume that any form of carbon burning is necessarily a bad thing"中的"any"是极端概念,教授不会持有这样的极端概念,从"it'd be easy to assume"中也可以看出,教授未必赞同该观点。

第十四句话"But the fact is: it's not quite that simple."中的"But the fact is"类似于"but in fact",我们不但应该意识到"But"表示转折,后文是论述的关键,也应该意识到"in fact/the fact is"表示"事实上,实际上",也可以表示转折或是递进。

第十五句话"So we're gonna focus today on the difference between good, bad, and well, the, not-so-bad, the potentially okay carbon burning."中的"gonna focus today"是引出内容主旨的典型关键词,后面马上就会开始阐述要讨论的主题。因此,本文的主题应该是"the difference between good, bad, and well, the, not-so-bad, the potentially okay carbon burning",和选项 C 一致,所以答案应该选 C。

Day 18

3　学科之间的扩充

If you overdo something, you end up typecast. You always have to expand.

——Wood Harris[1]

在本节中，我们将会讨论"如何通过讲解学科之间的扩充，让学生在学习时建立不同学科之间的联系"。

我们将在本节中尝试回答如下问题：
1）什么是学科之间的扩充？
2）如何在实际授课过程中建立不同学科之间的联系？
3）这样的扩充有什么意义？

除了题型和题型之间、科目和科目之间的联系外，学科之间也存在着联系。所谓"学科和学科之间的联系"是指要让学生们意识到他们不只是要面对一个考试，还要思考多个考试之间的内在联系，这样才能够很好地说服他们将时间有效地综合起来。比如，一个准备出国读大学本科的学生，往往需要考"托福/雅思"与"SAT/ACT"；一个准备出国念研究生的学生，往往需要参加"托福/雅思"与"GRE/GMAT"。换句话说，有不少学生都将参加两个或者更多的考试，如果我们能够提醒学生，让他们意识到自己将要面对的多个考试之间的相互联系，并且在准备内容的时候能够构造这些联系，显然是一件事半功倍的工作。

TOEFL 与 GRE 之间的联系图

---

[1]　伍德·哈瑞斯（1969—），美国演员。

Day 18

我知道有很多老师，既教雅思又讲托福。那么，雅思和托福之间界限真的有那么明显吗？雅思的素材真的不能在托福里面用吗？其实不是的，它们之间是可以做一些转化、为对方所用的。这种科目间的连接对于老师自己来说也是一石二鸟的好主意。事实上通过计算，我们发现托福所考查的单词（以最新 TPO 为样本）与雅思所考查的单词（以最新剑桥雅思为样本），重复率高达 93%。所以，一个简单的结论是这样的：一个能够获得托福高分的学生，也能够获得雅思的高分。

我有一个非常极端的观点，就是我认为封闭地只关注自己所教授的科目有非常大的劣势。让我们先来看一下有哪些劣势：

（1）思路狭隘（目的性过强反而会使材料的收集受限）；

（2）缺乏联系（同一个知识点往往有可能在不同考试中出现）；

（3）学科摩擦（不同老师对于学科的理解不同，可能会构造互不相关、相互重复甚至相互冲突的知识体系）。

我知道大家其实对自己所讲的课可能已经很熟练了，会觉得不去做学科之间的对应关系好像也没什么问题，但是这样会有一个很大的麻烦，就是很容易思路狭隘，而且目的性过强反而会使得材料的收集受到严重的限制。

你有时候是否觉得自己做的某一个总结特别棒？我教托福的时候，会觉得自己的若干总结棒极了。但后来我开始讲 GRE，才发现自己的总结基本上别人都总结过了，而且更优、更精致、更有效！我当时觉得特别难受。如果大家也开始尝试教授一些新的学科，相信很快会有和我一样的感受。

其次，你所讲的知识点，很有可能会在别的学科老师讲的另外的知识点里出现，只是说法不同而已。而这个时候如果你没有意识到这些，就很有可能会给学生造成思路上的困惑。他可能听了好久才反应过来，原来是同一个东西。如果你意识不到这一点，效率就会大幅下降。

还有更麻烦的地方就是科目间的摩擦，我想大家也不时听说过这样的一些奇怪说法："托福与 GRE 考查的能力毫不相关""雅思关心的能力全都是 GMAT 不关心的""这个知识在托福考试中是对的，在 SAT 中就是错误的。"这样的说法大抵欠考虑，只会让学生感到疑惑。如果说这些话的老师尝试一下教几个不同学科，认识就会大不一样了。

小结

以上就是这一节的全部内容了。在本节中我们讲到了学科之间的扩充，无论你是讲雅思考试还是托福考试，我们都应该尝试在平时授课过程中，有意识地建立不同学科之间的联系，积极完善自己的跨学科知识库，以更好地帮助学生提高学习成绩。

落地练习

亲爱的老师，你能不能设计一个自己经常教授的学科与其他学科之间的联系呢？譬如你可能是一个托福老师，你能不能想想看自己所教授的内容，在以后学生学习其他学科的时候，是否有可能用得到呢？如果一个托福老师能够为 SAT 或 ACT 考试铺垫部分知识（对于高中生来说），或是为 GRE/GMAT 考试铺垫知识点（对于大学生来说），那是再好不过的了。

事实上，知识之间的连接是清晰的，考试和考试之间的切割并不如想象中明显，而最终帮助学生模糊学科之间界限的过程，事实上就是学生进行知识内化的过程。

Day 18

> **参考范例**

　　说明：此处我想要与大家分享我在图书出版上的一次重大滑铁卢。我曾经出版过一本特别厚但是也因此特别不畅销的单词书《新托福千词百练》①。其中，我进行了这样的一个尝试：

> 　　每一个单词包括两个例句：一个来自 TOEFL 阅读文章，另一个来自 GRE 阅读文章。同学们可能不理解，为什么一个托福的词汇书里，要放一个 GRE 的例句呢？其实，如果你将来要考 GRE，这对于你来说自然是一件好事情，相当于复习的单词得到了延续。那如果不考呢？我也建议大家不妨读一下这个例句。GRE 的句子普遍比较复杂，无论是结构上还是内容上都是如此。而一旦句子的意思比较复杂，就必须确保每一个词都用得精准。这样的句子很"烧脑"，但是烧完以后，脑子里面会有一个比较深刻的印象，会把这个语境记在心里。显然，记住了这个语境也就记住了单词的精准使用，这不仅对于做阅读有帮助，也很有利于提高同学们的写作水平：写作不就额外要求特定语境下用词是否精准吗？

　　以下内容为这本书的部分节选：

> *The West had plenty of attractions: the alluvial river bottoms, the fecund soils of the rolling forest lands, the black loams of the prairies were tempting to New England farmers working their rocky, sterile land and to southeastern farmers plagued with soil depletion and erosion. In 1820 under a new land law, a farm could be bought for $100. The continued proliferation of banks made it easier for those without cash to negotiate loans in paper money. Western Farmers borrowed with the confident expectation that the expanding economy*

---

① 《新托福千词百练》，刘文勇著，2015 年出版。在该书的第 2 版（2017 年 2 月出版）中，我把 GRE 的句子藏在了每一页的二维码中，书变薄了，自然就好卖了。

Day 18

would keep farm prices high, thus making it easy to repay loans when they fell due.

The word "*proliferation*" in the passage is closest in meaning to
A. growth.
B. cooperation.
C. importance.
D. success.

proliferation *n.* 增殖；扩散；分芽繁殖

TOEFL 例句：

The continued *proliferation* of banks made it easier for those without cash to negotiate loans in paper money.

TPO 20：Westward Migration

银行的不断发展使得那些没有现金的人贷款变得更容易了。

GRE 例句：

As morphogenesis must be basically the result of changes in behavior of the individual cells, it seems logical to ask morphologists to describe the morphogenetic events observed in terms of changes in cellular contact, changes in the rate of *proliferation* cells, or similar phenomena.

GRE No. 2-3, Section A

由于形态发生必须是个体细胞行为变化的结果，所以要求形态学家描述在细胞接触变化和增殖率变化方面观察到的形态发生的变化，是合乎逻辑的。

growth *n.* 增长；发展；生长

Day 18

TOEFL 例句：

Within the productive sector, there was a *growth* of a variety of specialist craftspeople. Early in the Uruk period, the use of undecorated utilitarian pottery was probably the result of specialized mass production.

TPO 27: *Crafts in the Ancient Near East*

在生产部门内部，专业工匠的类型增加了。在乌鲁克时期早期，未装饰的实用陶器的使用可能就是大量专业化生产的结果。

GRE 例句：

The child's rapid acquisition of political knowledge also promotes the *growth* of political ideology during adolescence.

GRE No. 3-1, Section 8

儿童对政治知识的迅速获取，也促进了其青少年时期政治意识形态的发展。

cooperation *n.* 合作；协作

TOEFL 例句：

Sharing and *cooperation* were almost certainly part of early Puebloan life, even for people living in largely independent single-household residences scattered across the landscape.

TPO 24: *Moving into Pueblos*

分享和合作几乎可以肯定是早期普韦布洛人生活的一部分，即使是那些分散在这一地区独立性比较强的单一家庭住宅也是这样。

Day 18

GRE 例句:

The other early chapters eloquently portray the development of the instinctive *cooperation* with each other that was already becoming an important tradition among workers.

GRE 1996 年 4 月题, Section B

一些其他的早期章节生动地描绘了这样的一个发展：工人间的自发合作已逐渐成为一个重要的传统。

importance *n.* 价值；重要性；重要的地位；显著

TOEFL 例句:

In an area where low temperatures are limiting to life, the *importance* of the additional heat near the surface is crucial.

TPO 1: Timberline Vegetation on Mountains

在那些逼近生命极限的低温环境中，贴近地表的额外热量对植物生长而言是至关重要的。

GRE 例句:

The emphasis given by both scholars and statesmen to the presumed disappearance of the American frontier helped to obscure the great *importance* of changes in the conditions and consequences of international trade that occurred during the second half of the nineteenth century.

GRE No. 6-2, Section B

学者和专家对关于美国边境的假设性消失的强调，模糊了发生在 19 世纪后半叶的国际贸易的现状和结果变化的重要性。

success *n.* 成功；胜利；成就；成功的人或事物

第四节　扩充　　201

Day 18

TOEFL 例句:

Such *success* may have attracted immigrants to Teotihuacán.

TPO 8: *The Rise of Teotihuacán*

这种成功可能会为特奥蒂瓦坎引来移民。

GRE 例句:

As his *successes* mounted, his ambitions grew, and with them the whole of American cinema.

GRE No. 9-6, Section B

随着成功与日俱增,他的勃勃雄心也有增无减,而与此相伴的是整个美国电影界的繁荣。

第二章
上课应该怎么上?
巧妙而多变的课堂技巧

第一节 准备工作：教学中的自我反思

我们在第二章的目标，是一起讨论课堂技巧。但是在本章第一节的《总论》中，我们先讨论几个可能有助于我们获得良好课堂技巧的反馈方式：用"录音"的办法，让自己来发现课堂中出现的问题；通过"反馈"来收集学生对我们的意见，并调整下一节课的内容；通过"批课"来获得其他老师的意见，无论这些老师是不是所谓的"权威"。

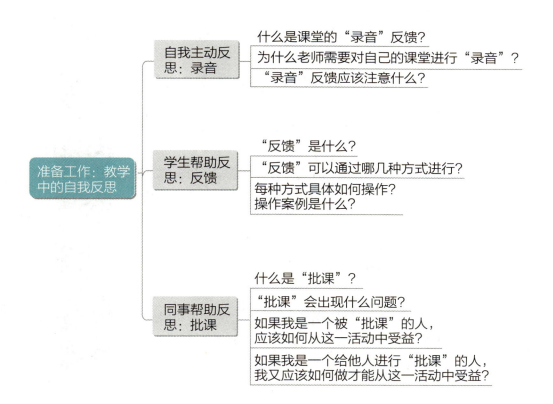

Day 19

1　自我主动反思：录音

> Follow effective action with quiet reflection. From the quiet reflection will come even more effective action.
>
> ——Peter Drucker[1]

本节我们将要讨论老师从课堂录音中可能发现的问题以及听录音时的注意事项。

> 我们将在本节中尝试回答三个问题：
> 1）什么是课堂的"录音"反馈？
> 2）为什么老师需要对自己的课堂进行"录音"？
> 3）"录音"反馈应该注意什么？

所谓"录音"反馈，是指在不影响授课的情况下，对授课的过程进行录制。对于老师来说，在磨炼授课技巧之前，尝试对自己的课堂进行自我反思是极其重要的，而录音是最有效的手段之一，也是对自己的课堂负责的第一步。

第一次听自己的课堂录音往往是一件极具戏剧化的事情。除了由于"之前听自己的声音是通过骨骼，而听自己的录音则是通过空气传播"而会产生极大的不适应感之外，通过录音可以很容易地发现自己授课的一系列问题，比如：

（1）居然在那么多不曾发现的地方停顿

我们早已经习惯了自己的"话佐料"——停顿语，因此在实际语义输出的过程中，呈现的效果和自己的想象大不相同。这种不一致性的典型特质是书面语与口头语之间的差异，即便是同一个人，口头语与书面语都大不相同。这种现象的出现，有时是

---

[1] 彼得·德鲁克（1909—2005），奥地利出生的美国作家、管理顾问以及大学教授。

因为我们想在书面语中保持更为正式严肃的姿态，而更多的是因为口头表达反复停顿的习惯。演讲者自以为流利的表达，听众很有可能会觉得磕磕巴巴。

（2）居然在这么多地方进行了逻辑跳跃

我们时常自以为是地认为很多内容是不言自明的，而这种情绪会给听众造成巨大的困扰——就像是当我们自己就是听众时所抱怨的那样。自己作为自己的听众会很大程度上克服这一点。作为听众听自己的课程录音时，我们可以帮助自己绷住这样一根弦：我所讲授的内容中，是否传递了听众未必了解的前提。这一点在自己讲课时是不容易做到的，因为我们都在忙着想清楚下一秒钟要表达的内容。

（3）居然废话这么多/这么多地方并不吸引人

听自己的录音能够帮助我们分辨自己的内容是否吸引人。我时常在开车的时候听自己上课（最近这些年更多是"老师培训"的课程）的录音。吊儿郎当，心不在焉——当然时不时会走神。一旦走神了，我在反应过来自己走神的那一刻，就知道刚刚的那一段讲解并不优秀——逻辑连接不紧密，或是废话连篇，或是内容不够有趣，或是说服力要打折扣，要改正的地方还有很多。

发现了问题要把改进的地方落实到具体的行动中，比如这个题目要删掉哪句话，那个地方下次不能口吃，那个题目要重复一遍主题句……每次解决几个小问题，久而久之自己讲的话就会越来越完善。

另外，有一个关于录音的细节，是要"重复"。这种重复体现在两个方面：其一，是指要重复听同一段录音。其实第一次（乃至前几次）在听自己的录音的时候，都很难真正关注到内容及其逻辑，只有在听到第二遍、第三遍的时候，

Day 19

才会真正开始对课程内容进行自我反思与审视；其二，是指要将录制录音并且听录音这件事常态化，只有在同一节课的第二次录音之后，你才能从第二次录音中，听到自己真真切切的进步，而这种进步是如此让人有切身的感受，以至于我们会因此而更加愿意将这个自我提高的手段持续下去。

额外多说一句，如果大家能够找到同行业其他老教师录制的内容类似的录音，不妨对比着听一听，往往能够触发我们更多的反思。如果找不到，别问我，不妨问问万能的淘宝，那里可真是一个神奇的地方。

小结

在这一节中，我们讨论了听自己课堂的录音可以发现并解决的几个问题：停顿过多、逻辑跳跃和不够吸引人。找到问题之后把改进的地方落到实处，才能真正地优化自己的课程。反复地听自己的录音也会更有助于我们反思和进步。

落地练习

　　亲爱的各位老师，你尝试过听听自己的录音吗？如果你不曾尝试过的话，可以试试看，第一次的经历一定特别令人难忘。那是因为你对这个声音是如此陌生而又熟悉，甚至令人起鸡皮疙瘩，而当你开始习惯自己的声音之后，就会开始关注内容了。这时候改进才真正开始。

Day 19

参考范例

由于书的版面有限,本节就不放置参考范例了。不过欢迎大家有空通过 wenyonglibrary 这个微信号与我交流,我们时不时会发一些我和各位老师朋友们的讲课录音,有意思得很,欢迎大家来看热闹,或者干脆参与进来,被别人看热闹。

文勇图书馆

第一节 准备工作:教学中的自我反思

2 学生帮助反思：反馈

> We all need people who will give us feedback. That's how we improve.
>
> ——Bill Gates[1]

在本节中，我们的"反馈"特指学生（及其家长）对于课堂方方面面的反馈。我们将讨论"反馈"的几种方式及其操作方法，分析其目标及可能达到的效果。

 我们将在本节中尝试回答如下问题：
1)"反馈"是什么？
2)"反馈"可以通过哪几种方式进行？
3) 每种方式具体如何操作？操作案例是什么？

收集课后"反馈"指的是我们应该尝试去主动或被动地征求学生和家长的建议。为了使反馈发挥最大功效，我们最好带着主动的情绪来收集并阅读他们的反馈，譬如使用课后反馈表来主动获得反馈。对于课堂正面的反馈，我们自然愿意听，但是负面的反馈，也应该主动寻找。前者值得积累加强，使我们的课堂更加熠熠生辉，而后者使我们能够对课堂查缺补漏。更重要的，就教学效果而言，反馈的作用在于以此对之后的课程进行动态调整，使其更符合学生的情况。其实，另一条让学生被动反馈的方式，是布置给学生一些课后任务/作业，这也能让他们回顾当天学到的知识，找出哪些知识点没有掌握好。

（1）教学反馈表

通过专门的教学反馈表可以获得学生对某一节课的评价及其他相关信息，进而根据这些评价在下一节课进行课程的调整。我们个人所推崇的教学反馈表通常包含以下几个方面：

---

① 比尔·盖茨（1955—），美国著名企业家、投资者、软件工程师、慈善家。

1）首先是复述本节课的内容，这是强制要求学生完成的。这个内容其实在一般的反馈表中并不常见，但我执拗地认为每节课的最后五分钟不应该再继续讲解新知识，而是要让学生来复述一下这节课已经讲过的内容。可能上课的时候是一个非常愉快的课堂，但最后学生什么也想不起来，那么这堂课就是无效的。复述的过程一定要学生自己来完成，而不能由老师代劳。如果回忆不起来可以陪着他们一起想，但只有学生自己复述才能加深印象。此外，复述的长度要尽可能长，内容越多越好，不要有遗漏。如果学生不愿意或者没时间写，也可以采取微信语音的方式。即便在口述的时候有一些停顿或重复也没关系，重点在于回顾的过程。另外，如果是主观性的课程（口语和写作），最好用英语来复述，告诉学生不要在意说得是否流利或语言组织得好不好，在思考和纠结的时候才是进步的时候。

2）注意反馈表中"下节课教学内容的安排"这个部分。分为两个方面，一个是增加，一个是删减。删减这一点一定要写，强调通过这节课的学习，下节课什么内容一定不会再讲。也只有这样，下节课会多讲哪些内容才会有意义。把这两个栏目填写好，就能完成最基本的自适应（adaptive）教学过程了。

另外，如下的这个反馈表在课后作业的部分，也区分了两个不同的类别——"必做"及"选做"。必做的作业是开启下一节的基础，是底线，没有完成这个部分的同学最好不要启动新知识的学习，以免新知识没学会旧知识也忘了。选做作业则给愿意下大功夫的学生取得更优的成绩留出了空间。

教学反馈表					
学生		老师		科目	日期
复述本节课所学内容				课后作业	
Tips： 1. 最后的五分钟； 2. 由学生来操作； 3. 长度尽可能长； 4. 微信口述亦可； 5. 若用英文更优。				必做	选做
^					Tips： 1. 老师布置； 2. 家长监督。

(续)

下节课教学内容安排	
删减	增加
给本节课老师的评分： ☆☆☆☆☆	
给本节课自己的评分： ☆☆☆☆☆	

我常用的教学反馈表

其实通过刚才的论述，大家肯定能够看出我有多么热衷于这个动态调整的课程反馈表，又有多少得意于自己成功设计了这样一个朴实无华又处处埋有小心思的反馈表。其实，作为课堂质量监控最朴素的方式之一，课堂反馈表几乎每一个培训机构都有——或是精美无比，彩色印刷，或是使用 iPad 填写，科技无限。但是这些课堂反馈表无一例外地都有一个特点——写了之后没什么人看。学生们自然是不会看的，不认真的学生不必提；认真的学生也可以简单地回头看看自己的笔记，那不是比课堂反馈表详细多了？最终这些课堂反馈表只会变成老师的累赘和销售顾问们邀功请赏的工具。

大家眼前的这个课程反馈表的设计，就是为了诱使所有相关的人能够细细阅读的：

1）由学生自己复述课堂内容要点：这对学生和老师反思课堂效果有直接的作用，家长等人无疑也很关心；

2）由老师布置的必做以及选做的作业内容：这是对学生课后练习的指引，自然要不时翻阅；

3）由老师填写的下节课省略内容：这是学生们最为关心的：

"老师居然因为本节课的讲解，而决定忽略后面课程的某部分内容？老师该不会对我的学习能力有什么误解吧？"

4）由老师填写的下节课增补内容：学生们看到这一栏自然要想：

"莫非我这一节课表现得很糟糕，竟然发现了这么多新的需要学习的知识点！"

（2）课后作业

课后作业作为一种由来已久的课堂效果反馈机制，值得被单独拿出来仔细讨论。刚刚我们提过作业分两种：1）必做的部分——无论如何必须完成的任务；2）选做的部分（如果有空可以多做）——视学生的状态决定。需要注意的是，如果每次布置的作业学生都能按时完成，说明作业布置的量不够。一般应该布置到他们能完成80%的量，这才是对学生的时间与精力最大程度的占领；如果学生全部做完了，我就会很高兴地在下一次布置更多。

另外，我们还要重视正确率的反馈，如果学生的答案都是对的，就说明布置的作业内容是非常失败的。学生极有可能在花费时间做对他们来说轻而易举的工作。一般来讲，合理的正确率应该是10道题里面最多做对7道。所以老师要根据不同的学生布置不同的作业，其实水平越高的学生越难带，原因不在于他们不听老师的话，而在于很难为他们找出足够多刚刚好能做错的题。很多主观题的老师，都在抱怨自己课下有很大的工作量，需要花费大量

Day 20

的时间来批改学生的作业。事实上，对于一个负责任的阅读及听力（以客观题为主）老师来说，也要花费大量的时间才能找到足够多的、能够让学生正好做错的题目。

小结

这一节我们讲了反馈可以通过教学反馈表和课后作业来实现。学生需要在课后复述上一节课学到的内容，而老师要写出下一节课要讲什么内容，什么内容不会再讲了，完成课程的动态调整。课后作业要分为必做部分和选做部分，量一定要超过学生能够完成的量，正确率也要控制在一定范围内。

各位亲爱的老师,你能尝试使用一下如下图所示的这个课堂反馈表吗?

教学反馈表						
学生		老师		科目		日期
复述本节课所学内容				课后作业		
					必做	选做
下节课教学内容安排					
删减			增加		
给本节课老师的评分: ☆☆☆☆☆					
给本节课自己的评分: ☆☆☆☆☆					

教学反馈表

参考范例

教学反馈表（演示）					
学生	三疯	老师	文勇	科目 托福阅读	日期 2030.01.20
复述本节课所学内容			课后作业		
（学生复述部分 + 老师在一旁增补） 句子简化题的基本解题方式包括： 逻辑方法 + detail 语境结合 + detail （老师通过提问诱导）			必做		选做
^			讲义习题—重做 练习册—P30 ~ 50		附加练习题：练习册—P69 ~ 75
下节课教学内容安排					
删减			增加		
关于逻辑的基本理论不再讲解； 本节课未提及的逻辑，布置成为补课作业，相信可以自己吸收，不懂再问； 下节课不再讲解较容易的句子简化题，只讲最难的三个题目。			虚拟语气及其相关语境讲解，增补其他阅读篇章中与虚拟相关的段落及相关语境分析。		
给本节课老师的评分：			☆ ☆ ☆ ☆ ☆		
给本节课自己的评分：			☆ ☆ ☆ ☆ ☆		

教学反馈表

Day 21

3 同事帮助反思：批课

> Before you judge another, ask yourself if what you don't like in them is actually what you don't like in yourself.
>
> —Joe Vitale[1]

在本节中，我们将会讨论"批课"这个打磨课程体系及内容的重要环节，并且思考如何将"批课"带来的好处最大化。

 我们将在本节中尝试回答如下几个问题：
1) 什么是"批课"？
2) "批课"会出现什么问题？
3) 如果我是一个被"批课"的人，应该如何从这一活动中受益？
4) 如果我是一个给他人进行"批课"的人，我又应该如何做才能从这一活动中受益？

所谓"批课"，其实就是学校或教育培训机构中常见的一种集体教研的形式，往往由某一位老师进行其课堂片段的展示，而其他老师进行评论。显然为了促进双方的进步，这种评论应该以"批评"为主，这也是为什么这一活动会被称为"批"课。若没有批课这一环节，我们就很难有机会听到同行提出的意见，也就不容易发现存在的问题了。如果说（1）听录音是自己对于课程内容的反思，（2）看学生的课后反馈是让学生帮助我们精进自己的课程，那么（3）参与批课的活动就是让同行来帮助我们精进课程[2]。事实上，我们很难期待以上的三种反馈方式之间能够相互替代——它们的角度其实是截然不同的。粗略地说，自己听录音容易识别"信息传递结构"；学生的课后反馈易于帮助我们评价"信

---

[1] 乔·维塔尔（1953—），美国老师及作家。
[2] 其实 peer review（同行审阅）并不是一个什么教育行业独有的东西。在科研圈子中，最优质的科研杂志的论文录取，依靠的都不是所谓的编辑的审核，而是依靠同行的评定。

息传递的效率"；而老师之间批课的过程，则是最好的反馈"信息本身的正确与完整性"的时机。

我突然有一种难以抑制的讽刺情绪要爆发出来：在批课的过程中，常伴有明显的政治生态——进行课堂展示的往往是年轻老师，而进行评论的往往是年长老师。于是批课成为年长的老师们展现莫名的权威的地方，即便偶尔有老教师上场的环节，也只是展示只言片语，同事们自然也是以恭维表扬为主，总不好驳了老教师的面子。

而一旦在批课时，出现了以上奇妙的政治性生态，那么批课的有效性就会大幅度下降。不自觉地从一种同僚之间的业务交流蜕化为对权利或年龄的崇拜（无论是表面上的还是实际上的崇拜），这将使原本有效的交流变得索然无味。

事实上，无论台下的老师水平高低，只要有评论与批评，就使呈现课堂的老师有了进步的可能。年长的老师们显然更容易意识到这一点，而如果他们真正意识到了这一点，就应该抑制不住想要上台被批课的冲动——利用自己仅有的权利与权威，为自己的提高寻找上台展示的途径。

另外一个值得注意的是，我们应该珍视那些"明显不那么优秀的老师"可能提出的意见，他们本身"水平很低"并不意味着他们就不能提出高水平的意见。尽管并不是每一个人的意见都值得听，但即使是最糟糕的老师，也很有可能提出好的意见（即使态度不令人愉悦）。这就像是创作能力低下的乐评人也可以有能力评判技艺高超的作曲家。在业务能力精进的过程中，吹毛求疵的评论家往往比热心肠的粉丝更加值得珍视——后者令人得意扬扬却毫无进展，而前

Day 21

者则令人心情沮丧但可以使内容进化。成熟而期待进步的老师们，显然会热衷于前者。毕竟，自己的进步才是自己的。

批课的时候容易出现的另一个问题就是有些老师只准备自己讲得最好的部分，因为他们错误地把批课当成了一个炫耀的环节而不是自我提高的环节。这样就忽略了批课的目的——指出存在的问题并提出修改意见。我们应该抓住批课的机会，发现自己身上的问题，进而提高教学水平，而不是把自己讲得最好的部分展示给大家。

总的来说，作为一个被批课的老师，我们应该：

（1）尽可能挑选自己讲得最糟糕的部分与大家分享，然后享受大家的意见；

（2）虚心接受每一个建议，即便听起来很刺耳，或来自并不成熟的老师；

（3）尝试重复讲上次刚刚被批过的课程，重新演绎同一课堂内容，感受两次课堂间的差异；

（4）慎重对待那些不准备被你接受的建议，至少我们了解了有些听众会这样理解。

作为一个对他人进行批课的老师，我们应该：

（1）关心自己能够从批课的过程中获得什么，即便授课老师经验不足，即便授课老师与自己的授课科目不一致；

（2）反思自己是否也会犯类似的错误，因为每个人都更容易指出他人的错误——他人是自己最好的镜子。唐太宗评价魏征的时候说："夫以铜为镜，可以正衣冠；以史为镜，可以知兴替（盛衰得失）；以人为镜，可以明得失。"就是这个道理；

（3）一旦发现自己很喜欢某个课堂，要反省这是否因为这个课堂的风格与自己的课堂类似，而不是因为这个课堂真的优秀——这没什么不好意思的，我们最喜欢的就是自己的风格。这时候更应该仔细思考其中可能存在的缺陷——这往往就是自己的授课缺陷；

（4）比被批课的人更集中注意力，更累。如果不能做到这一点，请离开批课的现场，你是在浪费他人的时间，当然更重要的是，你也在浪费自己的时间。

那么，在批课的过程中，我们应该具体注意哪些方面呢？尽管没有确切的标准可言，但大家可以参考我的真实批课笔记。

批课/听课记录表				
老师姓名		入职年限		
科目名称		听课者姓名		
批课时间		使用工具		
课堂背景	上节课讲述的是托福中的"平行展开"模式，本节课将要描述所有其他的展开方式。这种内容的安排令人感到困惑。显然，仅"平行展开"方式讲两个小时就显得有些冗余了（这一点在课后我与学生进行的访谈过程中也被提及），这也是学生对老师最为不满的地方。			

项目	分值	评分要点	分值	得分
教学内容	20	讲清课程内容的地位、特点和作用	5	5
		熟悉教材，讲授内容正确、充实、组织合理	5	5
		教学重点、难点把握准确	5	4
		联系实际，举例恰当	5	4
教学方法	30	教学方法灵活、新颖，教学手段多样、合理	6	4
		因材施教，注意启发，互动性强	6	6
		重视学生学习兴趣的培养	6	4
		注重学生能力的提高	6	5
		有利于教学目标的达成	6	5
教学程序	40	教学层次清楚，前后衔接符合学生的认知规律	8	6
		教学步骤科学，课堂结构合理，有理论依据	8	6
		教学重点突出，时间运用科学、合理	8	7
		重视教学信息反馈，及时评价指导	8	8
		教学有创新，有特色	8	5
教学态度	10	普通话准确，语言规范、流畅、逻辑性强	4	4
		备考认真，讲课有激情	4	4
		仪表端庄	2	2
总分	100			84
评语	以下是本堂课中老师的优势和值得改进的地方： 　　（1）在学生相对比较难以说服的情况下，老师展现出了令人印象深刻的温和性格 　　作为观察者，我必须承认这个学生属于相对比较难说服的一类——学生有自己的独立思想，对于与自己观点（特别是第一印象）不一致的概念，			

Day 21

(续)

评语	往往很难接受，需要反复多遍地说服。但这位老师在整个授课过程中，展现出了令人印象深刻的态度，以乐观积极却不失主动的方式，成功地说服了这位同学接受特定概念。 **(2) 特别好的教学习惯：老师先带着学生回顾过往内容，并建立知识框架** 这位老师有一个非常大的优点是，愿意带着学生回顾上节课已经讲过的内容，虽然整个回顾所花的时间都不超过十分钟，但是这一点对于学生记忆学过的内容、建立紧凑的知识框架，有特别大的好处。我这个猜测也在随后对学生进行的访谈过程中得到了印证。 更重要的是，这种复述式引导，并不只是老师拿着 PPT 简单地过一遍上一节课的内容，而是由老师引导学生跟他们一起来回顾并归纳上一节课的重要知识点，并且在板书中形成图例，无论老师本身是否意识到，这都是优秀的复述流程。 **(3) 质疑：在"让步型"展开方式的讲解中，遇到学生的纠结与质疑未能成功解决（缺乏例子）** 本节课中最容易令人产生质疑的点是，对于写作中让步的写法讲解，完全是在讲述理论而缺乏具体的例子，甚至连中文的例子都相对比较缺乏。一个纯粹的讲道理的过程，一旦发生跟学生的观点不一致的情况（在这节课中正好是这种情况），就很难说服学生。如果在课堂的内容中增加更多的中文范例（或者英文范文更好），就能有效地增加说服力。 有幸的是，学生被老师用非常和蔼可亲的、大姐姐式的说理方式引导，最终还是赞同她的观点。尽管过程比较绕，但至少达成了最终的结果，我们很难说这个教学过程是失败的。 **(4) 引申：不应拘泥于理论探讨** 如果我们在讲课的过程中陷入与学生纠结理论本身，则极容易削弱我们教学的有效性。一般来说，我们对于托福教学过程中所总结的理论都应该是"易于说服"，甚至"不言自明"的。我们应该在托福的教学过程中把更多的精力，放在带着学生一起训练语言上（而不是放在说服学生相信一个没有那么容易理解的道理上）。在这方面，这个老师仍然需要努力。 **(5) 一些琐碎的错误** 课堂中有一些琐碎的错误，尽管未被学生反应过来，但如果学生反应过来了，的确会影响老师的权威性。比如老师在上课的时候提及 SAT 考试是由 ETS 来出题的（事实上并非如此）。这需要老师通过了解整个行业的概况来帮助克服。 另外，有可能是因为课堂中出现了观察者，这位老师在上课的时候出现了两次较为严重的口误。其中更为严重的一次，在讲解了五分钟之后才

（续）

评语	意识到自己所讲述的内容与观点是正好相悖的，这令听众感到十分疑惑。 这种错误年轻的老师在紧张时难免会犯。我认为存在这样的可能性：在没有观察者的时候，这种错误不会再犯。同时，我们欣喜地看到，这位老师有礼貌、有节制，也非常迅速地更正了这些错误，使整个课程能够平缓地流动下来，没有造成更多的不适。这种课堂的掌控能力，令人印象深刻，而恰恰是大姐姐似的上课风范，才能展现出如此良好的控场能力。 **（6）老师如何解决一对一课堂中可能出现的问题——缺乏陪伴感，通过列举其他同学让学生感受到陪伴感** 一对一的课堂最容易出现的问题是学生缺乏陪伴感。当一个学生在上一对五的课程（甚至更多学员的班级课程）时，他能感受到同伴带给他的压力及竞争。一对一的课堂往往做不到这一点。但眼前的这位老师，非常好地不断提到这个同学所了解的其他 VIP 学员的例子，以此来保持这种竞争感和陪伴感。无论这种过程是无意还是有意为之，都特别值得被推崇。 **（7）对于作业的讲解，万能理由 teamwork 令人印象深刻** 这个老师在讲写作理由时，不但带着学生进行了头脑风暴，而且在连续的 2~3 道题目中都引入了"团队协作"这个万能理由，印证了她在前面的课程中所描述的某个理论，尽管在本节课中未曾出现，但从学生的表情中我们非常清楚地看到了"说服"与"信服"的过程。
学生反馈	我感觉老师挺好的，能说会道，讲课有条理，简单易懂，内容丰富。唯一的缺点是进度有点慢，特别是上一节课，就讲了一个分层法。

在这里我补充几句：以上的这个批课笔记更像是一个听课笔记，因为是一边听课，一边记录内容。真实的批课课堂更应该是你来我往的，最好是每讲 10~20 分钟之后，大家就能停下来探讨一番。当然停顿的频率也不宜太高，以免打乱正常的课程流程。

小结

这一节我们了解了批课是什么，以及批课过程中存在的问题。无论是新教师还是老教师都应该抓住批课的机会，虚心接受同僚的意见，才能进步得更快。并且批课不是一个炫耀的环节，而是找出问题的过程，所以要尽量挑自己讲得不好的部分进行展示。我也展示了一个真实的听课笔记，分享了常见的、值得关心的角度有哪些，与大家共勉。

落地练习

亲爱的老师,不知道你所处的机构(或许你自己就是老板)是否有定期批课的安排呢?你和新教师们是否都能够真正地从中受益呢?你能否使用正文中我们所使用的批课/听课记录表,尝试记录并反思一次真实的批课/听课的过程呢?

批课/听课记录表

老师姓名			入职年限	
科目名称			听课者姓名	
批课时间			使用工具	
课堂背景				

项目	分值	评分要点	分值	得分
教学内容	20	讲清课程内容的地位、特点和作用	5	
		熟悉教材,讲授内容正确、充实、组织合理	5	
		教学重点、难点把握准确	5	
		联系实际,举例恰当	5	
教学方法	30	教学方法灵活、新颖,教学手段多样、合理	6	
		因材施教,注意启发,互动性强	6	
		重视学生学习兴趣的培养	6	
		注重学生能力的提高	6	
		有利于教学目标的达成	6	
教学程序	40	教学层次清楚,前后衔接符合学生的认知规律	8	
		教学步骤科学,课堂结构合理,有理论依据	8	
		教学重点突出,时间运用科学、合理	8	
		重视教学信息反馈,及时评价指导	8	
		教学有创新,有特色	8	
教学态度	10	普通话准确,语言规范、流畅、逻辑性强	4	
		备考认真,讲课有激情	4	
		仪表端庄	2	
总分	100			

（续）

评语	
学生反馈	

Day 21

> **参考范例**

说明：当老师团队进行批课的时候，常关注以下几个方面。

（1）统一思想，认定批课的环节是一次同僚之间的交流，而不是展现虚无权威的过程。

（2）以"指出问题/批评"为核心——即便偶尔出现表扬的环节，也是为了更好的批评；即便没有提出带有解决方案的批评，也是优秀的批评。而这正好提供了一个真正脚踏实地的可供讨论的话题。

（3）老教师和新教师拥有一样的机会来展现自己。我一直认为，最迅猛（事实上也是压迫感最强）的新教师训练方式是这样的：

1）一共20节课的内容，分40天讲解完毕：一天备课，一天批课；

2）批课过程由两人进行，一老一新；

3）新教师先完整地将课程讲解一遍，老教师提出若干批课意见；

4）老教师再完整地将课程讲解一遍，新教师提出若干批课意见。

看似冗长，实际上进步最快。批课最为忌讳的事，就是一个老教师，无关痛痒地说上几句漂亮话，鼓励年轻教师们备课。然后年轻老师们备受鼓舞，但实际上不会讲课的，依旧不会讲课。

以下是一些具体的批课案例，都是我写的批课记录表，当时的错别字也不改了，保持现场感。

案例一

批课/听课记录表			
老师姓名		入职年限	
听课人姓名		批课时间	
使用工具			
课堂背景	这是一节"作业讲解"类课程，这节课的核心内容在于讲授前面已经布置过的作业，而并非讲授新的知识点，所以我们对于这节课的特点总结有可能是偏颇的。		

(续)

项目	分值	评分要点	分值	得分
教学内容	20	讲清课程内容的地位、特点和作用	5	4
		熟悉教材，讲授内容正确、充实，组织合理	5	4
		教学重点、难点把握准确	5	4
		联系实际，举例恰当	5	5
教学方法	30	教学方法灵活、新颖，教学手段多样、合理	6	5
		因材施教，注意启发，互动性强	6	6
		重视学生学习兴趣的培养	6	6
		注重学生能力的提高	6	6
		有利于教学目标的达成	6	6
教学程序	40	教学层次清楚，前后衔接符合学生的认知规律	8	8
		教学步骤科学，课堂结构合理，有理论依据	8	6
		教学重点突出，时间运用科学、合理	8	6
		重视教学信息反馈，及时评价指导	8	7
		教学有创新，有特色	8	6
教学态度	10	普通话准确、语言规范、流畅、逻辑性强	4	4
		备考认真，讲课有激情	4	4
		仪表端庄	2	2
总分	100			89

评语

最开始的时候，这位老师和学生可能因为有观察者在场的影响，所以都不是很放得开，比较畏畏缩缩，但是在十分钟之后就进入了上课的正常状态。

以下特点都具体反映了正常状态下老师和学生的行为：

（1）缺点：写作老师对待学生听力听不懂的部分，缺乏有效的方案

由于今天讲授的是综合写作的部分，涉及听力的内容，但写作老师对于学生听不懂综合写作中的听力部分这个现象，缺乏有效的办法。除了不断地重听和反复让学生听特定的句子之外，并没有传授具体的方法论。

对于这一点的解决方案，依赖于写作老师拥有的完善的听力训练理论。一个对于听力方法论比较熟悉的写作老师，不但能够解决综合写作中的听力问题，也能够更好地在教学上跟听力老师打好配合。

(续)

评语	**（2）特质：一节有成效的习题课** 习题课时常容易变成"毫无收获地对答案"的代名词，但这位老师能使用一种相对取巧的方式来对待习题课，使其卓有成效。具体来说，这位老师提前帮学生批改完所有作文，但在批改后并没有进行任何知识点和理论的总结。上课时，每遇到一个他已经批改过的错误，就在这个错误上与学生进行讨论，进行理论的总结，并将总结写到 Word 文档上，这样既节省了提前总结知识点的时间（这对于老师来说是一个优势），也让学生知道老师所讲的所有理论都建立在他已有的错误之上，能有效地增加学生的课堂投入感。 更进一步来看，在这位老师的课堂上，他所讲解的每一个知识点都是基于学生的错误本身，而不是虚拟的（这是精细理论学家们不常用的方式——精细的理论家们不容易给学生如此深刻的感受，因为他们所描述的错误都是虚构的、提前找好的，与眼前这个学生所犯的错误未必一致）。这种基于事实经验总结的理论会给老师带来令人难以企及的自信与课堂掌控能力。 但是这样的授课方式可能出现的问题是，整个课堂由于缺乏一个明显的内容主线，所以显得理论比较糙杂，这也有可能是作业讲解课的必然问题。如果能够增加与已有知识的连接讲解，可能会更优。 **（3）这位老师在上课过程中体现了令人惊讶的教学技巧** 令人印象深刻的是，该老师通过反复多遍地叹气表达了对于"自己原本寄予极高期待"的学生没有达到应有水平的不满，而这种诡异的小技巧令人印象深刻：以批评和嘲讽作为对学生刺激的手段，就像古代武器中的长鞭一样，有力、歹毒却难以使用，有幸这位老师展现了一个良好的范例。 在本次课程的后半段，由于学生的作文中出现了该老师多次强调过的错误，他有意或者无意地（我认为更倾向于是有意地）展现出了"大发脾气"的一面。这种"大发脾气"非但没有令学生感到反感，实际上反而会正向刺激这位学生。（这种正向的刺激，在我随后对于学生的访谈过程中也得到了印证，学生在老师的"脾气"中体会到了老师对他非常负责任。） 另外，他不断地将这位同学与他班上的其他同学进行比对，给学生留下深刻的印象。而且，这位老师有意规避使用语法中的专业术语。他在讲解定语从句时，绕过复杂的名词，使用非常朴素的方法将这些语法概念解释清楚了。

（续）

学生反馈	最大的优点：清楚地知道我写作的问题在哪里，包括思路和逻辑也能够直接指出，上完每一节课都记忆深刻，不会像其他老师一样只进行鼓励教学，那样反而没效果。 缺点：太忙，课太难安排；有时候确实感觉老师有点凶；其他没有什么明显的缺点。

案例二

集体教研记录表			
教研科目	雅思写作	记录人	
参与人数		教研日期	
教研点评	（1）不必要的截图 　　在今天的教研过程中，有许多老师的PPT中都出现了截图，但除非是为了证明特定内容是真实出现过的（如答题纸，真实考过的考题等），其他形式的截图容易让人以为老师懒惰，不愿意将章节的内容敲成文字版本放在PPT上。 （2）知识的罗列 　　不少老师都热衷于在PPT上进行大量的句子（或其他知识点的）罗列，我并不认为这是一个好的方法。大量的罗列只会让学生认为这是一个"努力的老师"（就像google一样），而并不是一个"优秀的老师"。后者应着重向学生展现自己对于知识的分析以及体系的构建。譬如说在句式的罗列过程中，将要对句子进行分级、分节、分特点、分题材、分使用场景的结构化过程，这个过程会使学生觉得，从老师这里学到的不只是google一下就能搜到的东西，更多的是一种独有的信息分析结果。更重要的是，给学生传递这种"结构化"的知识，事实上是给学生提供一个回顾这些知识的相互联系和应用的抓手。 　　可以这样说，老师的作用并不仅仅是为了收集信息（特别是在现在这个时代，网络上的信息不是太少了，而是太多了）。可以毫不夸张地说，上课时，我们所讲的每一个信息，在网络上几乎都可以找到对应，那么在这种背景下老师的作用是什么？应该是对学生们能够在网络上找到的知识内容进行规划、分类、总结，甚至是删除。而这个过程有多少是能够在我们今天的PPT中展现出来的呢？		

（续）

教研点评	**（3）范例的抽象化** 今天我看到非常多的老师都热衷于在 PPT 中给出范例，但却没有充分地对范例进行抽象化。首先，毋庸置疑的是，学生对于标准范文是有强烈需求的，但表面上他们仅仅是需要一个范例，实际上他们的期待是希望自己能写出那个范例来。因此，老师要做的，并不仅仅是给出范例本身，更重要的是对这个范例进行分析，譬如说这个范例的写作顺序、框架、逻辑结构是什么，再将这个顺序、这个框架、这个结构传递给学生，那么学生就有了一个模仿的路径。这就好比让一个学生直接背诵一篇文章会显得特别困难，但若是已经让学生理解了这篇文章的结构框架、展开方式，甚至写作顺序之后，再去复述就显得容易多了。应该说今天若干老师的 PPT，大都没有把这个特质展现出来。 **（4）文字与语言的差异——如何给出范文** 各位老师在进行集体备课的时候，由于没有具体的学生，所以其实在备课的过程中都缺乏普通学生的范例。但直接让学生看我们给出的参考范例，他们往往感觉不出来对自己有什么好处，或者跟他们现有的水平有什么差异。如果我们有机会把学生的真实作文与范文同时放在 PPT 上，让他们自己去对比，才能让学生产生强烈的学习冲动。 **（5）翻译练习** 我们的目标不仅是让学生进行翻译练习而已，更重要的是希望他们从翻译的过程中能够将"范例内容"与他们"原有的知识结构"进行联系，直到能够进行替换为止。所以我们在这个过程中需要反复多遍地进行同一个句子的翻译。如果大家能够考虑在集体备课的过程中，对翻译训练也进行集体备课，归纳出统一的几个翻译训练，贯穿在所有写作的教学过程中就更好了。 **（6）打磨亮点** 必须提及的是，老师们之间融洽的关系和对自己内容毫无保留的分享会令人印象非常深刻。尽管内容可能还比较青涩，但至少乐于分享并且相互指正。 老师们的青涩还重点体现在这样一个方面：大家并不擅长将自己有机会打磨成亮点的知识向学生传递清楚。譬如有好几位老师都提及了要学生注意"信件写作的时态"，但大家都没有举出具体的例子来。譬如，过去发生的事情在写投诉信的时候，需要用过去时态，之后要给出的解决方案则要用将来时态。

（续）

教研点评	老师们授课时仅仅在嘴上说一下"两种时态的差异"其实是不够的，既然现在已经讲到这个特质，如果我们可以先让学生写这两句话（他应该很难注意过去时态和将来时态），之后再让学生看一下标准答案，他们就能意识到自己的问题在哪儿，也能意识到老师们的价值了。甚至我们应该在此时强调，如果能够正确地使用过去时态和将来时态，这会是一个非常完美的展现语言能力的得分点。 　　看得出来，大家在以上所设计的这个流程中，有特别关键的一步，是设计了一个让学生故意犯下这个错误，再去给他讲正确答案的过程。这种教学上有意设计的小陷阱事实上是重要的，因为学生往往意识不到我们给他讲的内容有多重要。只有你让他真实地犯了这个错误，他才会认识到写作这种输出型科目，老师所描述的内容看上去漫不经心，实际上都是最容易犯错的点，也是非常值得学习的点。 　　**（7）说话语气、说话的声音大小和说话的速度** 　　我想肯定是因为这是一个教研课的缘故，所以老师们在讲课的时候语气普遍比较平，很难让人听到任何的结构感，并且 PPT 也缺乏结构感，这最后可能会导致学生难以复述、难以清楚地表达和了解在这节课到底学到了什么东西。 　　应该说在这次整个教学过程中，两位老师的课程令人印象深刻，这可能与她们说话声音相对比较大、语速比较快有关系。声音大、语速快事实上是增加说服力的良好方法，这也是新教师有必要向老教师学习的要素。 　　**（8）对难以固化的概念的处理** 　　诸位老师在讲话以及讲课的时候有若干虚化的概念，譬如今天的教研中不少老师都提及了"语气"。但"语气"是什么？具体表现为什么？我们一定要摒弃这样一种倾向，就是向学生传递的信息是空的、虚无的、没有着力点的概念，尽管听起来很高深，但学生点头的同时却不知道如何执行，这是一个糟糕的情况。我们应该给学生提供简单明了的内容，如果要提及"语气"这个概念，请告诉他们哪些词表达了某种语气，而且是适合他们这个水平段的词。
结论	
下次教研的内容	
人员分配	

第二节　如何使同样的教学观点变得更具吸引力？

如何使同样的教学观点变得更具吸引力？
- 课堂中的"吸引力"指的是什么？
- 如何让学生被动地感受到"吸引力"？
- 如何让学生主动被"吸引"？

> Bore: one who has the power of speech but not the capacity for conversation.
> 　　　　　　　　　　　　　　　　　　　　—Benjamin Disraeli[①]

在本节中，我们将会讨论使课堂富有吸引力的方法。

 我们将在本节中尝试回答如下问题：
1) 课堂中的"吸引力"指的是什么？
2) 如何让学生被动地感受到"吸引力"？
3) 如何让学生主动被"吸引"？

　　课堂中的"吸引力"，是指老师在上课的过程中，尝试通过各种方式，促使学生将注意力集中到课堂内容上的能力。有吸引力的课堂可以使学生把注意力集中到教授的知识点上，并且引发他们进行思考。在课堂上，老师真正的对手不是其他竞争机构，而是一切可能转移学生注意力的事物，比如微信、抖音和王者荣耀。而且最残酷的课堂吸引力测试就是"允许同学们持手机上课"，我们真的能放心让他们这么做吗？

---

① 本杰明·迪斯雷利（1804—1881），英国保守党领袖、政治家、作家，曾两次担任首相。

Day 22

吸引力在很多人眼中是一个很难获取的能力，他们认为"只有有意思的人说话才有吸引力"。但是，我对课堂的吸引力有一个奇怪的小窍门，就是把观点句（说服性的句子）经过额外的打造，改成看起来不那么正确的句子。什么样的句子是不那么正确的句子呢？比如说我经常告诉我的学生：

> "同学们，大家一定要尽量把题做错。"

学生的第一反应是老师口误了。当我解释了这么说的原因（标准化考试的考点是固定的，平时做题的目标是发现自己不熟练的知识点，找到错误的原因，再多加练习），他们才反应过来这句话的关注点所在，并很容易被此说服。以上的观点被逐步推进的过程，就是同学们自我说服的过程。

所以大家看，这个说服的最终效果明显就不一样了。那些显而易见正确的话不会引发学生的思考，而那些真正有吸引力的话往往会让他们先愣一下，再恍然大悟。更加直接地说，如果你的观点句是"明显正确的"，那就是时候要担心你的内容的吸引力了。我的小诀窍是：如果原有观点是"明显正确"的，就试着通过"how to"的问法来改变陈述方式，就是对这个问题不断地追问"如何做到这一点"。

比如有些老师经常说的"尽量将题目做到满分"，就没什么吸引力，改成"how to"的形式之后就变成了"如何将题目做到满分"，这就要求学生"了解每一个知识点"。但只说"了解每一个知识点"也很空，这就进一步要求学生"遇到不会的知识点时都花心思学习"。然而这个要求还是不够具体，所以为了达到这一点，学生需要"珍惜每道错题"，也就是"努力把题目做错"。这个观点的构造过程如右图。

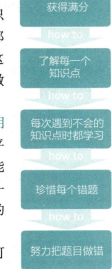

一定要强调的是，即便原有论断是正确的，尝试使用"how to"得出的新论断，也很可能存在巨大的逻辑谬误。平心而论，使用"how to"衍生出来的新结论，只是若干种可能引发目标结论的方案中的一种，甚至未必是最有可能的那一种。更何况，我们往往会将一个论断，多次使用"how to"的方法进行演化，结论的严谨性其实是值得怀疑的。

但是，在上课的时候，为了追求感染力，我们有时候可

第二节　如何使同样的教学观点变得更具吸引力？

Day 22

能不得不放弃部分论述的严谨性。其实那些坚定而富有感染力的话,往往都是经不起推敲的。不信你试着找任意一句鸡汤(或标语和口号),无论它多么优美,都难称严谨。

> "只要努力,就一定会有回报的!"

多么美好的鸡汤啊!但略懂逻辑的人一想就能明白,这个论述过于绝对化。其实:

(1) 有很多人都努力了,却没有获得任何回报;

(2) 我们甚至需要定义努力的方向——只有顺应事物发展规律的努力,才可能获得良好的回报;而若是方向错了,恐怕只是在做无用功;

(3) 独立的个体如何定义正确的努力方向呢?如果你熟知历史,就会知道历史的波动超过了人类最伟大的小说家的想象。我们总是不断被180°大转弯的历史闪了腰,这一刻我们认为正确的努力方向,但是五年之后就大相径庭了。牛顿被爱因斯坦揍得鼻青脸肿,可刚到了一个新领域,爱因斯坦又被波尔按在地上摩擦。我们至少可以得出这样的结论:关于努力与回报之间的关系,要想把所有可能性都讨论清楚,可不是一件容易的事情。

但是这都不重要!我们依旧觉得"只要努力,就一定会有回报的"这句话听起来鼓舞人心。人类就是这样固执地相信这些"鸡汤"。对于改变不了的人类天性,就尝试利用吧,没有什么不好意思的。唉,人类啊。

上面讲到的方法,总的来说属于老师主动将讲解的内容以有趣的方式编排或用新奇的形式展现出来,让学生被动地减缓学习的疲惫感。显然这些动作是应该做的,但是似乎很难缓解学习带来的本质上的疲惫感。学习无论如何都是一件难受的事情——学习的本质是了解新知识,跳出舒适区。可以简单地说,学习就应该是不舒适的。

在这样的大背景下,除了让学生"被动"地觉得跳出舒适区不是一件难受的事情之外,让学生"主动"尝试克服疲惫感也是重要的。利用学生的功利心,努力强调眼前内容的有效性也是一个务实的选择。如何判断眼前内容的有效性?分数!分数!分数!

显然,人人都希望能够提高综合能力,但是还有什么比直接提高分数更令人兴奋的呢?先让我举一个逗趣儿的例子:在大学中,哪一节课上的学生是最认真的呢?第一节课了解教学大纲?显然不是,应该是最后一节课,老师划考

试重点。最后一节是形式上最枯燥无味的,但也是学生们听得最认真的。老师只需要无精打采地说:

> "大家翻开第 X 页,这点很重要,要重点复习一下,考试会考到。"

下面的学生无一不聚精会神,课堂上只有刷刷的翻书和记笔记的声音。(这个时候如果有谁想要破坏课堂秩序,说话声音太大什么的,一定会被周遭的同学怒斥。)所以啊,作为一个教授标准化考试的老师,当我们在讲解课程内容的时候,如果能够这样说:

> "这个知识点在刚刚过去的考试中考查过!"
> "这个知识点是每次考试必考的,各位同学考试那天也毫不例外!"
> "如果考试的时候你能够这样做,那么冲击高分就很有希望了!"

想想看,听到这句话的学生,学习的主动性当然会大幅度提高啊,这不就是他学习的目标吗?惭愧得很,我们又是在利用人类的天性啊。

小结

以上就是这一节的全部内容,这一节中我们讲的是通过把观点句改成看起来不那么正确的句子,还有以 "how to" 的形式来发问,可以有效地引起学生的思考,吸引他们的注意力。然而有的时候也需要放弃一些严谨程度来追求感染力。另外,让学生意识到我们讲的东西是能够直接提高分数的,从而让他们主动去学习,也是增加吸引力的一种方法。

落地练习

亲爱的各位老师,你能罗列几句"你最喜欢用来说服学生的话"吗?而且想想看,这几句话有没有可能通过我们在本节中所讨论到的"how to"的方法,改编成为一句"听上去没那么正确的话"呢?

```
┌─────┐
│     │
└─────┘
  how to
   ▼
┌─────┐
│     │
└─────┘
  how to
   ▼
┌─────┐
│     │
└─────┘
  how to
   ▼
┌─────┐
│     │
└─────┘
  how to
   ▼
┌─────┐
│     │
└─────┘
```

✎ _____

_____

_____

_____

_____

_____

_____

Day 22

参考范例

请参考正文中关于"如何将题目做到满分"的例子。

第三节　如何建立最大说服效果的权威感？

本节将讨论课堂中的"权威感"这个话题。作为老师，我们需要权威感来帮助我们说服学生去笃定地相信我们的知识，并跟随我们的指导。我其实知道，似乎讲解"如何建立权威感"的话题，有损老师的高傲气质。但一个"紧密跟随老师建议"的学生显然要比一个"频繁质疑老师的学生"，更容易在短时间内取得好成绩。而毋庸置疑的是，想要让学生们完全跟你的建议走，就必须要有良好的权威感。

事实上，确保权威感的方法很多，而且不同的老师都有不同的方式，"八仙过海各显神通"。有时候甚至声音的大小及句子表达方式都可能会有影响。譬如我自己平时在跟学生说话时，会额外注意使用更为斩钉截铁的语气，譬如，我很少对自己的学生说：

"同学们，让我们一起来学习一下这个知识点，好吗？"

为什么很少说这句话？因为学生们才不要和老师"一起学习"呢。老师们早就学完了！学生花钱是过来"向老师学习知识的"，而不是"和老师一起学习知识的"。如果您细细地品味，会发现这两句话在"权威感"传递上的显著不同。当然了，可能老师也只是为了表达自己的和蔼可亲，那就另当别论了。

以上所提及的只是一个琐碎的细节，而具体的提高老师权威感的方法，主要有三种路径可供参考：（1）使用"自述权威"或"他述权威"的方法，让学生在短时间内迅速对老师的人生背景产生崇敬感，从而对老师所提出的要求更

Day 22

加愿意执行。（2）使用"最新的信息"，让学生明白老师所讲的知识是与时俱进、不断更新的，从而引起他们的重视。（3）使用"过往的信息"，以展示出老师对行业知识的积累及相关过往历史的熟悉，从而让学生信服老师进行的归纳总结。

- 如何建立最大说服效果的权威感？
  - 自述权威或是他述权威
    - 什么是自述权威和他述权威？
    - 在实际授课过程中如何操作？
  - 使用最新信息制造权威感
    - 什么是"年轻"的力量？
    - 如何通过使用年轻的力量（最新的信息）来建立权威感？
    - 有哪些值得关注的最新信息源？
  - 使用历史信息制造权威感
    - 什么是过往信息？我们为什么愿意称之为"年龄的礼物"？
    - 如何使用这些过往的信息？
    - 如何才能培育并利用这种权威感？

1 自述权威或是他述权威

A good reputation is more valuable than money.

—Publilius Syrus[①]

在本节中，我们将会讨论"如何利用自述或他述权威感来更好地说服学生？"

 我们将在本节中尝试回答如下问题：
1) 什么是自述权威和他述权威？
2) 在实际授课过程中如何操作？

所谓的"自述权威"，是指自己主动描述自己的一些个人信息（个人生平），以此来帮助自己建立权威感；而对应的，所谓的"他述权威"，则是指通过别人的表达，来描述/赞扬自己，帮助自己建立权威感。

自述权威最大的优点在于，最了解自己的人往往就是自己。无论老师有多么不善言辞，但在描述自己时都往往会更加生动且充满说服力。譬如当我们准备要向学生描述某种学习经验的时候，比对如下两种描述方法，哪种更有说服力：

> "我曾经有一个学生，他的水平与你差不多，当时就是照着我的方法做的，后来取得了成功。"

[①] 普布里乌斯·西鲁斯（公元前85年—43年），拉丁作家。

Day 23

或者是

> "我自己在高中的时候，英语水平也很不好，可是当时我对自己要求很高，于是总结了这样一条规律……坚持做下来，发现这是一个事半功倍的好办法……"

答案是显而易见的：后者更有说服力。但是，如果想讲述的话题并非纯粹的学习方法，那么我们仍然面临着一个大麻烦：现在我们所面对的学生，见过的世面，比 20 年前可要多得多了。以前老师可能只需要说自己出过国，就已经令人羡慕不已，而现在，我们甚至很难保证自己去过的国家比眼前的学生更多。正因为这个原因，在"非学习方法"的领域，我们很难通过自我描述一个令人羡慕的事实来说服学生。且如果操作不当的话，还很可能会导致学生对老师产生反感：我记得很清楚，在二十多年前，我曾向我的小伙伴们炫耀自己吃过麦当劳，周围都是羡慕的眼光和滴落的口水，而现在你敢向人炫耀你自己吃过麦当劳吗？这个例子或许太过极端——但是大伙儿权且把这个事儿当作一个提醒：想要出国留学的这帮孩子，可能比我们想象的更难佩服别人。这时让搭班老师或是助教老师来向学生透露那些自己早已经准备好了的事实，可能会更加具有说服力，也不容易引发学生的反感。也就是说，我建议大家要找别人来传递自己权威的信息。

比如说班上有助教，就可以请助教来传递：你在哪里读过书，教过多少学生；也可以让同一个机构的其他搭班的老师来说，互相支持。事实上，我时常这样说服老师们：

> 要尝试和班级的助教或是班主任搞好关系，暗示（甚至干脆明示）他们可以在各种与学生接触的场合，多多尝试表扬自己，多多建议学生完全跟随老师的建议学习。

可是每次我这样一说，总觉得自己好像在说什么见不得人的话，这样"诡异"的小心思在道德上总觉得不太正确。"伟大、光明、正确"的情形应该是这样的：老师的权威感不言自明。最好是学生来上课之前，就已久闻大名，如雷贯耳；上课时为老师的学识所倾倒，崇拜不已；完课之后，余音绕梁，威名远播，那该多好啊。

可是，可是，可是，可是……

我们并不是这样神一样的老师啊。的确，没有人会不喜欢不言自明的权威，可哪里有这么容易呢？佛祖说，佛法啊（真理）如同月亮一样，而描述真理的语言，连指向月亮的手指都比不上呢。（佛法曰："手指指月，指非月。"）可是如果手指多几只，即便不如月亮，但总归像是月亮撒出的月光。众星捧出来的月也是月，有总比没有好。

我想，解决心中道德困境的关键之处在于，明确我们这样做，无非是为了促使学生们更好地遵循我们的学习意见而已。这是最高学习效率的由来。成熟的老师几乎都会赞同我的观点，一个死心塌地愿意遵循老师意见的学生的学习效率，要远高于一个挑三拣四、疑神疑鬼的学生。学习是一件辛苦的事：一直尝试寻找最优路径很可能不如抓住一条道路硬着头皮走到头。

最后，让我说一个令人吃惊的事实：

> 有这样一些精细化运营的公司，他们会罗列诸多学生学习过程中的 touchpoint（接触点），然后在这不同的接触点与学生发生不同的接触行为。帮助其所在班级的老师建立权威，居然（也果然）是这诸多 touchpoint 的明确任务之一。

看来"细节决定一切"这句话，并不是一句空谈啊。

小结

以上就是这一节的全部内容了。在本节中我们讲到如何利用自述权威或他述权威的方式，来建立老师的权威感，从而使学生能够对老师更加信服，以更加配合老师的教学指导，更快地提升自己的英语水平。

落地练习

　　亲爱的各位老师，能回顾一下你所崇拜的人吗？（即便现在已经不再崇拜了，可谁没年轻过呢？）你还能记得这些人是如何在你心中建立起权威的吗？细细回顾一下这些信息，它们是如何传递给你的呢？是他们自己说的吗？还是旁边的人在推波助澜？

　　如果是你想要建立权威感，你会怎么做？会如正文中提及的那样，尝试找别人帮忙吗？

Day 23

> 参考范例

让我来描述一下我与同事们协作的几个"小心机":

(1) 与助教老师的协作

我会请求助教老师在课后辅导时,尝试使用我自己的出版物为学生进行辅导:这一方面当然是因为这些内容与我上课的内容能够良好地融合在一起,事半功倍;但同样重要的是,让学生有机会意识到为他们上课的是一位著作等身、乐于钻研考试的好老师。

助教老师常常这样说(让我脸红地引用一下):

> "现在给你使用的配套教材,就是你的授课老师文勇的著作啊。你可能还不知道吧,他写了好多书呢,真真切切地影响了好多学生呢。你能够有机会跟随他学习,可不要浪费了这个机会啊。"

亲爱的各位老师,我猜想你给学生发放的课后资料有时候也会是自己编纂的,你也会通过这样的办法告诉学生,让他认定你的权威吗?

(2) 与班主任的协作

我会请求班主任老师在每次开班之前,都对我的教学生涯进行简要的介绍,这些内容容易让学生们产生先入为主的崇拜感与权威感。

班主任老师常常这样说(让我脸红地引用一下):

> "给你们上课的文勇老师是年轻的老人了,十多年前就在教授这个考试啦,也带领和培育了一大批的年轻老师。我自己听他讲课也好几年了,思维非常缜密,更重要的是,直到今天为止,他还会不断增加最新的考情,归纳新的知识点。所以,大家上课一定要跟着老师的思路仔细听。"

(3) 与搭班同事的协作

我会偷偷询问搭班的其他老师希望我在课上提及的内容,同时也请求他们帮我呈现我想要呈现的内容。

搭班老师常常这样说（让我脸红地引用一下）：

> "这一块内容非常重要，其实我知道我的好朋友文勇在他的课堂的前几节课上，一定也讲到了这一方面的内容，只不过是从他所讲的这个学科的角度。这个死鬼研究英文考试研究得很深的，很有些真本事，真的能把复杂的问题简单化，大家一定要注意模仿他的做题思路，会有意想不到的效果。"

亲爱的各位老师，你与你的搭班同事也会有这样的课堂小配合吗？

Day 24

2 使用最新信息制造权威感

New information makes new and fresh ideas possible.

——Zig Ziglar

在本节中，我们将会讨论"如何通过使用年轻的力量——最新的信息，来建立权威感"。

> 我们将在本节回答如下问题：
> 1）什么是"年轻"的力量？
> 2）如何通过使用年轻的力量（最新的信息）来建立权威感？
> 3）有哪些值得关注的最新信息源？

所谓的"年轻的力量"，是指使用最新的信息，来说服眼前的学生。作为老师，如果想要在授课过程中建立权威感，只凭总结过往的经验很可能是不够的。我们应该了解所教授的科目或是行业中最新的信息，并且在教学过程中体现出来。譬如无论我们所教授的考试是什么，我们都应该做到对这些问题了如指掌：上周的考试都考了什么题目？最新的考试有什么变化？甚至最新的考试费用是多少钱？我们需要学生（听众）对于最新的信息额外崇拜，进而很好地保证听众跟随我们的建议去学习。

最新的信息往往能够带给学生一种奇妙的心安的感受，佐证了这样的结论：他们的老师所使用的并不是过度老旧的信息，而是最新的考试信息。而这些最新的信息可以传递给学生这样一种暗示：现在"课堂上所教授的知识"与他"即将遇到的考试"的间隔时间很短，因此二者的内容很可能有许多相似之处。理性地说，这种暗示未必是正确的，我们很难简单地说，相邻的两次考试内容一定会具有一致性。在标准化考试中，考点之所以会极尽可能地一致，并不是来自于时间上的相邻，而是来自于标准化考试本身"标准化"的特点。按照官方公告中的解释，"日期相邻一周"的两次考试题目，并不应该比"日期相邻一

---

① 金克拉（1926—2012），美国企业家、国际知名的演说家、作家。

年"的两次考试题目之间的难度更相近。可是尽管如此,我们依旧需要使用最新的信息给学生带来心理安慰,这种行为也毋庸置疑地会增加老师的说服力。

此外,使用最新的信息能够从另外一个方面给学生明确的提示:老师的知识体系会根据最新的考试内容而进行调整。这种细微的变化对于学生来说很有意义。尽管所有的标准化考试都声称自己的考试难度长久不变,但是由于考试机构自身并不会给出明确且细致的考试大纲,所以几乎每一个老师都面临着对考点的猜测及罗列的过程①。这个罗列,很难是完整的。以我自己为例,我自己教授托福考试,并且长期以来都尝试在 www.liuwenyong.com 这个网站上公布我所认为正确的"新托福考试全考点知识图谱",这是一个完全免费送给考生的福利②。尽管我在 2009 年就已经开始广泛地公布这个考点图(甚至在各种场合自以为是地宣称自己已经将所有的考点罗列清楚),但是在随后的若干年中,这个图依旧在不断地演变,从 v 0.1 一直到现在的 v 1.4。(亲爱的各位老师,可能你看到这本书的时候,最新的版本已经是另外的一个版本编号了)。这些更新的过程,总是源自新出现的考试,我们总会在其中发现一些自己在备课的过程中没有见过的,或者归纳不完整的知识点。通过最新的知识来补全自己所教授的完整的知识库,这是一个优秀教师不得不做的事情。

雅思 2017 年度白皮书

---

① 此处有关"罗列"的内容,在本书的第一章第二节的第六小点"记录与穷举"中有详细的叙述。

② 关注公众号"文勇图书馆(wenyonglibrary)",回复关键词"33 天"后即可获取脑图。

Day 24

现在网络上有若干所谓的名师（我自己就是其中的一份子），会被不断地要求讲解各类考试的趋势与变化，我并不认为这是必需的。作为一个标准化考试，它应该尽可能地保持稳定，若干微小的变化，即便有，也会在自己的官方网站上描述得极其清楚。譬如托福考试和 GRE 考试是由 ETS 所开设的，而这个机构必须被点名表扬的一点是，他们会将所有的变化以非常详细的学术报告的形式放在官方网站上。

Open Doors 2017 年报告

所以，作为一个老师，我们所需要做的，就是每次 ETS 在官网上公开任何报告时，都将这些报告从第一页看到最后一页。比如下面关于 E-rator 的最新信息，在 ETS 官方网站上都有详细的介绍。

托福写作考试之中的 E-rator

所谓 E-rator，是指由 ETS 研发的计算机化评分系统，用于部分代替人工，评判正式考试中的作文分数。其复杂准确程度远高于大家时常所接触的 word 文档，后者仅仅能够评判拼写错误与语法错误而已。而也正因为如此，现在在正式的考试中，最终的分数是将一个人类老师的评分与 E-rater 的评分进行综合，取其平均值。当出现人类评分与 E-rator 评分相差超过 0.5 分的时候，会出现第三个评分人，其会进行单独评分并给出最终分数。按照 ETS 官方的报告，这种情况极为罕见。

因为这一工具与计算机相关，常常令老师们感到陌生。但其实，关于 E-rator 的相关信息以及报告，在 ETS 的官方网站上的显眼位置有放置，而且每次有变更都会主动公布信息。换句话说，如果我们真的关心最新的信息，就不会对 E-rator 感到陌生而害怕了。

小结

以上就是本节的全部内容了，在这一节里，我们讲解了授课中使用最新信息的重要性以及如何获取最新信息，以此来树立自己的权威，从而使学生能够紧跟我们的建议去学习。希望各位老师都能一起行动起来，不断更新自己的知识数据库，不断获取最新的信息。

落地练习

亲爱的老师，你所教授的科目中，最新的信息是什么？不知道你是如何获得所教授学科中的最新信息的呢？如果是通过网站，你会定时登录某个网站吗？如果是通过图书，你会定期购买某种图书/期刊吗？又或者你会使用 Omnifocus[①] 之类的"代办事项列表"提醒工具，来定期提醒自己更新相关的信息吗？

我想，最新的信息可能包括好几类：他们都挺值得关注的，譬如：

（1）最新的考情信息：尽管我并不认为每一个学科的所谓机经（也就是过往考题）是重要的，但是了解最新的考试信息，既是老师保持与一线近距离接触的一种必要方式，也是时刻提醒与说服学生相信自己的一种杀手锏。当一个老师满怀自信地在课堂上提及：

"大家眼前所看到的这个题目，刚刚在上周末的考试中考到过，让我们一起来干掉它。"这无疑会使课堂产生巨大的说服力。

（2）最新的考试解释：市场上时常出现"各路神仙"，通过各种神秘莫测的方法，对标准化考试的方方面面进行人格化的怪异推测。在他们的眼中，出题方更像是一个阴暗的变态杀人狂，情绪不稳定，且不时会抓着倒霉的中国学生出气。显然这些推测中的绝大部分都站不住脚跟，而且轻易就能被官方网站所给出的公告信息所推翻。行业里总有人批评我是"原教旨主义者"，因为我常常尝试说服大家"相信且只相信由出题方公开披露的信息"。对于这项帽子，我不以为耻，反以为荣。

（3）最新的统计数据：尽管对于每一个学生个体来说，群体的数据无关紧要，但强烈的从众心理会使他们对这一类信息保持极高的兴趣——也对能够给出这一类信息的人抱有极高的崇敬。因此，《Open Doors 年度报告》[②]《ETS 托

---

① Omnifocus 是一款时间管理应用程序。

② 国际教育协会（Institute of International Education）每年都会在年底前公布一年一度的 Open Doors Data，即门户开放数据，这项数据被认为是美国留学领域最为权威的相关数据，很多媒体及机构都会援引这项数据作为参考。

福年度报告》[1]《雅思白皮书》[2]等正儿八经由官方进行的统计数据是十分值得我们精读的材料。

如果让你从以上所提及的三个方面来思考，你会具体怎么做？

---

[1] ETS托福考试官方每年都会发布该年全球托福考生成绩数据报告。这份报告被认为是最权威的托福考试数据，对于考生备考和分析托福考试变化趋势极其重要。

[2] 由雅思主办方之一的英国文化教育协会（British Council）发布。该白皮书聚焦了本年度中国雅思考生的学术表现和英语学习行为，对于备考雅思的考生及相关部门和人员来说，是非常具有参考价值的权威指南。

Day 24

参考范例

说明：以托福为例，如下几个事情我觉得可以做：

（1）每周跟进微博及微信中学生们的考试回顾。

每次考完试之后，孩子们可不管已经签订的保密协议，会在网络上进行大肆的回顾与吐槽。尽管学生们的回顾未必准确，但是这些第一手的信息，如果通过交叉认证，还是挺容易得到一些有意义的内容的。而且这种内容检索特别容易，完全不值得竞争机构之间相互抄袭。

（2）每月通读 www. ETS. org。

尽管更新的频率并不高，但是托福考试的官方出题机构 ETS 官方网站十分值得阅读。其中有大量的考试说明甚至论文，值得一读。注意，进入 ETS 官方网站之后，会需要选择身份：老师或是学生。我们当然是把老师和学生的栏目都通读一遍啦。

（3）关注《ETS 托福年度报告》《Open Doors 年度报告》。

这两个是最重要的年度报告，在本节的落地练习里均提到过，在这里就不赘言了。

Day 25

3 使用历史信息制造权威感

Youth is the gift of nature, but age is a work of art.

—Stanislaw Jerzy Lec

在本节，我们将会讨论"如何利用过往信息来建立教学中的权威感？"。

> 我们将在本节回答：
> 1) 什么是过往信息？我们为什么愿意称之为"年龄的礼物"？
> 2) 如何使用这些过往的信息？
> 3) 如何才能培育并利用这种权威感？

所谓的"年龄的礼物：过往信息"，是指在特定领域（学习科目）里最老的信息。对于老师而言，我们上课时应该要尝试涉及这一方面的内容。事实上，人类天生就有对于年龄的崇拜。在知识爆炸的年代之前，随着一个人年龄的增长，他的生活经历可能是他最主要的知识来源。换句话说，在漫长的人类历史长河中，年龄越大，知识（生活经验）越是丰富，年轻人也就有了可以学习的对象。尽管现在时代已经发生了巨大的变化——有太多的要素能够影响知识的汲取效率，这使年轻人极有可能获得比年长的人更丰富的知识，但是人类基因中所存在的对于年龄的崇拜是很难磨灭的。

---

① 斯坦尼斯瓦夫·耶日·勒克（1909—1966），波兰警句家和诗人。

Day 25

让我们回头来讨论教学的事儿：虽然这样说很奇怪，一个学科的历史（譬如最开始的考试形式，又譬如在不同的时间段由于不同的原因而进行的不同的考试改革等）似乎并不值得在面对学生时拿出来炫耀，但是即便仅仅是炫耀这些知识本身，也有利于提高老师对于学生的说服力，而说服力则是我们要求学生跟随我们的建议前行的关键所在。简单地说，如果老师在讲解某个知识点的时候强调：

> 眼前的这种题型最早是在 1985 年出现，之后曾经考过很多次……

以上的这种表达，相比于干巴巴地讲一下这个题目，给学生的感觉自然是完全不一样的了，时间带来的权威感将会叠加在老师的身上，即便这个老师自己在 1985 年的时候还没有出生呢。出于完全相同的道理，很多讲托福的老师在第一节课的时候，都会这样给学生介绍托福的历史：

> 托福考试最初是 PBT (Paper Based TOEFL)，即纸笔考试的形式；而后改成了 CBT (Computer-Based TOEFL)，即机考的形式，如今又发展成了 iBT (Internet-Based TOEFL)，即托福网考的形式。

这个介绍的过程，不但让学生能够更快地了解托福的发展历程和托福所考查的能力的变化过程，更能够令学生对老师产生敬佩之情——即便学生们自己并没有意识到这一点。

这一话题听上去像是一个上不得台面的"奇技淫巧"，但在出国留学考试的领域中，存在大量年轻的从业老师。大家所面对的学生往往只比自己小几岁（我自己刚从业的时候，下面学生的年龄与我大抵相仿）。在这个时候，想出各种方法来，让学生相信自己所给予的建议的权威性显得尤为重要。

更进一步讲，对于标准化考试来说，过往的信息是非常有可取之处的。一个最基本的前提是这样的：标准化考试必须维持在稳定的难度上。而这意味着一个令人吃惊的事实：过往的信息，即便是很久很久以前的考试内容，对于今天的备考来说，依旧有一定的有效性。这个结论的推论过程是这样的：譬如在

2005 年的时候，在中国大陆进行的托福考试，是基于纸笔的 PBT 考试，而等到 2006 年的时候，就已经变成了基于计算机以及互联网的 iBT 考试，这两次考试的展现形式无疑是不同的，但是考点却必须保证一定程度的一致性。因为可能会有 A 同学在 2005 年参加了纸质的托福考试，而又有 B 同学在 2006 年参加了计算机化的托福考试，他们俩很有可能会同时申请 2007 年入读某学校，这意味着对方学校必须对比两个成绩。换句话说，尽管考试的形式发生了一定程度的变化，但是考点也好，难度也好，都不会发生什么大变化——不然就很难称为标准化的考试了。也正是因为这个原因，我们在备考过程中，在最新的试题有限时，选择老版本的备考资料，一方面的确是想用年龄的力量来增加自己的权威感——这无须讳言；但另一方面，这些资料的有效性的确是不容小觑的。

小结

以上就是这一节的全部内容了。在本节中我们讲到在给学生上课的过程中，如何利用过往信息，来展示自己丰厚的阅历，建立权威感。希望各位老师在关注与考试相关的最新信息的同时，能够不时参阅过去的考试题库，融会贯通，增加自己的经验，树立权威感。

各位老师，你所了解的信息之中，最老的信息是什么？你尝试过获得这些信息吗？

Day 25

参考范例

在这里我来分享一个我在 GRE 课堂上使用过往的信息来帮助说服学生的案例。这是一个关于机经使用的话题。

首先，开门见山地说，我并不喜欢机经。可是，学生在进行 GRE 备考的时候，往往都对机经有着莫名的喜欢，所以我面临着这样一项艰巨的任务：说服他们相信"机经并不像他们所想象的那样有效果"。但是，大家现在能够接触到的信息很多，网络上充斥着各种各样的案例。而最容易被传播的，同时也是最受学生们喜欢的，正是那种学生没有经过什么努力，只是在考试之前看了一下机经，就取得高分的例子。

所以，为了对抗这种观点，我对我最主要的观点进行了更改，因为直接说服学生相信机经没有任何效果并不容易。学生们会认为，如果机经真的毫无用处的话，那么市面上这么多机经又是怎么来的呢？在他们的心里多多少少都会有一些存在即是合理的感觉。因此，我就把我自己的观点更改成为：

> 机经这个东西是老皇历了，之前可能是有用的，这也是为什么你们可能曾经在网络上阅读到过一些真实的案例。但是，对于现在这个年头的考试来说，已经不是这样的了。

然后我就会开始介绍机经的起源了。

> 机经最早起源于 GRE 的机考。在那个时候，GRE 是使用计算机进行考试的，但是由于当时的互联网发展没有现在厉害，因此 GRE 机考并不是在全互联网范围内进行的。它的形式是这样的：GRE 考试的出题机构 ETS 每个月都会直接邮寄一张含考题的光盘给各地的考试中心。但如此一来就导致了这种问题的出现：由于各个考试中心所使用的都是同一张光盘里的考题，因此所有同期的考试题库都是一样的，且范围是不太大的。这一情况也为在全国各地参加考试的同学们在网络上对试题进行回顾提供了方便。还有一个关键点在于，由于所有在同一个月份进行的考试，考的都是同一张光盘里的题目，这也就意味着，如果有在月初参加考试的同学，抱着为全体同学谋福利的想法来参加 GRE 考试，并在考

完之后在网络上对试题进行回顾，那么，在月底参加考试的同学，就可以凭借在网络上看到的这些回顾，直接将所需要的题库之中的答案背下来就可以了。如此看来，在那个时代参加GRE考试，参考网络上的一些与机经相关的内容，是一种尽管在道义上不太得当，但在实际意义上可操作性很强的方式。

事实上，也正是因为这个原因，在中国大陆进行的GRE考试，后来更改成为纸质的GRE考试，而同期除了东亚的这几个国家外，绝大部分的国家其实还是保留了机考的形式。但是，由于中国、韩国等国家的作弊情况实在太严重了，ETS不得不把考试形式改成一年考两次的纸笔考试，这样一来，就完全没有什么机经可言了。

然而，所谓的"机经"后来却在托福考试备考这个小领域之中再次获得了新生。为什么会这样呢？其实原因很简单：托福考试在2005年也进行了一次改革。在2005年之前，托福考试是纸笔考试，而2005年之后，变成了机考的形式。而由于早期托福考试的题型都是新的，且ETS所拥有的题目数量并不是很充足，所以在很多新的托福考试中，会出现之前曾考过的题目。

尽管参加过托福考试的考生对所考题目进行的回顾并不算太精准，譬如在客观题中，由于阅读的题目和听力的内容太长——以阅读为例，一篇阅读文章大概在700词左右，后面还有14道题目，考生一共只有20分钟的时间来做题，所以一个小时做完三篇文章，对于绝大部分的同学来说，时间实在太紧张了，而托福考试考查的还都是琐碎的细节。因此，考生实在是很难特别准确地回顾出阅读和听力的题目。但是，对于主观题来说，题目是可以相对准确地回顾出来的。因为口语考试的题目一共也就六个，对于一个正常人来说，直接硬生生地记录下来应该是毫无问题的。而写作考试一共也就只有两个题目，一个是综合写作，另一个是独立写作，在一般情况下，大部分考生都可以相对比较准确地回顾出来。

由于那时托福考试新的题型的题库还没有建立起来，因此，重复的题目往往就是我们已经考过的一些题目，所以通过看机经来备考显然是有意义的。

Day 25

> 但是，值得注意的是，现在无论是托福还是 GRE，机经都已经变成一个鸡肋般的存在了。我之所以这样说，是因为对于托福考试而言，现在考试的题目数量已经足够多，一个学生已经没有办法再像之前那样，简单地把所有曾经出现过的几个题目都看一遍就行了。而且现在还经常会有在同一个时间点出现很多不同考题的试卷的情况。这就使机经更加变得不像以前那样有用了。

各位同事，如上这样的一段论述过程，如果真的有效，那么在于它做到了如下几点。大家可以和我一起反思：

（1）在尝试说服学生相信机经没有用之前，让学生了解了机经的历史。

（2）为什么别人在很多年以前使用机经可能是有效的，而为什么对于你来说，这些信息可能已经不再适用。

（3）我详细地介绍了机经的历史，也介绍了 ETS 对待两个考试的态度以及它们的发展过程：由于机经所产生的影响，ETS 对考试进行了一系列的变革。我们要相信 ETS 是一个理智的机构（显然是这样的），但是这个机构如果不尝试去解决机经所带来的问题，那么这个考试将会越来越丧失真正的有效性。

第四节　如何在课堂中让学生感到亲切？

本节将讨论课堂中的"亲近感"这个重要话题。作为老师，在上课的过程中，为何要营造亲近感呢？这是因为它能够帮助我们拉近与学生之间的距离，让学生能够更加愿意听从我们的建议，按照我们的指引去学习。那究竟如何来营造亲近感呢？在这里分享两种方式供大家参考：1）向学生们讲述自身经历："你是曾经的我"，让学生切实感受到老师也曾经面临跟他们一样的困惑；2）揣摩学生心思，尝试站在学生的角度思考问题。

- 如何在课堂中让学生感到亲切？
  - 使用自身经历："学生是曾经的我。"
    - 课堂中提到的自身经历指的是什么？
    - 如何通过讲述自身经历拉近与学生的距离？
  - 揣摩学生心思："如果我是学生呢？"
    - "揣摩学生心思"指的是什么？
    - 如何揣摩学生心思？
    - 如何将揣摩学生心思与实际教学更好地结合起来？
    - 为什么"水滴解渴"法能够更好地帮助老师反思学生所处的心境？

Day 26

1. 使用自身经历："学生是曾经的我。"

> The only source of knowledge is experience.
>
> ——Albert Einstein

在本节，我们将会讨论：如何通过讲述自身经历来营造亲近感？

 我们将在本节回答：
1）课堂中提到的自身经历指的是什么？
2）如何通过讲述自身经历拉近与学生的距离？

一般来说，老师的年龄都比学生大，这意味着他们不只是比学生的人生阅历更加丰富，更有可能经历过学生现在正在经历的事情。譬如：老师往往都经历过艰苦的学习，都从零开始学习过英文，都接触、准备并最终征服过特定的考试。他们在托福、GRE、雅思等考试中都取得过学生们原本就期待取得的高分。在授课过程中，为了建立与学生之间良好的关系，告诉他们自己经历过他们已经或者正在经历的这一切，将会很容易提高自己的说服力，并且能够建立起一种自己与学生之间的感情连接，让他们相信老师丰富的专业知识并不是与生俱来的，而是和他们一样通过刻苦的学习而获得的。这样做所产生的最好的效果是学生愿意将老师视作自己的榜样—— 榜样的力量是无穷的。

举个例子，当我去说服学生或者做讲座的时候，要想建立亲近感，我都会假装自己很年轻的样子。我常常会用如下的句型结构来开头或结尾：

> "我给你们这个建议，不仅仅因为我是你们的老师，更因为我是你们的师兄，所以你们经历过的事情，我通通都经历过。因此，我给出的建议，都是根据你们的情况给出的。"

总而言之，当你尝试与学生们建立一些可能的共鸣的时候，让学生们意识到这个建议在你的身上已经产生效果，这一点很重要。

Day 26

让我说一句夸张的话：我甚至极端地认为，为了建立良好的亲近感，老师们应该尝试去接触学生最喜欢、最流行的娱乐活动，甚至是游戏。

我知道很多老师对于游戏，感觉是洪水猛兽，或者至少是低级趣味，可我并不这么认为。娱乐很难（本就不应该）区分高下——热衷于古典音乐的人未必就更高级，那只是另外一种取悦自己的方式而已。基于社会规范与文化生成的"娱乐方式鄙视链"会随着时间而不断调整，而意识到"这种链条会随着文化变化而波动"无疑将瓦解其存在的正当性。比如，早期的歌剧中充满了令人脸红的低级小段子，而现在的文化则觉得歌剧是高雅而富有姿态的上层活动。所以，只要能有趣，能够使得自己身心愉悦（而且对身体没有伤害），能片刻跳出现有的生活情景，那就是一种不错的娱乐方式了。

更重要的是，对于年轻人喜欢的东西，即便不喜欢，也非得尝尝看不可。

作为中年人，特别是一个已经进入并尝试融入社会规范那么多年的人，一定要反复多遍地告诫自己，不要对于最新奇的、年轻人最喜欢玩的东西有抗拒的心理。事实上，尽管年迈的中老年人掌握了文化与规范的话语权，但年轻人的行为模式才是未来——对这个社会的运作模式的理解（并不只是所谓的"人情世故"，更重要的是社会变化趋势的思考）是至关重要的。

我们每一个人都知道，教育这个看上去一成不变的模式，正在暗流涌动：就像是一个正在不断充气的气球，没有人知道会是何时，但每个人都明确地知道爆炸即将来临。引发这一爆炸的要素，在诸多包着金边的分析行业大势的图书中没有，在中年秃顶的电视学者的唾沫星子之中没有，在高端大气带着一面墙那么大的 PPT 的投影仪之中没有。他们根植于年轻人的思维土壤，展现于年轻人的行为模式，富有野草般的狂野生命力，而中老年人（其实就是各位老师）却全然不知——正如我们正在被抛弃一样。

我们该怎么办？分析他们，假装他们，融入他们，将这样的心态带入对自己所做教育模式的选择与评判之中，方能在爆炸之前，为自己寻到一个庇护所。

小结

以上就是这一节的全部内容了。在本节中我们讲到如何拿自身经历举例，让学生产生共鸣，来增加与学生的亲近感。我希望老师们可以根据不同学生的特点，拿出自己相应的自身经历，甚至做各种各样的尝试，主动拉近与学生的距离，以提升学生的黏合度。

亲爱的老师,你能罗列一下你的学生们的特点吗?譬如按照年纪来分的话:他们是初中生吗?是高中生吗?或者是大学生吗?以上特点中哪些是你也曾经有过的(我猜全部都曾经有过)?对了,除了按照年龄来划分,你还能想出别的什么分类方式吗?

亲爱的老师,你是否能利用一个你和学生的共同点,设计一个可供课堂展现的环节呢?

师生之间共同点的结合,能够不露痕迹当然好;若是不能,就算只是单独地当成一个段子来讲,亦并无不可。我们的课堂上总需要这样的一些时刻,要让学生们知道你正在从他们的角度来看待问题,你能够深刻地感受到他们的感受,痛苦他们的痛苦,快乐他们的快乐。

Day 26

> **参考范例**

在我的课堂上,有一个常见的环节是讲解"王者荣耀"中的几个单词:"penta kill"指"五杀",来自"penta-"这个前缀,例如"pentagon"表示"五角形"。更早之前是讲解"星际争霸一",会讲到"Marine"这个单词可以表示"海",也可以表示游戏中的"机枪兵",吹嘘一下自己在游戏中的 APM(action per minute)也还挺高的。这些环节无一例外,没有传授什么实实在在的知识,却实实在在地拉近了我与学生的距离。不再赘述了。

Day 27

2 揣摩学生心思："如果我是学生呢？"

> Great teaching requires incredible talent and dedication, strong intellectual ability and interpersonal skill, real discipline and empathy.
> ——Bruce Rauner[①]

在本节中，我们将会讨论"如何通过揣摩学生心思"来更好地获得与学生之间的亲近感，而这才是真正触及本质的亲近感的由来。

 我们将在本节回答：
1）"揣摩学生心思"指的是什么？
2）如何揣摩学生心思？
3）如何将揣摩学生心思与实际教学更好地结合起来？
4）为什么"水滴解渴"法能够更好地帮助老师反思学生所处的心境？

所谓的"揣摩学生心思"，是指老师在指导学生学习的过程中，尝试把自己放在学生的位置上，来思考学生如何对待课堂中所教授的知识。为什么要这样做呢？因为老师们在授课的时候，常常容易站在自己的知识背景下思考问题。譬如，老师们经常会假设学生们对单词已经认识，句型已经很了解，背景知识已经掌握得十分丰富，在这种情况下讨论某个问题。但是，现实状况并不总是如此，学生们所对应的能力矩阵是不完善的，而因材施教的最主要特质，就在于应该明确地根据学生的能力矩阵，来揣摩学生在面对新知识的时候可能会出现的情形。这项工作非常重要且难以替代，我们甚至可以这样说：对于"揣摩学生心思"的主观意愿程度和实际操作方式，是划分优秀的教师与平庸的教师最重要的分割线。

想要做好"揣摩学生心思"这一点，就必须要尝试把建议建立在学生的行

---

① 布鲁斯·朗纳（1957—），美国商人、慈善家和政治家。

Day 27

为过程上。与大家分享"诡计"[①]的时候,讲过仔细去思考学生的具体行为过程,当时我给了一个非常奇怪的建议,就是词汇题到最后要重新做一遍。还记得我为什么要这么提建议吗?原因就是在观察学生的时候,我发现尽管我嘴上要求他们,但是大家都不照做;另外,我发现学生们在考试快结束时往往还会剩余一些时间,但他们一般都会白白浪费掉。于是,我才建议他们在第一遍做题的时候要把不确定的题目在纸上标出来,在考试结束前剩余的那点时间里就只回头重新做这部分词汇题。仔细观察学生的具体行为过程,是真正站在学生的角度上考虑问题的基本前提。

再举个例子,在我自己的托福听力课堂中,通过长期观察学生的情况后,我总结了被称为"拍大腿式"的题目,这是指有些学生在做这一类题目的时候,往往在两个选项中间徘徊,但结果却总选不到正确答案,比如选了A,结果答案是B。可是当学生对完答案之后,了解到答案是B选项之后,就会猛烈地拍大腿说道:

> "果然是选B啊,我刚刚就是想选择B选项来着啊,实在是太马虎了"。

但实际上,在做这种题目时出现错误,显然并不是因为所谓的"马虎",而是因为对知识点不熟悉,而"拍大腿"这个名字就是来源于此。这一类知识的总结源自于我们仔细观察学生的做题过程(在两个选项之间徘徊),判断他们的行为(他们容易简单地认为自己的错误结果源自于马虎),并且在这一系列悉知观察的基础上,对知识进行总结与决断:标准化考试里面没有马虎一说。所有的马虎实际上都是对知识点没有掌握所造成的。

事实上,老师们在一起聊天的时候,都喜欢提及这样的观点:

> "还是喜欢教好学生啊,一点就通,一说就明白;有一些不够聪明的学生,真是教起来太累了"。

[①] 见本书第一章第二节第五小点。

别不好意思，我也时常有这样的抱怨。可是在这样的抱怨之中，事实上隐藏了一种难以察觉的洋洋自得：因为我们将聪明的学生视作了自己的同类。而那些不够聪明的学生——甚至很多时候未必真的是不够聪明，只是与各位老师的基本思路未必一致的学生——我们很少真正地花时间去思考"他们的处境是什么样""他们到底是怎么想的"。而老师一旦陷入难以理解学生的思路或面临的问题时，我们就应该开始尝试传统教学反思中重要的一环——"角色互换"，直接让学生承担当前内容的讲解任务。其实不只是某个具体的知识点，无论是"课堂的引入"还是"知识的应用"，授课中的方方面面几乎无一例外地能够从"角色互换"的过程中受益。深入了解学生的想法和思路能够最优化自己的讲课路径，能够使老师确凿地知道，自己到底遗漏了哪些值得思考的要素。事实上，换一个场景来想，如果你把学生真的当作客户，那么这个就只是一个客户调查的环节而已啊。

一个细致有趣的"角色互换"原则是我称之为"水滴解渴"法的教学实践。这个专有的名词显然是我硬生生诌出来的，指在角色互换的过程中，学生当老师"讲解"某个知识点的任务时，自然会遇到若干陌生的关联知识。老师会随时给出相应的知识，而且每次都仅仅给出极少量的正确信息，让学生根据这一部分信息来进行思考和衍生，继续对着老师讲解。这其实也就是这个教学实践的名称由来：只有一滴水是用来解渴的时候，我们才会仔细品尝这滴水带来的甘甜。只有一个新信息是用于解题或分析的时候，我们才会仔细地回顾和思考自己的思路是否因为这个新信息而梳理得更清楚。

在"水滴解渴"的教学实践过程中，老师如何将正确的信息分解成为尽可能多的层次，是最为关键的手段。甚至当遇到某个不认识的单词时，可能只需要告诉学生这个单词的大概含义而不是准确的含义；等到学生进行了思索却依旧觉得难以把题目讲清楚的时候，再给出真正准确的含义。

当然，以上所描述的都是"角色互换"的优点，但这并不意味着我们应该在所有的授课环节都进行"角色互换"，因为这个过程对时间的消耗——无论是学生的时间还是老师的时间——都是巨大的；而且在同一个学生及同一个场景下产生的边际效果明显递减。这也就是老教师的优势了——老教师自然很容易积累足够多的机会，在足够多的场景和足够多的学生样本中进行不同的"角色

Day 27

互换",来积累大量难以复制的教学经验。然而,老教师也仅仅是"有机会"做到积累而已,实际上做不做又是另外一回事了。许多年长的教师都没能想清楚这样的道理:从来没有人真的尊重年龄,而只会尊重在年龄上附着的经验。一个运作 10 年的机器,并不比运作一天的机器更迷人——除非有人热衷于铁锈或是杂音。

小结

以上就是这一节的全部内容了。在本节中我们讲到如何站在学生的立场上,揣摩他们的心思,从而给出切合实际的建议。为了更好地促进老师了解学生的思路,我们分析了教学实践中非常核心的一环:"角色互换",并且引出了一个核心原则,被称为"水滴解渴"的教学实践。

亲爱的老师们,有没有什么题目或是知识点,是你一开始并没有想清楚学生"为什么会犯错误"的?而当你遇到这种情况时,你是否会让学生尝试对着你讲一遍题目?你能够尽可能详细地将这个过程复述下来并反思可能的改进方式吗?

参考范例

PASSAGE EXCERPT: An offshoot of the biological approach called sociobiology suggests that aggression is natural and even desirable for people. Sociobiology views much social behavior, including aggressive behavior, as genetically determined. Consider Darwin's theory of evolution. Darwin held that many more individuals are produced than can find food and survive into adulthood. A struggle for survival follows. Those individuals who possess characteristics that provide them with an advantage in the struggle for existence are more likely to survive and contribute their genes to the next generation. In many species, such characteristics include aggressiveness. Because aggressive individuals are more likely to survive and reproduce, whatever genes are linked to aggressive behavior are more likely to be transmitted to subsequent generations.

OG Practice Set 4: Aggression

According to Darwin's theory of evolution, members of a species are forced to struggle for survival because

A. not all individuals are skilled in finding food.

B. individuals try to defend their young against attackers.

C. many more individuals are born than can survive until the age of reproduction.

D. individuals with certain genes are more likely to reach adulthood.

解析：在本题的定位过程中，根据题干中的"to struggle for survival"找到原文中的"A struggle for survival follows"。然后再根据题干中的"because"一词，可知应该关注文中定位句的上一句"Darwin held that..."。（注意：本题不能轻易地只看到"Darwin"一词便回原文中定位，因为文中这个段落从"Darwin"第一次出现开始，后面一直都在讲他的相关理论，这个词出现的频率太高了。）选项 C 正确。而有学生会选择 D 选项，我尝试过让学生去解释为什么要选 D，

Day 27

就会有同学说：

> 因为感觉 D 选项与原文中的 "Those individuals who possess characteristics that provide them with an advantage in the struggle for existence are more likely to survive and contribute their genes to the next generation." 这句话意思接近，所以选择了 D 选项啊。

这时候我就会额外讲解到：

> D 选项为什么不能选啊？因为它根本没有回答题目的问题。题目问的是什么呀？是 "members of a species are forced to struggle for survival" 的原因，而 D 选项却是 "A struggle for survival" 的结果。刚才我们讲过正确答案要符合题意吧？D 选项就属于不符合题意的选项。

第五节　通过互动保持亲切：无可替代的现场感

通过互动保持亲切：无可替代的现场感
- 什么是现场感？
- 如何营造现场感？
- 现场感对我们的实际教学有何帮助？

> Use each interaction to be the best, most powerful version of yourself.
>
> ——Marianne Williamsom[①]

在本节中，我们将会讨论"如何通过营造现场感来获得更好的上课效果？"

 我们将在本节回答：
1）什么是现场感？
2）如何营造现场感？
3）现场感对我们的实际教学有何帮助？

随着科技的发展，授课的形式也在不断发生着微小的变化。虽然老师们在不断尝试使用最新的教学工具进行辅助教学，但是，现场面对面的教学似乎总有着难以超越的优势。而这种超越内容本身的东西，就是我们所提及的"现场感"。这种所谓的"现场感"，就是指在面对面授课的时候，使现实课堂区别于虚拟课堂的一种感受。这可真是一个有趣的话题啊！

当广播在20世纪初出现的时候（1906年），人们普遍觉得，大学这一古老的产物即将走向消亡。因为知识的传播从未变得如此容易，人们很容易构想出

---

① 玛丽安·威廉姆森（1952—），美国精神导师、作家和讲师。

Day 28

这样一幅场景：最优秀的教师只需要在广播电台授课，那么全国乃至全世界的学生们就可以听到这一课程。学生们不再需要聚集在一个叫作大学的地方来听那些没那么优秀（甚至平庸）的老师授课了。这一愿望美好且逻辑通顺——只是很可惜（也很明显）并没有实现而已。

后来，电视出现了，人们再次想象通过电视能够完成对大学的取代，很可惜这一美好的愿望依旧没有实现。然后，互联网教育出现了，现在你对互联网的期待，和 100 年前人们对于广播的期待，50 年前人们对于电视的期待是否一样呢？就像我在 2015 年开始转型写代码一样，因为我相信计算机（当时还不流行 AI 的概念）将会改变一切。但就算这一切都会发生，老师在课堂中所营造的"现场感"仍是绝不可能被替代的。

到底什么是现场感呢？这似乎很难说得清楚。让我举个例子吧：我是一个 NBA 球迷，每天沉迷于腾讯视频的篮球比赛转播之中。后来有一次当我真的有机会坐在球场里，感受到球员出场时的喷火器热浪糊在脸上，看到一群两米多、三百斤的大汉在四百平方米的场地上横冲直撞，听到现场观众天崩地裂的欢呼呐喊时，我才感觉到我进入了一个新的娱乐项目。而且之后我即便是看电视直播，也更加感同身受了。

作为老师，我们亦是如此，追求现场感，希望把一个概念塞到学生脑子里去，并且希望他们做某个题目时候，看到某个选项时，脑海中会浮现出我们的形象，让老师所教授的知识真正嵌入学生的知识体系之中去，让他们即便是离开了你的课堂也忘不掉，这才好。

那究竟要如何营造现场感呢？其中最为重要的手段就是互动。

Day 28

互动是重要的，无论是真实的互动还是"假的"互动。真实的互动很好理解，简单地说就是老师通过某种方式，了解学生对于课堂内容的反馈，并且由此调节课堂的进度。而所谓的假互动，则是特指那些做出了"互动"的动作，但是"并不会"根据学生的反馈来调整学生进度的情形。

真实互动的有效性是不言自明的。对于老师来说，这是一种了解课堂中知识传递效率的有效方式，而对于学生来说，这是一种被动的提高注意力的方式。但其实，在课堂上进行一些"假"的课堂互动，也未必是一件什么坏事情。在学生比较多的时候，受限于课堂形式，往往很难真的根据某个学生的反馈而调整课堂进度：因为学生的水平参差不齐，对于 A 学生最有效的过程，对于 B 学生来说可能就未必合适。时不时做出"互动"姿态，甚至只是简单地说一句：

> "这个大家听懂了吗？"

同学们需要主观上对刚刚已经学习的内容进行 recap，这种感受可以使他们感觉到眼前这种课堂更加富有现场感，从而更加愿意吸收知识。

事实上，这种与学生进行互动的教学动作，更像是一种"教学习惯"而不是"教学能力"的体现。我经常遇见失败的课堂，更多的不是老师"没有能力，不知道应该与学生互动"，而是老师"压根儿就没有养成与学生进行互动的习惯"。

那该怎么办？其实没什么好办法，和养成其他好习惯一样，只能反复多遍地提醒自己。可以考虑买一个电子手表，设定一个固定提醒时间，譬如每 30 分钟振动一次，提醒自己问问学生情况，尝试与学生互动一次，甚至在自己的课程提纲与逐字稿之中写清楚，什么地方有互动，使用什么样的互动方式。别笑，当时上课特别不喜欢关注学生反馈的我，还真就这样干过。不骗你，效果居然还不错。

小结

以上就是这一节的全部内容了。在本节中我们讲到在给学生上课的过程中，如何利用不同方式的互动，增强上课的"现场感"，提高学生的注意力与参与感，使课堂更加生动活泼。

落地练习

亲爱的老师们，不知道在你的课堂中，最常见的与学生之间的互动是什么呢？（如果你从来没有思考过这个问题，那真的应该静下心来想想看）大家甚至可以试着听听自己的录音，或是看看自己的教学录像，说不定能发现在不自觉中常常与学生互动的另一个自己。

当然，除了简单地回顾自己与学生的互动模式之外，还可以多想想如下几个问题：

（1）你与学生的互动是"真实"的互动还是"假的"互动？这些互动都达到了自己的意图吗？应该额外强调的一点是，我并不认为"假的"互动是一件坏事情。尽管听起来有些怪怪的，但"假的"互动更可能是一种 necessary evil（必要的"邪恶"），不那么正确但却很有必要；

（2）你是否主动地尝试在课堂上以特定的频率加入互动环节？出于天赋的课堂掌控能力当然令人欣喜，但充满设计感的课堂才是改进的目标。我们经常会突然发现自己在某一次课堂中的某种互动方式效果极佳，而意识到这一点之后，就应该疯狂地复制这种成功才好啊；

（3）不同的课堂很可能需要不同的互动方式：譬如班级的大小肯定在很大程度上决定了互动的形式及内容。我年轻时，上课的班级在 400 人左右，于是我在课堂上常常以自问自答的方式与学生进行假互动，但学生们对这种模式的感受也不错。后来我开始创业做自己的培训小公司，由于找不到足够多的学生开班而不得不突然转型开始上一对一的课程时，效果就不那么理想了。学生们不但没有对我信服，反而觉得我的课堂特别奇怪。他们评价为：文勇老师上课总是自 high！如果你也受到过类似的评价，那可就一定要小心了。

（4）如果可能，我们应该对每次课堂互动的目标有更深的思考——这才是决定互动模式的根本性要素。大家不妨在逐字稿上写下互动的目标吧。

学生们在上课时很容易走神，这既有可能是因为学习本身就是一项爬坡的运动，也有可能是课堂组织或内容出了问题。在争夺学生注意力的战争里，各种互动模式就是强制性地征用学生注意力的模式。

Day 28

> **参考范例**

说明：在课堂中，如何尽可能地放大学生们的参与感是一件重要的事情。要让学生知道你关心他的反馈，而他的课上表现将会直接影响课堂的进度（即便事实上并非如此）。想与大家分享的小窍门是：我会反复提及尽可能多的学生的名字。这是一个很好的争夺注意力的武器，而且学生会产生一种"课堂是为我塑造出来的"的重要感受。如果是大班，我甚至会提前让班主任老师帮我准备好名单。你看，讨好班主任很重要。

注意，我所说的提及名字，可不只是提问的环节（如下）：

> "刘三姐，请你起来回答一下这个问题！"

更重要的是在平时阐述的时候也会通过若干的话佐料，来促发这种伪装的互动，譬如：

原句：

> 这个题目很难，很多不小心的同学就容易出问题。

带有同学名作为话佐料之后：

> 这个题目很难，像"刘三姐"这样喜欢耍小聪明的同学，可能要栽跟头了。

而且我所习惯的方式是在话佐料中点完名，根本不给他们任何反应或回答的时间。相信我，无论如何，特定学生（甚至包括那些没有被点到名的同学）的注意力就会被集中起来了，这样也就足够了。

第六节 如何使学生受到两种激励？

```
                          什么是"课堂激励"？
                          有几种常见的"课堂激励"的方式？
如何使学生受到两种激励？
                          激励环节是要提前设计还是随心而发？
                          设计激励环节要以什么为依据？
```

> When there is silence, give your voice.
> When there is darkness, shine your light.
> When there is desperation, offer hope.
>
> —— *Tim Fargo*[①]

在本节中，我们将会解读课堂激励的方式和目的，以及设计激励环节的注意事项，来提高教学效率和学生的学习成果。

 我们将在本节中尝试回答如下问题：
1）什么是"课堂激励"？
2）有几种常见的"课堂激励"的方式？
3）激励环节是要提前设计还是随心而发？
4）设计激励环节要以什么为依据？

---

① 提姆·法戈，美国作家。

Day 29

课堂上的"激励"是一个重要的话题。人类都是动物性的，会在很大程度上受到激励的影响，无论这种激励是经济性的还是社会（道德规范）性的；而这种影响会在学习的过程中体现得尤为明显。作为老师，我们有责任和义务让那些展现出了正确学习行为的学生获得嘉奖，这当然是教学过程中最常见的激励方式。这种对于学生的激励非常重要，以至于很多教育学家都认为，激励的作用才是老师的真实作用所在。特别是当学生具备了一定程度的自学能力后，老师的主要作用，就从初步的教授新知识、发掘新能力转向对学生所展现出来的有效行为进行正面的激励了；抑或是对学生所展现出来的负面行为进行负面的激励（或称为批评）。这些激励的过程，能够更好地稳定学生的学习行为和知识构架。如果在授课过程中缺少了激励的环节，那么学生可能会缺乏动力或压力，进而导致老师难以提高教学效率，学生也提升不了学习效率。

让我在这里先类比我们的一个同行——篮球教练：看看最优秀的篮球教练是如何给学生激励的。

> 从训练的角度，一个真正优秀的教练是什么样的？John Wooden 是美国最具传奇色彩的大学篮球教练，他曾经率领 UCLA 队在 12 年内 10 次获得 NCAA 冠军。为了获得 Wooden 的执教秘诀，两位心理学家曾经全程观察他的训练课，甚至记录下了他给球员下达的每一条指令。统计结果表明，在记录的 2326 条指令之中，6.9% 是表扬，6.6% 是表示不满，而有 75% 是纯粹的信息，也就是做什么动作和怎么做。他最常见的办法是三段论：演示一遍正确动作，表现一遍错误动作，再演示一遍正确动作。
>
> 与外行想象的不同，最好的教练从不发表什么激情演说，甚至不讲课，说话从不超过 20 秒。他们只给学生非常具体的即时反馈。所有训练都事先进行无比详细的计划，甚至包括教运动员怎么系鞋带。他们仿佛有一种知道学员在想什么的诡异的能力，即使是第一次见面，也能指出学生在技术上最需要什么。他们绝对地因材施教，源源不断地提供具有针对性的具体指导。

大家看，看上去篮球教练和我们这样一群老师大不相同：优秀的篮球教练几乎不怎么说话，而我们则无一例外在课堂上絮絮叨叨。但是，如果你究其本质，我们这两种职业都是在不断地提供正面与反面的激励（反馈）。想想这个事儿其实挺简单的，除了教授新知识之外，老师们做的大部分活儿，不就是表扬正确的事儿，批评错误的事儿么？

另外，我想所有人都会赞同，在教育的过程中，批评学生与鼓励学生同样重要。尽管在当今时代，鼓励学生进行"快乐学习"是更为流行的方式，但自律（self-discipline）才应该是在学习过程中需要养成的特质，而自律特质的养成需要他律的先导，所以以批评为主导的纠正模式并不罕见。其实，中国传统教育中的戒尺，便是正统规范教育的象征符号。

事实上，各位老师只管采取自己喜欢的、舒服的模式，因为长期鼓励后的批评与长期批评后的鼓励都可能对学生的学习行为起到极大的促进作用。这也正是我想要提醒大家的：年轻的老师为了寻求稳健（不被投诉）的教学效果，往往采取鼓励的（贴心且从不批评人的大姐姐/大哥哥）形象在学生面前出现，越是陷入这样的倾向之中不能自拔时，越是应该考虑主动设计批评环节以提高教学效率。

以我个人的教学生涯为例吧：最开始在新东方等机构教授大课的时候，下面的学生有五六百人。每次讲到具体的课堂练习，都喜欢与学生一起对答案。然后对做对的同学们说：

> "这个题目做对的同学很棒，说明学习能力不错，如果你能够继续保持这样的状态三个月，那么你的梦想学校正在向你招手。"

或者是对做错的同学们说：

> "这个题目做错的同学是不是应该"畏罪自杀"啊。刚刚讲过的题目，同一个类型，同一个知识点，居然……令人惊讶……还会做错！我对你们的考试还能有什么期待?! 这算什么学习状态？这类的同学今天晚上少睡两个半小时啊，记得把今天的课程录音重新听一遍。"

Day 29

其实，以上所描述的这种大课堂对于学生的正面或是反向的激励并不出奇，作为一个成熟的老教师应该都可以在上课的经验积累过程中，归纳出自己最喜欢，也能使当前课程效果最优的方式；并没有多少所谓故意设计的情节。让我继续举我的例子：

当我开始经营自己的小公司之后，就很少有机会同时面对几百个学生了，大部分的班级都是 20 人左右，也会带很多一对一的 vip 课程。由于希望学生完完全全按照我的建议来学习，我"有意地设计"了若干对着学生发脾气的环节。是的，你没有看错：我并不是如学生所流传的那样脾气暴躁，而是故意设计的。哈哈哈哈，让我现在给大家揭秘吧：譬如 vip 的课程，我一定会在第二次课程的前面半个小时，先以特别严厉的态度检查学生第一节课作业的情况。自然，学生的作业完成度很有可能是不尽如人意的。然后我就会说如下一段话：

> "这样吧，我们这节课不上了。反正上了也没啥用，你不做作业，上了也是白上，浪费时间，关键是在浪费我的时间。你不做作业，不出成绩，到时候别人还会把这个坏名声扣在我的头上，说我带的学生出不了成绩。实在不想做作业，就去退费吧，也没啥，不做作业不出成绩的学生，我根本就不想带。"

更进一步的，如果是男学生（或者心理承受能力比较强的女学生）我甚至会用力地拍桌子。然后直接取消单节课或至少推迟一到两个小时之后进行。事实上，后来排课的教务老师都已经习惯我的这种做法，会直接在上第二节课的时候，在我的日历上拉出三个小时的课程时间，尽管课程的正常时长是两个小时。

通过批评学生，可以让他们深刻地了解我对作业的高要求，他们会马上意识到，作业如果不过关，老师会罢课。显然，只要学生是第一次交作业，就很难在各个方面都尽善尽美，也很难真切地体会到我对作业的要求，因此很难说我的这次批评不是有意而为之。而效果，自然是显而易见的。

需要明确的是，虽然是批评学生，但是我强烈反对将私人情绪带入课堂。批评学生应该是故意的设计，而不是自己的情绪发泄。是否批评学生的唯一的决定因素，应该且只应该是对学生学习效率的影响。唱戏的人讲究"戏比天大"，演出的人总会说"show must go on"，都是一个道理。我们出现在授课的角色上，就应该有义务进行情绪的隔离，一切教学行为的选择都要以学生的学习效率为决定性指标。当然了，正面激励的环节大家怕是很熟悉，我就不再赘言了。

小结

通过本节的学习，我们了解了什么是激励，激励分为正向的鼓励和逆向的批评两种。在上课过程中，我们只需选择最喜欢、最习惯的方法即可，两种方法均可达到正向的效果。此外，所有激励的环节都可以根据学生的学习效率提前设计好，以便学生牢记知识点并加强自己的权威感。

亲爱的老师们，不知道你之前批评过学生吗？甚至你（如我一般）热衷于批评学生吗？最终起到了什么样的效果？你是否想过可以设计一个批评学生的环节？开始吧！

Day 29

> **参考范例**

说明：以下所描述的是一个口语的教学案例，这未必是一个值得大家模仿的教学行为。大家可以当作案例分析（而 不是当作教学建议）来对待。

当教授主观题（譬如口语或是写作科目）的时候，老师们往往面临着巨大的课后批改的工作量。写作就面临着一篇一篇、一句一句地批改作文，而口语则更加辛苦，不但要听大量的口语录音，一点点地指出问题，还几乎要录制同样长度的范例答案发回去。我想但凡是教授口语的老师一定能够理解，那种才一小段时间没看手机，结果收到好多条 45 秒或者 60 秒的微信语音的绝望感吧。

还有更加绝望的：学生们永远都会在同样的几件事情上犯错，小到几个发音问题或单复数问题，大到时态、语态、逻辑错误。这种不断地犯同一个错误的学生，让我们口语老师们感受到深深的无力。

所以但凡是我的学生，我都会故意设计一个批评的环节：每当我在他们所发的语音答案之中发现了我上课的时候曾经讲述过的不能犯的错误的时候，我就会回复一条 大声的语音：

> "这条语音之中再次出现了我上课的时候曾经讲过的那个绝对不能犯的错误！赶紧把这个低级错误改过来，重新说一遍再发给我！"

如果学生没有反应过来，我就会非常具体地指出，他的这段语音之中犯了哪个错误，但就是不给他订正过来：

> "还没有反应过来吗？这是一个可数还是不可数名词啊？发音的时候有没有清楚地让别人知道你的语法没有出现小差错？上课是不是白上了？我是不是白讲了？快点重新录一遍！"

我会通过这次批评学生的过程，在学生的脑海里刻下这样的印记：

（1）发给老师的作业，可以犯错误，但是，不能犯上课讲过的知识错误，不然老师会大发雷霆；

（2）在将老师上课所描述的知识点都吸收之前，老师不会讲授新的知识；

（3）每一个错误都只能犯一次，如果犯第二次，老师只会指出来，但是不会订正。

通过这种蓄意已久的批评，我在提高了学生的练习精度的同时，更降低了以后学生发送给我不负责任的低质量语音答案的可能性。而这种低质量的答案对学生并无意义，对于老师来说，其实也只是浪费时间而已。

第七节　如何在课堂中适当展现幽默？

```
                              ┌─ 在课堂中设计幽默环节的目的是什么？
                              │
                              ├─ 设计幽默环节的依据是什么？
                              │
  如何在课堂中适当展现幽默 ────┼─ 我平时是怎么设计幽默技巧的？
                              │
                              ├─ 有哪些关于"幽默"的理论？
                              │
                              └─ 怎样能够磨炼幽默技巧？
```

> Humor, can saying is give people a subtle sense of dispensing the spice of life.
>
> ——*Masayoshi Ohira*[①]

在本节中，我们将会介绍设置幽默环节的目的，以及如何设计幽默环节、磨炼幽默技巧，制造短时间的轻松气氛，从而使学生注意力集中。

 我们将在本节中尝试回答如下问题：
1）在课堂中设计幽默环节的目的是什么？
2）设计幽默环节的依据是什么？
3）我平时是怎么设计幽默技巧的？
4）有哪些关于"幽默"的理论？
5）怎样能够磨炼幽默技巧？

---

① 大平正芳（1910—1980），日本大藏官僚、政治家，第68、69任内阁总理大臣。

显然，人人都喜欢"幽默"，可我们为什么要在课堂上设计这样的环节呢？因为学习是一个并不怎么愉快的过程啊，毕竟要跳出舒适区，接触新信息。一个愉快的学习过程是可遇而不可求的，只要我们能够通过各种方法，让学生觉得这个过程不那么难受，至少不那么无趣，就已经很好了。而且，学生的注意力可以集中的时间是有限的。一般认为，超过 25 分钟的连续知识传递就已经是学生的极限了。到达这种极限之后，学生可能会进入主动放松状态——譬如开始东张西望、玩玩手机，或者也有可能已经进入愣神的被动放松状态而不自知。所以课堂上的幽默，即便只是单纯地为了搞笑而搞笑，放松一下而已，也没有什么不好的，这是为高速知识摄入的课堂提供一种重要的停顿。

但是幽默更理想的作用，是能够服务于课堂内容本身，能抓住学生的注意力，甚至能说服学生相信某个观点。一个切合课堂主题的幽默元素，不仅能让学生高兴，更能够让他们从中记住特定的概念。这个概念玄幻得很，下面我就给大家分享几个我平时上课时设计的小幽默，大家猜猜看，我想用这个故意设计的小幽默，除了逗大家玩儿之外，还想让学生记住点儿什么知识、什么建议或什么方法。对了，笑话写在纸上大抵就不好笑了——让我在讲述这些笑话之前，先尴尬地致歉一下。

例1：隔壁小孩的一次高分

有一次我想说服孩子们应该尽可能多地参加几次考试。我的观点是这样的：现在的出国留学考试不限制、也不记录考试次数，别人只知道你所考的最高分数，没有人知道你到底考了几次。所以我当时就和学生讲：

> "其实大家平时听到的隔壁小孩只考一次就得到很高的分数，很有可能他已经考了很多次了，只是学生们私下都不告诉家长，或者是父母们以讹传讹，最后演变成'谁家的小孩一次就考了很高分数'。你甚至可能听某个学长跟你说：'啊呀！上个月那天，感冒发烧流鼻涕，45 度的高烧啊，就想着第一次去试试，结果一不小心就考了个满分。哎呀呀，就凑合吧……'其实呢，这个同学已经考了五次了……"

Day 30

大家想想看，我用这个笑话逗在场的同学们开心的同时，是否也表明了我的观点呢？

例2：中国学生"道德败坏"的体现：机经[①]

我一般会建议学生在考试之前不要花时间去看机经。我就对他们说：

"其实每个学生在进入考场之前，都要签约，庄严宣誓不会透露任何考试题目给他人，但是中国学生考完试之后，都会四处告诉朋友、同学或是家人，甚至热衷于在网络上写分享帖。所以我时常逗我的学生玩儿：机经这个东西出现，就已经是中国学生'道德败坏'的体现了。"

一般来说，我会在讲完以上这段逗趣儿的话之后，开始仔细地进行分析：事实上，阅读、听力考的是细节，细节是很难被准确地回顾的；口语、写作考的是语言，语言又是很难被提前准备的。即便提前获知了写作题目，也并不能帮助写作能力糟糕的同学写出扎实、流畅乃至优美的文章来。所以对于想要取得高分的同学来说，机经的意义很小。（但是，机经对于学生取得中等成绩实际上是很有帮助的，暂不赘言。）

例3：购买了不当书籍后应该怎么办？

我一直强调家长不要随意购买市面上的模考书籍。这类书市面上有很多，有些系列属于书店里面最厚的也是最贵的，四五百块钱一本，一般也都是考生家长喜欢购买的。大概是家长觉得"考试我帮不上什么忙，买本厚书给小孩表示我的关心也好"。但是这些书的考点与真实的考试并不是很一致，用起来事倍

[①] 关于"机经"起源的话题，我们在第二章第三节第三小点中的参考范例中提及过，这里不再赘述。

功半，效率不高。所以，我建议大家不要买那些书。

"如果买了怎么办？"
"如果买了……又舍不得扔掉……就送给自己最讨厌的人吧……"

通过送书的方法来"谋害"他人当然是在搞笑，但我想，通过这样一段描述，大家应该知道我们有多么不应该选择错误的资料书了。

关于"幽默"，有两个常见的中心理论。

第一个是：已经发生的悲剧＋时间＝喜剧。这是一个令人吃惊的事实（喜剧与悲剧之间由时间构成了桥梁）。譬如，你昨天刚刚骑车摔了一个狗啃泥（或者可能更糟糕一些，摔断了一颗牙），若是你的朋友们当时看到你，应该会赶紧把你扶起来，问你怎么样，甚至送到医院。可是过不了半年，你的朋友们就会用这个狗啃泥的摔跤来打趣你了——甚至成为每次聚会都必定会讨论的梗。此时的你，由于已经没有当时摔跤所带来的疼痛感，很可能会哈哈一乐，自我嘲笑起来。过往的悲剧，尤其是发生在自己身上的过往的悲剧，可能很容易在时间的流逝之后，形成自嘲式的喜剧。

第二个理论则是讲一个通过快速思考就能反应过来的事，让听众自以为比别人聪明、比别人先反应过来，而比别人先笑。譬如，在讲解"令人愉悦的忧

Day 30

伤[①]"时，为了说明这个概念，我经常说："这种感觉就像是当你在冬天上公共厕所的时候，刚坐下，发现坐垫是热的，就是令人愉悦的忧伤。"这显然是一个逗学生玩儿的小笑话。而有趣的是，这时候，随着同学们逐步反应过来笑点何在，他们的笑声是"争先恐后"的。

其实幽默属于最难讲的一个内容。虽然市面上有很多教大家变得幽默这一类的文章，但我发现很多理论性的文章都没法落实成我们能执行的动作。以前我也想过将幽默这部分内容进行归纳和总结，后来我干脆就放弃了和大家分享"如何使课堂变得幽默起来"这个话题。事实上，我们很难故意设计出太多幽默的环节，而且幽默如果经过精心设计，反而会透露出些许拙劣。当然，如果你本身就是一个很有幽默感的人，可能会容易一些。

有一个令人沮丧的事实是这样的："幽默感"可能是横在"优秀"老师和"现象级"老师之间的一道鸿沟。前者只需要努力，而后者需要的可能真的是天赋。

虽然每个人都自以为天赋凛然，或者应该这样说更加准确——每个人都会过分高估自己的天赋。那些天赋平庸的人自然会认为自己天资聪颖或者至少是有些小聪明（我见过无数的人给自己的评价都是"有点儿小聪明，只是不够努力"），而那些实际上的笨蛋，也至少会觉得自己是正常水平。人们对于自己天资的错觉不容易被打破，但是对于自己是否幽默，相比较而言更容易产生认知。我们很难从朋友的嘴中听到"自己是一个笨蛋"的评价，但承认自己缺乏幽默感就容易得多。

那么幽默感真的是一个可以训练的东西吗？我想很难，但不是不可能。虽然你不能期待从这本书的只言片语中学到什么真谛，但有一个小方法，我倒是建议大家试试看脱口秀。

是的，你没有看错，是脱口秀。我自己就是一个脱口秀爱好者，在 YouTube 上订阅了很多与脱口秀相关的频道，甚至还专门为了我喜欢的一个脱口秀演员

[①] "令人愉悦的忧伤"一词来自老 GRE 考试的一道填空真题：The cultivation of the emotion of natsukashii, interpretable as "pleasant sorrow", brings Japanese to Kyoto in the spring, not to _____ the cherry blossoms in full bloom but to _____ the fading, falling flowers.
（A）mourn…exclaim over　　（B）honor…protect　　（C）describe…rejoice over
（D）arrange…preserve　　（E）savor…grieve over
其中"pleasant sorrow"就解释为"令人愉悦的忧伤"。

Day 30

Ali Wong[①]而购买了 Netflix[②] 的账号。

看脱口秀吧。脱口秀的演员需要在特别短的时间内抓住听众的注意力，所以节奏快，包袱密集。我倒是也喜欢相声，但是相声有时候铺垫太长，形式上不适合作为授课过程的模范。

看自己喜欢的题材的脱口秀吧。这样，兴趣才会长久。我一直在想为什么我喜欢 Russell Peters[③]讲的种族笑话和 Ali Wong 的亚裔女性笑话。终究还是觉得感同身受啊。**想要让一个群体感受到自己的幽默感，至少还是要让这个群体知道你和他们同在才好**。

最核心的要素，是一定要**反复看同一个脱口秀段落**。以脱口秀的方法来提高自己的幽默感，

Ali Wong

就像是很多学生尝试用看电影的方法来学习英文一样，很容易就落入一个对于内容享受的怪圈，而忘记了自己要学习的从内容上抽离出来的东西。如果一个学生想要尝试从电影中学习英文，就应该是已经对内容特别熟悉了之后（也就是不再享受内容了之后），才会真正把精力放在单词、语法和句法的学习上面。出于完全一样的道理，如果我们想要从观看脱口秀的过程中，真的学到一点儿什么关于幽默的秘诀，就必须反复听同一段脱口秀，只有这样，我们才能够从脱口秀的内容中走出来，开始思考：（1）这段话为什么有意思？（2）这段话中如何设计了起承转合？（3）在描述内容的前面部分，这个演员进行了哪些看上去漫不经心但实际上精心设计的内容安排？（4）演员的语言掌控能力，轻重缓急是如何体现的？（5）如果这个段子是要我自己来处理，我会怎么做？我会做得比这个演员更好吗？

之后，就是要开始尝试**把你听到的脱口秀的段子，在各种场合讲给家人和朋友们听**。这是一个至关重要的步骤，因为在封闭的环境里，你学不会察言观色，学不会如何根据观众的反馈来调整自己的节奏——而节奏感可能是最为重

---

① 有着"铁娘子"之称的黄阿丽，是华裔女脱口秀演员。
② 是一家在线影片租赁提供商，主要提供 Netflix 超大数量的 DVD 并免费递送。
③ 加拿大知名脱口秀主持人，加拿大籍印度人。

Day 30

要的现场展现能力了。

让我回顾一下,我的这个磨炼自己幽默感的建议:

(1) 看脱口秀;
(2) 看自己喜欢的题材的脱口秀;
(3) 反复看同一个脱口秀;
(4) 尝试复述同一个脱口秀段子。

我居住在北京,这是一个人人都住得很逼仄、活得很紧张的城市。但是,住在大城市终究也有住在大城市的好处啊。譬如:北京民间就有自发组织的脱口秀"开放麦"小活动,有空可以去试试看啊,说不定会给你自己打开一扇新的大门。这一个建议,就算不是为了学生,也是为了我们自己。

小结

通过本节的解读,我们学习了设计幽默环节的目的是为了抓住学生的注意力,从而说服学生相信某个观点。此外,通过列举的几个我日常讲课中会用到的小笑话引出了设计幽默环节需要额外注意的点:一定要切合课堂主题,不能偏题。为了提高幽默技巧,看脱口秀也不失为一个好办法。

第三章
上课可以用什么？
不喧宾夺主的辅助手段

第一节　如何控制自己的声音来帮助学生理解教学内容？

如何控制自己的声音来帮助学生理解教学内容？
- 一般人使用声音的方式有几种？分别是怎样的？
- 不同的方式会有怎样的作用？
- 上课时应该如何选择声音的方式？需要遵循什么原则？

> Tone is often the most important part of a conversation.
> ——Hoda Kotb[①]

在本节中，我们将会讨论"如何通过声音的有效使用，使课堂效果变得更好"。

 我们将在本节中尝试回答如下问题：
1）一般人使用声音的方式有几种？分别是怎样的？
2）不同的方式会有怎样的作用？
3）上课时应该如何选择声音的方式？需要遵循什么原则？

事实上，每个人使用"声音"的方式都不太一样。高昂或是低沉的声音同样可以充满磁性；快节奏或是慢节奏似乎都有吸引听众的可能。但是作为老师，在授课时声音<u>更戏剧性一些</u>、波动性强一些并不是坏事。原因很简单，我们需要尽可能地通过声音的波动来展示其结构特质。而<u>保持稳定的声音结构特质</u>（甚至养成属于自己的特质）会很大程度上降低交流中产生的误解。如果你在第一节课使用了这样一种语音、语调来表达要强调的信息，那么第二节课最好还

---

① 荷达·柯布（1964—），美国广播记者、电视名人和作家。

Day 31

是如此。这与我们之前讲到的结构化与线性输入的话题相一致①。

关于我们讲课的声音,有两个极端。其中一个叫洪亮而缓慢,政府工作报告的模式就属于这一种。一般来说,使用缓慢的声音是为了让听众非常清楚地接受信息,而洪亮则是为了加深特定信息的接收程度。我建议大家在讲观点句或者原则的时候,要尽可能采用洪亮而缓慢的说话方式。

具体来说,在上课的过程中,如果涉及某个具体题型的解题方法,说得尽可能慢,既能使学生们听清楚,留出足够的反应时间,也能使学生们了解其重要性。事实上,一个信息如果需要一定的反应时间才能够听懂,反而更容易抓住学生的注意力。而更加值得注意的是,那些耗费了学生注意力才理解的内容,学生们会下意识地理解为更重要的内容。让我重复一遍这句我们在前面曾经强调过的话②,如果每一个信息都特别重要,那也就意味着每一个信息都不够重要。"重要"是一个相对概念,是在精力有限的条件下的一个 trade-off 概念。没有"不重要的信息",就无所谓"重要的信息"。

出于几乎完全一样的道理:如果我们在上课的时候,把每一句话都说得洪亮而缓慢,强调每一句话都特别重要,就会使得课堂沉闷而无趣,学生珍贵而有限的注意力就会被平均但无效地分配了。举个课堂中的例子:

> 亲爱的同学们,尝试在学习的过程中,将多个科目联合在一起学习,是一件有效甚至必需的事儿。没有人会不喜欢"一石二鸟",甚至"一石多鸟"。从阅读与写作这两个科目开始说起。可以这样说:如果我们阅读文章的时候能够像是在看自己写的文章,或是写出来的文章如阅读的文章一般流畅,那么复习效果自然是事半功倍的。阅读和写作在复习的过程中,看似方式不同,实际上却遵循一致的道理。"好"的文章的标准与特质——无论是阅读还是写作——都从来没有变化过。具体来说,譬如大家看到阅读文章中有很难的句子,读不懂,这个时候第一反应当然应该是寻求老师或是朋友的帮助。但是这样真的就够了吗?你是

---

① 关于"结构化"这一点,在第一章第二节中曾有提及,在这里我就不再赘述了。
② 见第一章第一节第三小点。

否想过，这句话你既然在阅读文章中很难读懂，自然也就意味着自己在写文章的时候绝对不会写，这也就意味着你的文章最缺乏的就是这样的句型，也就意味着如果大家在考试的时候能够联系好，主动地写好这样一个类别的文章，对于自己写作的多样性一定是一种巨大的提高。

倘若每一句话都说得洪亮而缓慢，以上这一段读起来就会没有声音上的强调，便会促使课堂变得百无聊赖，学生自然也就抓不到重点。我们再来试试用"有重点的洪亮而缓慢"的方式来读上一段话。

亲爱的同学们，尝试在学习的过程中，将多个科目联合在一起学习，是一件有效甚至必需的事儿。没有人会不喜欢"一石二鸟"，甚至"一石多鸟"。从阅读与写作这两个科目开始说起。可以这样说：**如果我们阅读文章的时候能够像是在看自己写的文章，或是写出来的文章如阅读的文章一般流畅，那么复习效果自然是事半功倍的**。阅读和写作在复习的过程中，看似方式不同，实际上却遵循一致的道理。"好"的文章的标准与特质——无论是阅读还是写作——都从来没有变化过。具体来说，譬如大家看到阅读文章中有很难的句子，读不懂，这个时候第一反应当然应该是寻求老师或是朋友的帮助。但是这样真的就够了吗？你是否想过，这句话你既然在阅读文章中很难读懂，自然也就意味着自己在写文章的时候绝对不会写，这也就意味着你的文章最缺乏的就是这样的句型，也就意味着如果大家在考试的时候能够联系好，主动地写好这样一个类别的文章，对于自己写作的多样性一定是一种巨大的提高。

这一次我们突出了这一段话中的重点部分，相比于刚才用"每一句话都说得洪亮而缓慢"的方式来读这一段话，是不是更能使学生容易接受一些呢？

另一个极端是迅猛的表达，一般用在需要说服别人的内容上。语速较快的表达，能给人以充满自信与熟练的印象，能够促使听众不假思索地（来不及思索）赞同你的观点。很多辩论队、外国政客都很喜欢使用这种讲话方式。又比

Day 31

如当我们说服学生的时候,说话速度往往会快一点,这样能够造成听众来不及思考而被动接受的效果。

这种情况,我就不再给大家举很具体的课堂中的例子了。但是我想与大家一起来聊一个行业里普遍存在的现象,即"大班课老师的语速会为什么更快",暗地里我们甚至会觉得,班级越大,老师们讲课的语速就会越快。一种常见的解释是这样的:熟练度是演讲者对自己所授课的内容有自信的表现。我们都更倾向于相信讲课流利的老师而不是说话支支吾吾的老师。这也说明了:为什么对于那些需要说服的内容,有经验的老师往往会采取激进并且高速的授课方式,让学生能够听懂但是却没有足够的大脑来提出质疑。有一个奇特的印证是这样的,不少纪录片中都有希特勒的演讲节选音频,如果大家是纪录片的爱好者,很有可能都曾经听到过,希特勒的演讲就是这种授课特点的完美体现。

小结

本节我们学习了巧妙地运用声音使课堂效果变得更好,在表达重要信息时使用洪亮而缓慢的声音,在说服别人的时候可以适当加快语速;不过要注意保持稳定的声音结构,形成自己的特质。

第二节　如何选择更适合自己的课堂展现工具？

```
如何选择更适合自己的课堂展现工具？ ─┬─ 什么样的情况需要借助辅助工具来呈现课堂？
                                    ├─ 我们可以借助哪些工具？
                                    └─ 它们的优缺点分别是什么？这给我们带来了哪些启示？
```

> Man is a tool-using animal. Without tools he is nothing, with tools he is all.
>
> ——*Thomas Carlyle*[①]

在本节中，我们将会讨论"使用什么样的辅助工具能使课堂展现的效果更好"，并由此使学生能够高效地吸收知识。

 我们将在本节中回答如下问题：
1）什么样的情况需要借助辅助工具来呈现课堂？
2）我们可以借助哪些工具？
3）它们的优缺点分别是什么？这给我们带来了哪些启示？

PPT[②]（或是 Mac[③] 端的 Keynote[④]）一类的软件是老师们常用的"课堂展现工具"。为什么我们需要使用这一类的展示工具来辅助课堂呢？是想要增加课堂

---

① 托马斯·卡莱尔（1795—1881），苏格兰哲学家、评论家、讽刺作家、历史学家、教师。
② Microsoft Office PowerPoint，是微软公司的演示文稿软件。
③ 是苹果公司自 1984 年起以"Macintosh"开始开发的个人消费型计算机，使用独立的 Mac OS 系统。
④ Keynote 是由苹果公司推出的运行于 Mac OS X 操作系统下的演示幻灯片应用软件。

Day 32

的结构性。线性的授课过程缺乏重心，学生易于走神，也难以让学生随时掌握课堂结构。PPT等课堂展示工具的出现，能帮助我们更好地使课堂结构化[1]。在某些情况下，这类工具能够帮助我们展示那些纯粹的使用语言很难表达清楚的内容。如果不配合使用这些工具，可能就会出现演讲者表达不清、听众理解不到位的情况。

那么，在讲到什么样的内容时，我们需要使用辅助性工具来进行优先展示呢？

（1）难以用语言描述的内容。作为老师，特别是有一定讲解能力的优秀教师，往往容易产生这样一种执念（无论自己是否清晰地意识到），认为自己有责任（当然也有能力），将所有的东西都只用嘴就能讲清楚，但这几乎是难以达成的任务。在课堂上，总有一些难以用语言表达清楚的内容，不如使用图片等工具。人们常说"A picture is worth a thousand words"，说的就是这个道理。

譬如，作为一个托福老师，如果需要向学生介绍一下托福机考的真实考试界面，那么千言万语都比不过一张真实考试的截图幻灯片来得清晰明了（如下图）。甚至在很多时候，这一类的教学内容，可以采取"learning by doing"的方式来进行传递——直接让学生上机操作或者进行模拟考试，即可瞬间完成对相关知识的了解。

托福口语的真实考试界面[2]

---

① 关于"结构化"这一点，在第一章第二节中曾有提及，我们在这里就不再赘述了。
② 来自 TOFEL iBT 模拟考试。

出于完全一致的道理，课堂习题等内容往往很难口述，自然需要使用展现工具，不再赘述。

（2）较难理解的内容。在课堂上，我们往往会涉及一些学生们难以瞬间理解的内容。这时候，我们就需要借助课堂展示工具帮助学生争取足够的反应时间。甚至可以这样说，凡是学生没有办法一次性就理解清楚的内容，都应该成为PPT等课堂展现工具的候选对象。

在授课过程中，老师的语音输入对于学生来说，容错率是很低的，学生必须能够瞬间理解老师所描述的几乎所有内容，才能建立良好的理解流。麻烦的是，对于同一个班级的同学来说，理解力大不相同，因此我们可以将课堂展示工具上的内容（如下图）停顿一下，让理解力较差的学生能够趁机赶上来。

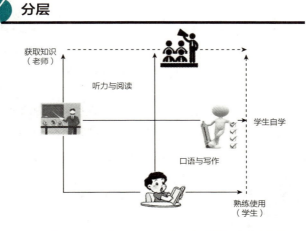

通过对"传统的老师与学生的分工"说明，引出老师需要分层构造讲课内容的原因

从另外一个奇特的角度来想，我们可以将PPT视作一次一次停顿的机会，尽可能地规整同一个班级上若干同学的不同理解率。尽管针对每一个学生都进行特定的因材施教是所有老师最美好的愿望，但是，当我们进行一对多的课堂时，尽可能地规整同一个班级上若干同学的不同理解率，让理解能力比较弱、比较慢的学生能够在某个课堂的停顿之中晃过神儿来，赶上课堂的完整理解率，也让已经理解的同学能够进行停顿思考与总结，才是我们在一对多的班级课堂之中最为务实的教学梦想。

（3）总结性的内容。我们在第一章第二节结构化中讨论过，学生对于课堂

Day 32

的成功复述，是对课堂内容把握的关键指标。而在课堂上进行阶段性的总结（如下图），对于老师自己来说，需要一个提醒，以免一时讲高兴了直接跳过了总结；更重要的是，给学生一个机会，无论是口头的复述还是心里的复述，都要验证一下自己的理解是否正确。

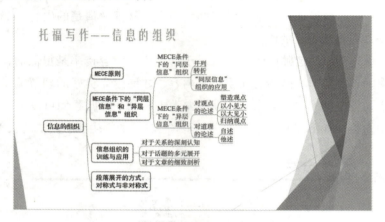

用于写作课程课堂结束前的回顾和总结

翻页笔

说到这里，实际上在所有的 PPT 演示翻页笔上，除了上下翻页之外，一般都有一个黑屏按钮（如左图）。老师们时常在播放总结页的 PPT 之前，让学生先尝试自己总结之前的内容。

下面，我想带着大家来看一看常用的几种工具。值得说明的是，以下所介绍的工具之间各有优劣，并没有所谓的绝对最优。但是，了解其他工具的优劣，甚至只是简单地思考其他工具存在的理由，也能够更好地发掘自己课堂展示的可能。

板书

优点：解决了线性的问题，体现了随时随地 overview 的重要性；

缺点：通用性是个问题。

板书看上去是上个时代的老师，譬如我，才会喜爱的课堂展示工具。粉笔和黑板（或者类似白板笔和白板/手写板等）的缺点特别明显，那就是无法将课

堂中必定发生的内容进行提前预设，无法节省相应的时间。课上一定会讲到的习题临时抄写到黑板上自然会浪费时间（尽管很多黑板的拥护者强调，临时在黑板上抄写题目能够使学生更好地审题）。所以，几乎所有新时代的老师都提倡新型的教学工具，无论是 PowerPoint 还是 Keynote 之类的软件。

板书的缺点非常明显，不值得多提了，但是优点呢？

板书的最大好处，来自于其非"预设"的特质。换句话说，板书能够最大程度"因材施教"地呈现内容——根据学生的水平、接受程度、反馈速度来逐步呈现内容。当我们需要结构化或者讲重点内容的时候就可以进行罗列。相对于其他静态/固化的呈现模式，板书可能是最优的"过程"展示方案。现代化的教学工具在方便的同时，自然失去了更多因地制宜的调节特质。一种常见的板书方式是康奈尔笔记法[①]（见下表）。

康奈尔笔记法

康奈尔板书模板	
要点 ◎ ◎ ◎	当前讲解 ◎ ◎ ◎
总结 ◎ ◎	

---

① 康奈尔笔记系统是沃尔特·鲍克等人发明的，旨在为帮助学生有效地做笔记。康奈尔笔记系统把一页纸分成了三部分：左边四分之一左右（线索栏）和下方五分之一左右的空间（总结）和右上最大的空间（草稿）。

Day 32

各位老师，当你们选择如下我们介绍的若干种新时代的展现工具的同时，我都建议搭配一种类似黑板的副屏幕展现工具，这可能才是更优的选择。

PPT[①]/Keynote[②] 的制作

优点：通用性高（Keynote 略弱，但依旧在 mac 用户中较为流行）；

缺点：线性输出依旧明显。

PPT 软件 logo　　　　Keynote 软件 logo

尽管我们可以在 PPT 的制作过程中，有意地设计一些节点，表示这是一个总结；但学生们依旧无法根据自己的学习状态相对自由地回顾知识结构与框架。这一点，则可以用 Prezi 和 Xmind 等辅助工具尝试解决。

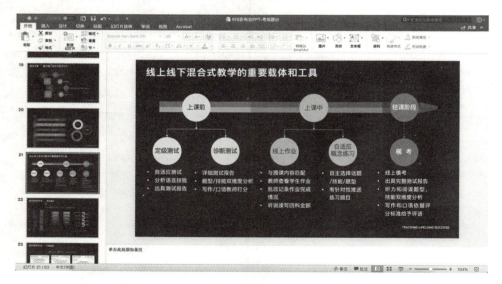

某在线系统发布会 PPT

---

① 官网：https://products.office.com/zh-cn/powerpoint
② 官网：https://www.apple.com/keynote/

312　■　第三章　上课可以用什么？

PPT 在多媒体的展现上有着额外的优势，并且提供了若干模板（譬如我偏好的 smartart）功能，能够让非专业人士瞬间做出"相当凑合"的图例，来简洁明了地描述课堂概念。

Keynote 与 PPT 功能基本相同，只不过在编辑页面时可选择的模板更为多样化（见下图界面左侧），操作起来方便快捷，这里不再赘述。

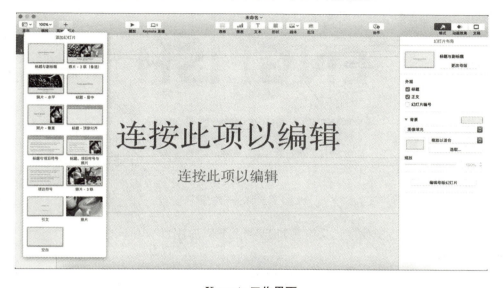

Keynote 工作界面

Prezi[①]/Xmind[②] 的制作

Prezi 软件 logo　　　　**Xmind 软件 logo**

---

① 是一种主要通过缩放动作和快捷动作使想法更加生动有趣的演示文稿软件。官网：https://prezi.com/

② 是一款非常实用的商业思维导图软件。官网：https://www.xmind.net/

优点：解决了线性的问题，体现了随时随地 overview 的重要性；

缺点：通用性是个问题。

线性问题是大问题，因为听众永远难以随时知道某些细节是怎样变化发展的，所以有很多小公司尝试做了各种辅助工具来克服这个问题，使听众可以随时看到每个细节。而最后这两个工具"Prezi"和"Xmind"是解决线性问题最强的工具。它们可以使你尽可能快地看到框架。

Prezi 第一张——标题

以 Prezi 官方给的模板为例（如上图），第一张图看上去平淡无奇。

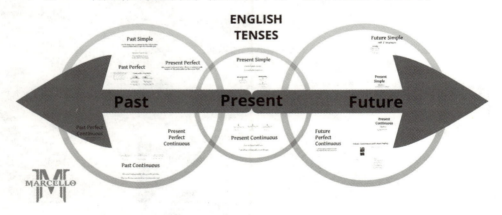

Prezi 第二张——全景图，展示出所有要讲的主题

第二张图则出现了放大效果，关注会发现自己将要学习的这个标题，是用来描述英语时态的三个可能的情形：时间轴的概念让学生瞬间对这一知识点出现鸟瞰的效果。

小结

本节我们介绍了需要借助辅助工具优先展现的内容,包括难以用语言描述的内容、总结性的内容以及明显需要学生在课堂中思考的内容。当我们遇到这些内容时,可以根据需求选择最优的辅助工具,比如板书、PPT、Keynote、Prezi、Xmind 等。在此我们只列举了常见的五种,这些辅助工具是一个课堂细节打磨的基础,无论是字体大小还是颜色都应该有自己的语言体系。大家可以在以后的教学中发挥其所长,提高教学效率。

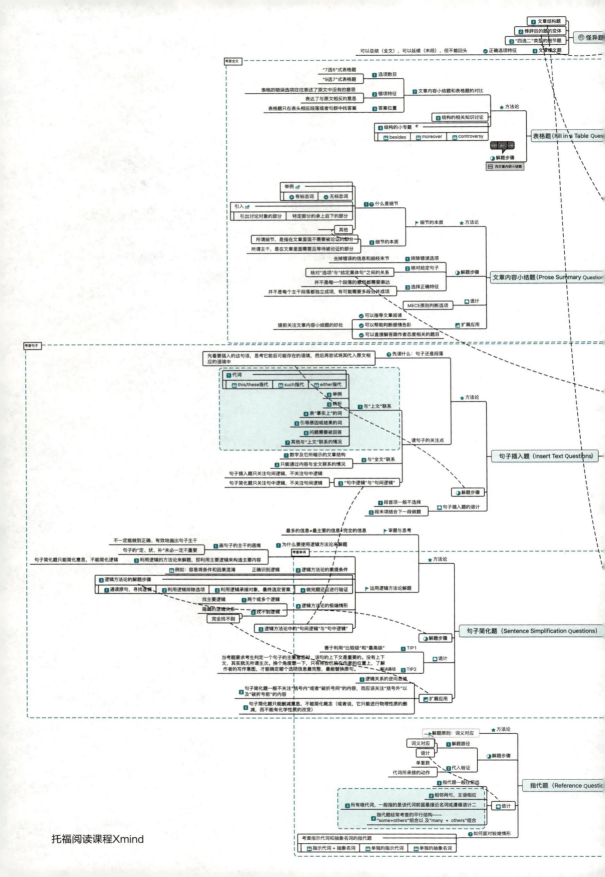

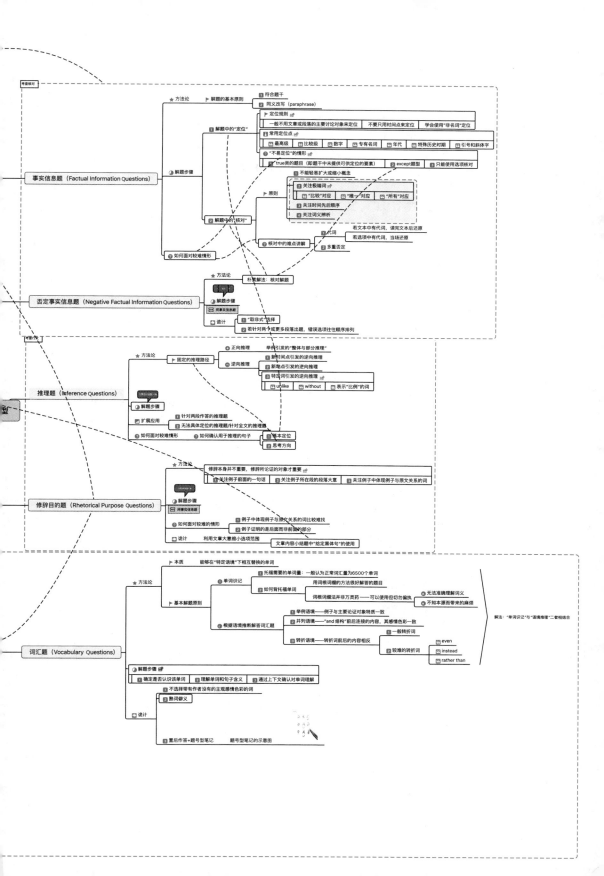

Day 33

第三节　最新的计算机系统到底能带给老师怎样的改变？

> 最新的计算机系统到底能带给老师怎样的改变？　计算机对教师职业有哪些影响？是正面的还是负面的？

> I think it's fair to say that personal computers have become the most empowering tool we've ever created. They're tools of communication, they're tools of creativity, and they can be shaped by their user.
>
> ——Bill Gates[①]

在本节中，我们将会讨论几个辅助老师的计算机系统，并深入分析计算机带给教师职业的影响。

我们将在本节中回答如下问题：
计算机对教师职业有哪些影响？是正面的还是负面的？

我们目前的职业在很大程度上都受到了计算机系统的辅助。大家逐渐地开始借助一些学习系统，更高效地完成课后练习、评分等工作，极大地减少了人力消耗，使老师可以更专注于授课。从我开始从事教师职业以来，最早影响我的是 E-rator 这个系统。E-rater 自动书写评估引擎是 ETS 的专利功能，可自动评

---

① 比尔·盖茨（1955—），企业家、慈善家。

估说明性、说服性和摘要性文章。多个评估程序使用引擎。该引擎与人类评估者一起使用，为 TOEFL iBT 和 GRE 考试的写作部分打分。由于托福写作有一半是由 E-rator 来评分的，所以我当时就对它进行了大量的分析和研究[①]，发现它是一个神奇的计算机产品，它的电子评估引擎功能（与书写质量相关）包括：语法错误（例如，主语—动词协议）、用法（例如，介词选择）、机制（例如，大小写）、风格（例如，重复使用单词）、话语结构（例如，论文陈述的存在，要点）、词汇用法（例如，词汇的相对复杂程度）、句子多样性、来源使用、话语连贯性等。它的准度、精度、效度远远超过我们，时不时会让人觉得老师这个职业是会被替代的。

后来我自己开始创业，做教育类的微信学习系统 Onerock，我深刻地感知到，我好像正在塑造一个即将把我吃掉的东西。作为商业机构的老板，我会希望尽可能地减少老师的重要性；但是作为老师，我很害怕被这个时代所替代。麻烦的是，似乎时代的浪潮越来越近了。

我小时候学围棋，每天放学都到棋场下棋，到现在已经有些年头了。前年年底，AlphaGo（谷歌围棋人工智能）刚刚面世一两个月，与李世石（围棋行业的顶级 boss）进行了一场围棋比赛，最终以 4:1 完败李世石。李世石唯一赢的一局在我们行业里被叫作"神之一手"，形容仿佛被天神附体了。除了这一局之外，李世石被才出现一两个月的程序按在地上摩擦再摩擦。后来这个计算机被改进了，第二代叫作 Master，导入了围棋算法一周后与柯洁下棋，又以 3:0 完败柯洁。这是怎样一种感受？我们有没有可能战胜技术？看上去毫无希望。有人会说："老刘，你这是技术威胁论。技术是人类创造的，终需要为人类服务。"不对，技术不是人类创造的，而是人类中最聪明的那几个人创造出来的，跟我们一点关系都没有。

技术的目标就是取代我们。不过幸运的是，我们的目标并不是要战胜计算机，而是要跑得比周围的"懒人"快：我们不用跑得比所有人都快，只要比那些不愿意进步的人快就好了。这个社会就是这样子，如果我们没有混吃等死的命，就只能不停地奔跑。我希望把这种 panic 的感受传递给你们。大家还记得在本书最开始的前言部分我所提及的那句话吗？"讲得好的巫师能够喝酒、吃肉、与神说话，而讲得不好的，都只能被吃掉了。"希望我们一起提高，才能不被时代吃掉。

---

① ETS 官方发表的关于 E-rator 的论文请参考 http://search.ets.org/query.html?qt=E-rator。

附 录
关于网络课程的几点叮嘱

2020 年可真是一个动荡的年份啊。各行各业都遇到了不同的困难和挑战，我们所处的教育行业显然也不例外。"教师"作为人类历史上可能最古老的职业之一，其成长之路也在发生巨大的变化。原本与互联网行业的联系相对没有那么紧密的教学场景，也因为一些特殊的公共事件，被迫搬到了网上。尽管依旧有很多教育学家认为，线上教学很难真正替代线下面授的过程，但是这次的公共事件带来了教育的全行业"通网"，对教育行业业态的影响是不可逆的。无论我们是否愿意，摆在我们千千万万老师们眼前的是这样一个难题——如何才能把网课上好？

通过这篇小文章，我准备要唠叨几个上好网课的必备条件。这些要素显然并不是孤立存在的，它们或多或少在本书的正文部分从不同的角度提及过。但我实在忍不住想要在这个特殊的时刻，专门挑出<u>一些容易被忽视的要素</u>来与大家分享。希望能够配合本书的正文，帮助大家更好、更快地适应网络的授课过程，成为<u>一个善于通过网络来传递有效课堂的好老师</u>。

那就开始吧。

01 "好看"很重要

尽管这样说很肤浅，但这是真的。不但女老师要化妆，男老师也需要。如果你有老年斑（如我一样），记得涂一点 BB 霜遮盖一下。是的，你没有看错，这个建议来自从出生以来就不化妆的中老年直男刘文勇。另外，如果你和我一样，常常会不自觉地驼背，可以买一个名叫"UPRight"的贴片贴在背上。每次驼背它都会振动一下，提醒你不要驼背。

教学是相互吸引，相互说服的过程。相比于线下授课可以给学生带来的浸润感，线上教学给学生带来的影响力实际上被大幅度削弱了。摄像头是我们与学生最直接的接触点，要重视。<u>没有人喜欢听一个"不好看"的人讲话，无论</u>

他/她是不是老师，而线上教学使"放弃听课"这件事儿变得很容易。我们无法像传统的线下课堂一样强迫（physically）学生注意力集中了。只能吸引他们，而不是强迫他们。

出于完全一样的道理，PPT 的美观很重要。我们在本书的正文之中提到过这个话题，这里就不多说了。

02 "硬件"多花钱

网上授课意味着我们的很多硬件设备都必须跟得上时代。我们的对标对象，应该是那些做直播的网红（这没有什么不好意思的）。一个有品质的话筒（至少不能喷麦），一台性能良好的电脑，一个带有手写板功能的屏幕（如果你在线下课堂里就是一个热衷于写粉笔板书的老师的话），一个通畅的网络，这些都算是我们吃饭的家伙事儿，无论如何都要使得它们的配置让自己用起来顺手才行。而顺手有时候意味着可能得多花些钱，甚至多花些时间来研究这些设备了。

网速可能是最容易被忽略的硬件条件。网速是展示优秀的线上课堂的前置条件，无论怎么强调都不过分的。注意，**网速从来不存在某个特定的最优值，一定是越高越好的**。思考一下，我们的网速能保证语音的流畅吗？能够保证视频的流畅吗？进一步地，能够加载高清的视频吗？更进一步地，能够承受多个学生同时打开高清视频，呈现一个极具浸润感的课堂吗？所以啊，找运营商把家里的网速升级到你的钱包所能承受的最大值吧。如果我们将网络视作一个**工作工具而不是用于娱乐和消遣**，可能会更舍得花钱一些。

记得检查一下自己的**网线**。不少人家里装的是 500M 的光纤，却用了一根峰速限制为 100M 的网线。这其实很好解决，仔细看一下网线上印刷的文字，如果写着 Category 5（cat. 5），就扔掉吧。如果是 cat. 5e，可以凑活用（其实我也建议扔了）。最好是 cat. 6，这是标准千兆。具体专业知识就不说了，我去年补习了好一阵子。总之就是，**买网线的时候买"6 类网线"**就行了。

另外，**不要使用无线网络，一定要用网线**，切记！除非你用的是 wifi 6 或 mesh 路由，还可勉强凑活（但 wifi6 还需要你的电脑或者 pad 支持，而老款的设备几乎不支持）。如果你没听说过 wifi6 或者 mesh，就说明你现在的设备不支持，请务必放弃无线网络，**切记！切记！切记！**

03 保持课堂"活力"

不开玩笑地说，在网络课堂中，由于是面对屏幕，**老师们要保持高度的课**

堂活力是需要强烈的表演特质和自我驱动力的。一般来说，老师们很难使自己的情绪长时间维持在一个比较高的水平之上。如果是线下的课堂，总能有些活泼可爱的学生能够为课堂增加能量，老师们往往可以半"偷懒"半"循循善诱"，而线上课堂则几乎完全依靠老师自己驱动。一个奇怪的事实是：在一对多的网络课程中，对每一位学生而言，都存在一个一对一的独立物理空间授课场景，基本上接受且只接受来自于老师的情绪影响。**一个无精打采的老师会很快让所有独立的物理空间都无精打采起来。**

我常常半开玩笑半认真地建议老师们，提高网络授课活力的最直接方法是老师喝咖啡：**开始时喝一杯，课程中喝一杯。**不爱喝咖啡怎么办？红牛也可以，注意选择蓝色罐子的牛磺酸加强型。哈哈哈哈。

其实在本书的正文中，我也曾若干次提到过需要保持课堂活力，在这里就不再多说了。

04 构造出"交流"

几乎所有的老师都会抱怨线上的课程难以与学生产生好的交流，特别是在一对多的网络课程中。但有一些简单的小动作，也许能在一定程度上帮助老师们克服这个问题。

譬如，**盯着摄像头说话，而不是盯着屏幕。**盯着摄像头和盯着屏幕不是一个概念，如果盯着屏幕讲课，那么学生看到的就是一个低头看着讲义的老师。其实在所有线下课堂中，我们都强调要与学生有眼神交流。那么网课能不能有？当然可以有。盯着摄像头会让每一个学生都觉得这个老师在盯着自己讲课，浸润感极强。**如果不能理解，想想当下如火如荼的直播行业吧，为什么美女主播明明是同时对着一万个人表演，但非有些观众觉得自己恋爱了？**

又譬如，**在交流时一定要提及具体的名字。**比如：

很感谢 XXX（具体的名称）同学（在公屏上的作答）。

这也是从网红主播那里学来的技巧。为什么他们总是在说：

感谢 <u>XXX **大哥**</u> 刷的大火箭？

而不是说：

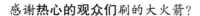

感谢**热心的观众们**刷的大火箭？

这其实是大家都知道的"bystander effect"（旁观者效应）的体现。

1964 年 3 月，在纽约昆士镇的克尤公园发生了一起谋杀案。吉娣·格罗维斯是一位年轻的酒吧经理，她于早上 3 点回家的途中被温斯顿·莫斯雷刺死。这次谋杀共用了半个小时的时间（莫斯雷刺中了她，离开，几分钟后又折回来再次刺她，又离开，最后又回过头来再刺她），这期间，她反复尖叫，大声呼救，有 38 个人从公寓窗口听见和看到了她被刺的情形，但没有人下来保护她，她躺在地上流血也没有人帮她，甚至都没有人给警察打电话。

……

而克服旁观者效应的方案，则是将求助对象具体化，将旁观者从旁观的角色中拉出来。 对于以上的这个案例，社会学家们常常认为，如果吉娣·格罗维斯呼喊的是具体某一个旁观者的特质，可能结果会有所不同。

回过头来说，对于我们上网课的老师来说，也是如此。 如何克服学生们的"旁观者心态"，让他们真真实实地感受自己是课堂的一部分，自己将会影响整个课堂的呈现效果呢？老师公开点名，将所有与学生的交流过程具象化，甚至落实到某个学生的名字上，让每一个学生都能感觉到自己是课堂的有机组成部分，能够最大程度地克服这种旁观者效应可能对课堂造成的不利影响。

……

对了，能够和学生在课上进行交流当然很好，但是我们也应该注意到一些技术性的问题，**不应该在短时间内进行两个不同主题的交流**。网络课程的交流，往往存在延时，譬如网络或计算机导致的延时（一般来说，班级越大，延时越严重，一百人以上的班级一般都有三秒甚至更长时间的延时），又譬如听到问题之后，学生不愿意（或不能够）开话筒，只能用键盘回答而导致的反馈延时，等等。如果在网络课堂中，老师连续提出两个不同的问题，很容易造成交流氛围的混乱。譬如，

老师问：

"各位同学，（1）<u>大家能听见我说话吧</u>？能听到敲一下 1。下面我们一起来做一下这个题目，（2）<u>看应该选哪个选项</u>？大家在公屏中敲一下答案吧。"

公屏可能会出现：

"A，1，B，1，C"

这种情形就是：老师的嘴中已经说出了第二个问题了，而坐在电脑面前的学生才刚刚听到第一个问题"**大家能听见我说话吧?**"，于是赶紧在屏幕上敲了一个"1"（表示自己能够听见），这时候老师可能会错误地认为学生想要选择选项1，混乱也就有了苗头。

所以，一个相对安全的选择是这样的：如果需要交流，**在一个时间段内永远只问一个问题**，并且反复多遍地复述这个问题。

关于"课堂交流"这个话题，我们之前也提过，在这里我就不再多说了。

总的来说，线上授课使老师不得不同时承担两个身份，一个是主播，一个是知识的传播者。前者能够帮助我们抓住学生的注意力，而后者则是我们教育的本质所在。让我回顾一段小历史，来结束这一篇小文章。

当广播在20世纪初（1906年）出现的时候，人们普遍觉得，大学这一古老的产物即将走向消亡。因为知识的传播从未变得如此容易，人们很容易构想出这样一幅场景：最优秀的教师只需要在广播电台授课，那么全国乃至全世界的学生们就可以听到这一课程。学生们不再需要聚集在一个叫作大学的地方来听那些没那么优秀（甚至平庸）的老师授课了。这个愿望美好且逻辑通顺———只是很可惜（也很明显）并没有实现而已。后来，电视出现了，人们再次想象通过电视能够完成对大学的取代，很可惜这个美好的愿望依旧没有实现。

2020年突如其来的疫情迫使整个教育行业都向线上发展。教育一直都会在，老师这个职业也一直都会在，只是我们都必须不断地跟随时代变化与发展。总会有人被时代所抛弃，却也总会有能够适应时代的人承接起"老师"这个充满荣光的职责。

亲爱的读者，你还记得在本书的前言中，我最爱的、反复多变使用的比喻句么？

……

阿瑟·克拉克（Arthur. C. Clarke）曾说过：
Any sufficiently advanced technology is indistinguishable from magic.

任何足够先进的科技，都与魔法无异。

若是沿用这个说法，老师作为传递知识的职业，就是那传递魔法口诀给新人的大法师。

在这个不断变化的魔幻世界里，只有我们不断的蜕变，才有资格成为传递魔法口诀给新人的大法师啊。其实，大家手中的这本书，我原本很想取名为：《33天，从教师蜕变成名师，再蜕变为大法师》。哈哈哈哈。

祝你好运！

大法师

文勇